Zu diesem Buch

Patientinnen und Patienten, die durch eine lebensbedrohliche körperliche Erkrankung traumatisiert sind, benötigen spezielle psychotherapeutische Hilfe. Wie wichtig das Auffinden von persönlichen Ressourcen dabei ist, hat die Autorin im Laufe ihrer langjährigen therapeutischen Begleitung immer wieder erfahren. Psychotherapie mit TRUST ist ein Behandlungsansatz, der aus gängigen psychotherapeutischen Verfahren (wie EMDR, Hypnotherapie, KIP, Maltherapie) diejenigen Elemente kombiniert, die speziell zur Krisenintervention und schonenden Traumabearbeitung geeignet sind. Dazu zählen auch neue Verfahren, wie CIPBS (Conflict Imagination, Painting and Bilateral Stimulation), das sich in der Behandlung von KrebspatientInnen, bei Angststörungen, Traumafolgestörungen und Depressionen bereits seit Jahren bewährt hat und hier umfassend vorgestellt wird.

Psychotherapie mit TRUST konzentriert sich auf:
- Techniken der unmittelbaren Stressregulation
- Ressourcenförderung und
- Wege einer schonenden Traumakonfrontation.

Zahlreiche Fallbeispiele und Bildsequenzen erläutern das konkrete Vorgehen einer konsequent ressourcenfokussierten Traumabehandlung.

Christa Diegelmann, Diplom-Psychologin, Psychologische Psychotherapeutin, in eigener Praxis niedergelassen in Kassel, Fortbildungsleiterin am ID-Institut für Innovative Gesundheitskonzepte, Kassel: u. a. anerkanntes Ausbildungsinstitut für EMDR (EMDRIA) und für spezielle Psychotraumatherapie (DeGPT), EMDR und VT-Supervisorin (DGVT, AWKV); langjährige Dozentin in der Aus-, Fort- und Weiterbildung mit den Schwerpunkten Traumatherapie und Psychoonkologie.

Margarete Isermann, Diplom-Psychologin, Psychologische Psychotherapeutin in eigener Praxis, Forschungsleiterin des ID-Instituts für Innovative Gesundheitskonzepte, Kassel, EMDR-Supervisorin, langjährige Dozentin in der Aus-, Fort- und Weiterbildung mit den Schwerpunkten Traumatherapie und Psychoonkologie.

Alle Bücher aus der Reihe ›Leben Lernen‹ finden Sie unter:
www.klett-cotta.de/lebenlernen

Christa Diegelmann

Trauma und Krise bewältigen

Psychotherapie mit TRUST
(Techniken ressourcenfokussierter und
symbolhafter Traumabearbeitung)

Unter Mitarbeit von Margarete Isermann

Klett-Cotta

Leben lernen 198

Klett-Cotta
www.klett-cotta.de
© J. G. Cotta'sche Buchhandlung Nachfolger GmbH, gegr. 1659,
Stuttgart 2007
Alle Rechte vorbehalten
Fotomechanische Wiedergabe
nur mit Genehmigung des Verlages
Printed in Germany
Umschlag: Hemm & Mader, Stuttgart
Titelbild: Louise Bourgeois: »The Runaway Girl«, c. 1938; Oil, charcoal
and pencil on canvas; 24 × 15; 60,9 × 38,1 cm. Courtesy Galerie
Karsten Greve, Köln; Photo: Christopher Burke
Satz: Kösel, Krugzell
Auf holz- und säurefreiem Werkdruckpapier gedruckt
und gebunden von Kösel, Krugzell
ISBN-13: 978-3-608-89042-6

Zweite Auflage, 2009

Bibliografische Information der Deutschen Nationalbibliothek
Die Deutsche Nationalbibliothek verzeichnet diese Publikation in der
Deutschen Nationalbibliografie; detaillierte bibliografische Daten sind im
Internet über <http://dnb.d-nb.de> abrufbar.

Inhalt

Vorwort (Luise Reddemann) 11
Einleitung 13

1. Psychotherapie mit TRUST – Grundlagen 17
1.1 Was ist Psychotherapie mit TRUST? 17
1.2 Trauma und Krise behandeln 18
1.3 Das Gehirn als permanente Baustelle
 (Margarete Isermann) 23
  1.3.1 Work in progress 23
  1.3.2 Neurobiologische Hintergründe der Stressreaktion .. 25
  1.3.3 Lateralisierung: Gefühl versus Verstand? 28
  1.3.4 Schlussfolgerungen für die Psychotherapie 31
1.4 Salutogenese, Positive Psychologie und Resilienz 33
1.5 Das Resilienz-Stressbewältigungs-Modell (RSB-Modell) ... 38

2. Schonende Traumakonfrontation und Kriseninterventionen mit CIPBS® 43
2.1 Die Wurzeln von CIPBS 43
  2.1.1 EMDR 44
  2.1.2 KIP 46
  2.1.3 Maltherapie 47
  2.1.4 Pilotstudie 49
2.2 Worauf zielt CIPBS: Mögliche Wirkfaktoren und
 der klinische Benefit von CIPBS 50
2.3 Die neun Grundelemente von CIPBS 51
2.4 »Gebrauchsanweisung«: Ablaufschema
 für das praktische Vorgehen 54

	2.4.1	»Ich kann doch nicht malen«: Compliance und Psychoedukation	54
	2.4.2	Der Beginn: Ressourcen aktivieren	56
	2.4.3	Der CIPBS-Prozess im Überblick	57
	2.4.4	Hilfreiche Einweb- und Abschlusstechniken	61
	2.4.5	Der Abschluss: Integration	63
2.5	Exkurs 1: Laurie Anderson und das Malen innerer Bilder		64
2.6	Exkurs 2: Louise Bourgeois: Vier-Felder-Schema 1946		66
2.7	Fallbeispiele CIPBS		67
	2.7.1	Reifungskrise, Herr S., 26 J.	68
	2.7.2	Postpartale Depression, Frau E., 42 J.	76
	2.7.3	Angst vor Klassenfahrt bei ausgeprägter Angststörung, Sabrina, 11 J.	79
	2.7.4	Amoklauf Gutenberggymnasium, Tanja, 12 J.	82
	2.7.5	CIPBS-Trauerbearbeitung nach Tod des Bruders, Lea, 7 J.	86
	2.7.6	Zahnarztphobie, Frau C., 51 J.	89
	2.7.7	Überforderung am Arbeitsplatz und Selbstwertproblematik, Frau H., 32 J.	92
	2.7.8	Soziale und familiäre Konflikte, Frau A., 35 J.	95
	2.7.9	Postchemotherapeutische Übelkeit: Körpergefühle als Trigger, Frau D., 52 J.	97
	2.7.10	Darmkrebs, Angst vor Lungenmetastasen: Fokusfindung, Herr M., 48 J.	100
	2.7.11	Nachtschweiß als Trigger für Progredienzangst: Affektdifferenzierung, Frau U., 43 J.	103
	2.7.12	Angst vorm Sterben »Dirigent und Chor«: Achtsamer Umgang mit Deutungen, Frau P., 68 J.	105
	2.7.13	Traumatisierung durch Gewalterfahrungen in der Kindheit, Frau R., 38 J.	107
	2.7.14	Traumatisierung durch medizinische Behandlungen in der Kindheit, Frau O., 44 J.	112
	2.7.15	Sexuelle Traumatisierung in der Kindheit, aktuell: Bulimie, Frau K., 41 J.	115
	2.7.16	Stationäre Behandlung: Schonende Traumaexposition, Frau L., 53 J.	119

	2.7.17 Stationäre Behandlung: Ego-State-Arbeit mit Täterintrojekten, Frau N., 44 J.	123
	2.7.18 CIPBS und die Arbeit mit Täter-Introjekten: Was ist ein Täter-Introjekt?	127
	2.7.19 Supervision: Ressourcenstärkung, Frau T., 52 J.	130
2.8	Der Einsatz von CIPBS zur Prävention von Retraumatisierung und Sekundärtraumatisierung von psychotherapeutisch und psychosozial tätigen Menschen in Bethlehem	131

3. Kreative und imaginative Interventionen zur Stressbewältigung und Resilienzstärkung .. 136

3.1	Glückserfahrungen rund ums Essen: »Essen und Trinken hält Leib und Seele zusammen!«	137
3.2	Alltagsnahe imaginative Interventionen: Kürbiskernhonigbrötchen mit Butter, Schlager, Kino, Bier, Vanilleeis und Birchermüsli	143
3.3	Biografien signifikanter angenehmer Ereignisse im Lebenszyklus	146
3.4	Energiekuchen	146
3.5	Die Lichtstrom-Übung	149
3.6	Atmen und Lächeln	150
3.7	Die Innere-Helfer-Übung – Begegnung mit einem hilfreichen, freundlichen Wesen, einem inneren Helfer oder einer inneren Helferin	151
3.8	Der Wohlfühlort	153
3.9	Sensorische Achtsamkeit entwickeln mit der 5-4-3-2-1-Technik	154
3.10	BERLIN-Ressourcen-Checkliste	156
3.11	Das ABC des Wohlbefindens	158

4. Visionen imaginieren und malen: Interventionen mit der VIM-Technik 159

4.1 Ablaufschema für das praktische Vorgehen mit der VIM-Technik 159
4.2 Body-Scans: symbolhafte Konfrontation mit Ego-States ... 160
    4.2.1 Frau D., 47 J.: Konfrontation mit Transsexualität des Partners 162
    4.2.2 Frau E., 65 J.: Tod des Ehemannes / Beinamputation in der Kindheit 168
    4.2.3 Frau M., 37 J.: Innere Leere / Inneres Kind 170
    4.2.4 Frau S., 54 J.: Belastung durch Tinnitus 172
    4.2.5 Body-Scans im Rahmen der Supervision 174
4.3 Frau H., 60 J.: Affektdifferenzierung als Hilfe, »trocken« zu bleiben 175
4.4 Die Baumübung: Das Motiv des Baumes als Übung zum Auftanken von Lebenskraft 177
4.5 Familie oder Selbstrepräsentanz in Tieren: Identifikation und Modifikation von Ego-States 186
    4.5.1 Frau G., 66 J.: Identität als Chefin: Schafherde und Giraffe 186
    4.5.2 Frau W., 81 J.: Die zweite Abnabelung: Familie in Tieren 187

5. Psychotherapie mit TRUST – ressourcenorientierte Elemente aus verschiedenen Therapieverfahren 189

5.1 Psychodynamisch Imaginative Traumatherapie (PITT®) ... 191
5.2 Tiefenpsychologisch-imaginative Behandlung von traumatisierten Patienten mit der Katathym-Imaginativen Psychotherapie (KIP) 192
5.3 Kreative Modifikationen von EMDR 194
    5.3.1 Resource Development and Installation (RDI) – Protokoll und Absorptionstechnik 194

	5.3.2	Das Essential-EMDR-Protokoll	197
	5.3.3	EMDR und Butterfly Hug	198
	5.3.4	Ressourcenfokussiertes EMDR-Protokoll für körperliche Erkrankungen	199
5.4	Hypnotherapie und Techniken der Ego-State-Therapie		206
	5.4.1	Somatische Ego-States als Zugang zu Ressourcen . . .	206
	5.4.2	Frasers Dissociative Table Technique	206
	5.4.3	Hypnosystemische Therapie und Beratung	208
	5.4.4	Impact-Techniken	209
5.5	Die Station als Ressource in der Traumatherapie		211
5.6	Traumazentrierte kognitiv-behaviorale Therapie: Imagery Rescripting and Reprocessing Therapy (IRRT)		212
5.7	Der Körper als Ressource		214
5.8	Psychotherapie mit TRUST-Fallbeispiel: Lebertransplantation, Herr L.; 51 J.		216

6. Psychohygiene für PsychotherapeutInnen zum Schutz vor Sekundärtraumatisierung und Burnout 222

6.1 Gegenübertragungsreaktionen bewusst registrieren 222

6.2 Burnout und Sekundärtraumatisierung 222

6.3 Kohärenzgefühl, Achtsamkeit und Flow erleben 223

6.4 Die therapeutische Arbeit als »Kunstwerk« oder: vom Glück, PsychotherapeutIn zu sein 226

7. Statements für eine Psychotherapie mit TRUST 229

Anhang: TherapeutInnenbefragung zur Anwendung von CIPBS 231

Danke 241

Nachwort (Ulrich Sachsse) 243

Text- und Bildnachweis 245

Literatur 246

»Was ist Glück«: »Es ist ein sehr gutes Wort;
Glück bedeutet in gewisser Hinsicht
Gleichgewicht. Es bedeutet, dass man sich
und andere anerkennen kann.«
Louise Bourgeois 2001

Vorwort

Luise Reddemann

Seit in Deutschland das Thema »Traumatherapie« zur Kenntnis genommen wurde – vor etwa zehn Jahren –, hat sich das Wissen um posttraumatische Störungen und deren Behandlung stetig erweitert; aber auch die Erkenntnis, dass sehr viel mehr Störungsbilder, als wir früher auch nur ahnten, Folgen oder Teilfolgen von traumatischen Schädigungen sein können. In diesem Kontext spielen vor allem anhaltende seelische und körperliche Verletzungen im Sinne einer Vernachlässigung in der frühen Kindheit eine bedeutende Rolle, deren Folgen vor allem Bindungsstörungen sind. Hier wird immer deutlicher, wie sehr frühe Schädigungen sich auf das Stressverarbeitungssystem so belastend auswirken können, dass ein Mensch dauerhaft mit Stress schlechter fertig wird. Ein anderes weites Feld öffnet sich durch Erkenntnisse der Neurobiologie und vermehrtes Wissen über das, was Joachim Bauer »Das Gedächtnis des Körpers« genannt hat. Daraus ergibt sich beinahe zwangsläufig ein anderer Umgang mit auf den Körper bezogenen und diesen einbeziehenden therapeutischen Richtungen.

Christa Diegelmann hat, ausgehend von ihrer Arbeit mit Frauen nach Brustkrebserkrankung und der häufig zu beobachtenden traumatischen Wirkung dieser Erkrankung, erkannt, dass sehr viel mehr Menschen als die, die man traditionellerweise mit einer Posttraumatischen Belastungsstörung in Verbindung bringt, unter posttraumatischen Stresssymptomen leiden, und daraus die Konsequenz für ihre therapeutische Arbeit gezogen. Darüber hinaus verschließt sie sich aber auch nicht der Erkenntnis, dass seelische – und körperliche – Widerstandskraft bei der Auseinandersetzung mit extremem Stress eine nicht zu unterschätzende Rolle spielt. Man kann heute davon ausgehen, dass bei jedem Menschen, der Schweres erlitten hat, auch ein Versuch der Selbstregulation stattgefunden hat und stattfindet. Manchmal kommt dieser Prozess zum Erliegen, und dann kann Therapie helfen, die aus eigener

Kraft nicht zu erlangende Balance wiederzugewinnen. Es liegt nahe, dass eine Therapeutik, die diesen komplexen Vorgängen gerecht werden will, mehr als einer Methode verpflichtet sein sollte; vielmehr geht es darum, auf der Grundlage tiefenpsychologischen Verstehens einen ganzen Koffer voll therapeutischer Interventionen anzubieten, die in sich die Möglichkeit haben, die Resilienz der einzelnen PatientInnen zu fördern und ihre Wunden zu heilen.

Christa Diegelmann lässt sich von einem Konzept des Stress-Resilienz-Modells leiten, um so für den einzelnen Menschen stimmige und möglichst genau passende Hilfen zu entwickeln.

Dabei greift sie zum einen auf bewährte Formen imaginativer Techniken wie der KIP und aus neuerer Zeit PITT zurück, zum andern verknüpft sie Imagination mit einer von Ingrid Riedel übernommenen, auf den Theorien C.G. Jungs basierenden Maltherapie. Dass Imagination und Gestalten eng miteinander verknüpft sind, leuchtet ein. PatientInnen haben so die Möglichkeit, Vorgestelltes in einer für sie passenden Weise, die eben nicht immer verbal sein muss, zum Ausdruck zu bringen. Das Werk, das dadurch entsteht, hat dann seinerseits wieder Wirkung auf die Imaginationsfähigkeit, sodass sich die Effekte verstärken können.

Christa Diegelmanns Buch bietet eine Fülle von Fallvignetten, die das Vorgehen verdeutlichen. So kann die Leserin/der Leser entdecken, wie fein abgestimmt das Vorgehen ist und wie sehr es der Autorin am Herzen liegt, mit den PatientInnen gemeinsam den für sie geeigneten Weg zu finden, nämlich das Stressmanagement zu verbessern dadurch, dass das, was bereits an Potenzial da ist, wahrgenommen und genutzt wird.

Dieses Buch ist sowohl für AnfängerInnen geeignet, die eine möglichst genaue Anweisung benötigen, wie man in bestimmten Situationen vorgehen sollte, wie auch für erfahrene KollegInnen, die sich vielfältige neue Anregungen erhoffen dürfen, um die eigene Praxis zu bereichern.

Einleitung

»Ich hätte nie gedacht, dass ich mich je wieder verlieben könnte«; »Erst jetzt kann ich die schönen Lebensmomente wirklich fühlen«; »Ich bin so froh, dass ich auch mit diesem Trauma, oder vielleicht gerade dadurch, besser mit meinem Leben klarkomme als vorher«. Diese und viele andere ähnliche Aussagen meiner PatientInnen zeigen, dass Menschen Trauma und Krise bewältigen können. Es ist möglich, ohne überflutenden Distress in der Gegenwart und Zukunft wieder handlungsfähig zu werden und zu erleben, wie das Wissen auch um die schlimmsten Erfahrungen im Leben in die eigene Lebensgeschichte integriert werden kann.

Durch die Erkenntnisse der Psychotraumatologie im Zusammenhang mit der neurobiologischen Forschung entwickelte sich bei mir zunehmend ein Fundament für mein therapeutisches Selbstverständnis, das meine Herangehensweise auch theoretisch einbettet. Da unser Gehirn sich nutzungsabhängig verändert, ist es auch von entscheidender Bedeutung, welche Aspekte des Erlebens und Verhaltens im Umgang mit Trauma und Krise Beachtung finden. Daraus ergibt sich für mich ein eindeutiges Plädoyer für eine ressourcenfokussierte Psychotherapie. Das bedeutet nicht, dass Belastungen tabuisiert und verdrängt werden sollen. Es geht vielmehr darum, heilsame Lebens- und Welterfahrungen im psychotherapeutischen Setting zu initiieren, um Traumafolgestörungen bearbeiten zu können. Dazu ist es nicht erforderlich, in allen Details Trauma- oder Krisenerfahrungen wieder durchleben zu müssen. Es ist zwar wichtig, aus der Vergangenheit zu lernen, aber das Ziel der Therapie sollte sein, die Gegenwart und die Zukunft achtsam erleben zu können.

Dazu ist eine offene, interessierte und aktive Haltung als Psychotherapeutin sinnvoll. Diese sollte auch das Vertrauen vermitteln, dass Leben (wieder) in Balance kommen kann. Flourishing, im Sinne von »optimalem Lebensgefühl« oder von »Aufblühen«, ist ein neuer Begriff für psychische Gesundheit (Keyes und Haidt 2002, Fredrickson und Losada,

2005), der sich aus den Forschungen der Positiven Psychologie entwickelt hat. Dazu möchte ich auch mit diesem Buch beitragen.

Die Entwicklung und Aktivierung von emotionalen, kognitiven, körperbezogenen, psychosozialen und spirituellen Ressourcen in der Traumatherapie erfordert vielfältige, kreative therapeutische Interventionen. Grundbedingung hierfür sind das Vertrauen in die Weisheit und die Selbstheilungskräfte der individuellen »Hardware und Software« und das Vertrauen in die Möglichkeit einer gezielten Stärkung. Diese Grundhaltung ist sowohl für traumatisierte PatientInnen und deren psychosoziales Umfeld als auch für PsychotherapeutInnen ermutigend und entlastend. Die systematische Nutzung stressregulativer Mechanismen kann dabei den Blick wieder weiten und fördert bei der Bearbeitung von aktuellen oder zurückliegenden Krisen oder Traumata neue Sicht- und Erlebensweisen. Das individuelle Resilienzerleben kann so gestärkt werden, und häufig kommt es auch zum sogenannten Posttraumatischen Wachstum: »Posttraumatic Growth« (Tedeschi 1999, Zöllner und Maercker 2006).

Die etablierten Konzepte der Traumatherapie beinhalten in der Regel die drei Phasen Stabilisierung, Traumakonfrontation und Integration. Sie gewichten diese drei Phasen jedoch unterschiedlich und haben je nach therapeutischer Schule auch verschiedene Schwerpunkte, bezogen auf die Interventionen. Das intensive Wiedererleben des Traumas in der Traumakonfrontationsphase ist für die PatientInnen oftmals sehr belastend und möglicherweise im Lichte neurobiologischer Befunde auch nicht unbedingt erforderlich. Meine klinischen Erfahrungen mit PatientInnen, die durch eine lebensbedrohliche körperliche Erkrankung traumatisiert sind, haben mich veranlasst, gängige Interventionen zu modifizieren. Das Trauma ist bei dieser Klientel nicht »vorbei«, und durch oftmals monatelang andauernde medizinische Behandlungen sind diese PatientInnen noch zusätzlich belastet. Zudem sind bereits am Anfang einer Therapie häufig gezielte Kriseninterventionen notwendig.

Dazu waren Techniken der unmittelbaren Stressregulation, einer intensiven Ressourcenfokussierung und neue Wege einer schonenden Traumakonfrontation erforderlich, die ich in diesem Buch erstmals umfassend darstelle. Diese Interventionstechniken haben sich inzwischen auch in anderen Indikationsgebieten bewährt und werden bereits von

PsychotherapeutInnen in unterschiedlichsten Bereichen erfolgreich angewandt. Ich habe diese Techniken, einschließlich der oben beschriebenen, von Vertrauen geprägten Grundhaltung, TRUST (Techniken ressourcenfokussierter und symbolhafter Traumabearbeitung) genannt.

Das Buch zielt darauf, durch zahlreiche Fallbeispiele und Übungsanleitungen das konkrete Vorgehen einer Psychotherapie mit TRUST zu veranschaulichen. Dabei ist mir ein schulenübergreifendes Verständnis der Interventionsangebote wesentlich.

Kernelemente der Salutogenese, der Positiven Psychologie, der Resilienzforschung und einiger traumatherapeutischer Ansätze sowie aktuelle Befunde der Neurobiologie werden in Bezug auf ressourcenorientierte therapeutische Interventionen reflektiert. Traumatherapie mit diesem Fokus ist auch für TherapeutInnen weniger belastend und somit ein Beitrag zur Prävention von Sekundärtraumatisierung. Das Kapitel sechs gibt darüber hinaus vielfältige Anregungen für eine ressourcenorientierte Gestaltung der eigenen Psychohygiene zum Schutz vor Sekundärtraumatisierung und Burnout.

Ich bevorzuge die Anwendung von Interventionen, die den PatientInnen Zugänge zu ihren ureigensten inneren Prozessen über imaginative und kreative Prozesse eröffnen. Grundlage dabei sind die größtmögliche Selbststeuerung der Patientin sowie die Transparenz im Sinne eines informed consent. Im Verlauf meiner Tätigkeit habe ich immer wieder die Erfahrung gemacht, wie wichtig es ist, die PatientInnen dabei von Anfang an als gleichberechtigte PartnerInnen in den Behandlungsprozess mit einzubeziehen. Gezielte Interventionen zur individuellen Stressregulation werden von mir auch als Beitrag zum Empowerment der PatientInnen verstanden. Diese Interventionen leben von dem konkreten Bezug zur Alltagswelt der PatientInnen, das bedeutet auch, dass TherapeutInnen den Mut und die Neugierde haben müssen, sich flexibel auf die Lebenswelt ihrer PatientInnen einzulassen. Jeweilige kulturspezifische Bedingungen, Geschlecht (sex und gender) und auch generationenspezifische Erfahrungen sind hierbei achtsam zu berücksichtigen.

Meine therapeutische Identität ist auch geprägt durch eine Zeit vor EMDR und durch eine Zeit mit EMDR.

Die Zeit »mit EMDR« hat meine therapeutischen Erfahrungen sehr bereichert und inspirierte mich dazu, besonders das EMDR-Element der bilateralen Stimulation auch bei anderen Interventionen zu nutzen. Dieses Buch vermittelt dazu praxisnah unterschiedliche Beispiele, die sich besonders in der Bearbeitung von Traumafolgestörungen und zur Krisenintervention klinisch bewährt haben.

Als spezifisches Verfahren einer schonenden Traumakonfrontation stelle ich CIPBS (Conflict Imagination, Painting and Bilateral Stimulation) vor. CIPBS integriert u. a. Prinzipien des EMDR (Eye Movement Desensitization and Reprocessing, Shapiro 1998), der KIP (Katathym Imaginative Psychotherapie, Leuner 1985) und der Maltherapie (Riedel 1992). Die Kombination von Symbolisierung der traumatischen Erfahrung, und der unmittelbaren aktiven bildnerischen Darstellung, verbunden mit bilateraler taktiler Stimulierung im CIPBS-Prozess, scheint eine schonende Trauma- und Krisenbearbeitung zu begünstigen.

Ich stelle sehr unterschiedliche Anwendungsbeispiele von CIPBS vor. Etliche der Fallbeispiele haben mir KollegInnen, die mit CIPBS arbeiten, dankenswerterweise zur Verfügung gestellt. Für das Verständnis ist es nicht unbedingt erforderlich, alle Fallbeispiele zu lesen. Ich habe trotzdem diese Vielfalt gewählt, auch um für verschiedene Indikationsbereiche Anregungen anzubieten. Nicht bei jedem Fallbeispiel ist jedoch der CIPBS-Prozess ausführlich dargestellt. Die genaue Vorgehensweise ist in Kapitel 2.4 geschildert und beispielsweise auch bei der ersten Falldarstellung (Kap. 2.7.1) näher beschrieben.

Inzwischen bestätigen Befunde der neurobiologischen Forschung (Hüther 1999, 2004, van der Kolk 2000, 2003, Roth 2006, Siegel 1999, 2003, 2006, Spitzer 2005, 2006) zusätzlich die Wirksamkeit und Notwendigkeit der Aktivierung nichtsprachlicher und ressourcenfokussierter Verarbeitungszugänge, um effektivere und nachhaltigere therapeutische Veränderungen bewirken zu können. Margarete Isermann zeigt in Kapitel 1.3 praxisnah die Relevanz neurobiologischer Zusammenhänge für die konkrete Umsetzung in therapeutisches Handeln auf. Wir haben gemeinsam ein Erklärungsmodell für PatientInnen entwickelt, um die Grundprinzipien einer Psychotherapie mit TRUST zu veranschaulichen, und haben es »*Resilienz-Stressbewältigungs-Modell*« genannt. Wir nutzen es zur Psychoedukation und auch, um die PatientInnen zur Übernahme von Eigenverantwortung im Behandlungsprozess zu ermutigen.

1. Psychotherapie mit TRUST – Grundlagen

1.1 Was ist Psychotherapie mit TRUST?

Man könnte postulieren statt: Erinnern, Wiederholen und Durcharbeiten (Freud 1914): Erinnern, Weitergehen und Vertrauen. Das Vergangene wird aktiviert und im Vertrauen auf die individuellen Ressourcen- und Entwicklungspotenziale »fortgeschrieben«, »umkodiert« bzw. »neu kodiert« und »Neues wird gebahnt«.

Psychotherapie mit TRUST meint einerseits die Abkürzung von »Techniken Ressourcenfokussierter und Symbolhafter Traumabearbeitung«, aber auch die Wortbedeutung an sich symbolisiert die Grundelemente des Behandlungskonzepts. Es ist das Vertrauen darauf, dass grundlegende Veränderungsprozesse möglich sind, selbst bis ins hohe Alter. Weiter ist es das Vertrauen in vorhandene und aktivierbare individuelle Selbstheilungspotenziale eines jeden Menschen, wenn im therapeutischen Prozess die Bedingungen dafür geschaffen werden. Und es ist auch das Vertrauen in die Bedeutung der therapeutischen Beziehung, um korrigierende Erfahrungen möglich werden zu lassen.

Psychotherapie mit TRUST ist ein Behandlungsansatz, der aus den gängigen psychotherapeutischen Verfahren diejenigen Elemente kombiniert, die speziell geeignet sind, durch den gezielten Einsatz von Imaginationen, Kognitionen, Symbolen, Metaphern oder auch von körperbezogenen Interventionen die psychotherapeutische Behandlung von Traumafolgeerkrankungen und/oder subsyndromalen PTBS-Störungsbildern ressourcenorientiert zu gestalten. Dabei ist mir auch wichtig, darauf aufmerksam zu machen, dass es viele PatientInnengruppen gibt, die nicht unter dem »Trauma-Begriff« einzuordnen sind, die aber in der Psychotherapie von traumatherapeutischen Interventionsstrategien profitieren können. Selbst wenn die Beurteilung der Wirksamkeit spezifischer therapeutischer Techniken für die Behandlung posttraumatischer Belastungssymptome nach Evidence-based-Kriterien nur beschränkt möglich ist (Flatten et al. 2004), so gibt es inzwischen auch vielfache klinische Evidenz für den Einsatz einer traumaadaptierten Psychotherapie für andere syndromale Störungsbilder.

1.2 Trauma und Krise behandeln

Für die Behandlung von Traumafolgeerkrankungen wurden je nach therapeutischer Schule und klinischer Erfahrung unterschiedliche Interventionen entwickelt. Meine klinischen Erfahrungen haben mir gezeigt, wie hilfreich es sein kann, auch bei PatientInnen in Krisensituationen nach traumatherapeutischen Prinzipien vorzugehen. Damit will ich keinesfalls den Traumabegriff ausweiten, denn eine Krise ist eine Krise, sie kann aber als existenziell bedrohlich erlebt werden, ohne dadurch das Kriterium der Lebensbedrohung zu erfüllen. Der Krisenbegriff ist nicht absolut sondern relativ definiert als Ungleichgewicht zwischen subjektiv wahrgenommener Belastung und individuellem Bewältigungspotenzial. »Folgende Merkmale machen eine Krise aus: Die emotionale Gleichgewichtsstörung muss schwer, zeitlich begrenzt und durch die dem jeweiligen Individuum normalerweise zugänglichen Gegenregulationsmittel nicht zu bewältigen sein.« (Kast 2000, S. 20) Ebenfalls relativ definieren Fischer u. Riedesser auch ein psychisches Trauma als ein »*vitales Diskrepanzerlebnis zwischen bedrohlichen Situationsfaktoren und den individuellen Bewältigungsmöglichkeiten, das mit Gefühlen von Hilflosigkeit und schutzloser Preisgabe einhergeht und so eine dauerhafte Erschütterung von Selbst- und Weltverständnis bewirkt*« (Fischer u. Riedesser 1998, S. 79). Eine auf hirnphysiologische Prozesse bezogene Definition gibt van der Kolk: »Per *definitionem* ist ein Erlebnis dann *traumatisch*, wenn es anschließend die Art, wie die Betroffenen ihre Wahrnehmungen organisieren, entscheidend prägt.« (van der Kolk 2003, S. 86)

Bewältigung von Trauma und Krise
Ein Trauma oder eine Krise ist dann bewältigt, wenn ein Mensch ein Lebensereignis, welches mit vollkommener Hilflosigkeit und Ohnmacht verbunden war oder noch ist, in die eigene Lebensgeschichte einordnen kann, ohne dadurch psychisch oder körperlich von überflutendem Disstress eingeengt zu werden.

Die Bewältigung von Trauma und Krise ist auch dadurch zu kennzeichnen, dass das erschütterte Selbst- und Weltverständnis wieder in subjektiver Balance und der Mensch wieder fähig ist, Glück zu empfinden. Oder wie die in New York lebende, in der Kindheit traumatisierte Künstlerin, Louise Bourgeois, in einem Interview im Alter von 83 Jahren auf die Frage »Was ist Glück« antwortet: »Es ist ein sehr gutes Wort; Glück bedeutet in gewisser Hinsicht Gleichgewicht. Es bedeutet, dass man sich und andere anerkennen kann.« (Louise Bourgeois 2001, S. 291)

Ein Vergleich von Trauma- und Krisenerfahrungen macht deutlich, dass beide viele Gemeinsamkeiten haben:

1. das subjektive Gefühl der Überforderung durch das (traumatische) Ereignis
2. die Plötzlichkeit des Ereignisses und die damit einhergehende Unvorhersehbarkeit
3. das subjektive oder objektive Erleben von Kontrollverlust und das daraus folgende Erleben von Ohnmacht, Hilflosigkeit und Ausgeliefertsein.

Das syndromale Störungsbild nach traumatischen Ereignissen ähnelt dem von Menschen, die Krisen erleben, es betrifft die drei Hauptsymptomcluster der PTBS:

1. Wiedererleben, Intrusionen, z. B.: sich aufdrängende Bilder, Flashbacks, belastende Gedanken und Erinnerungen an das Geschehene, Albträume
2. Vermeidungsverhalten, emotionale Betäubung, z. B.: Rückzugsverhalten, Vermeidung der belastungsassoziierten Stimuli, nicht wahrhaben wollen/können, was geschehen ist
3. Hyperarousal, z. B.: physiologische Übererregung, Schreckhaftigkeit, Schlafstörungen, Konzentrationsstörungen, Affektlabilität.

Jede Krisensituation und jedes Trauma hat das Potenzial, die gewohnten Handlungs- und Problemlösemuster zu verändern und somit auch auf der Ebene der Repräsentation psychischen Erlebens im Gehirn neue synaptische Verschaltungen entstehen zu lassen. Hüther (1999) beschreibt, wie wichtig es sein kann, weg von den gewohnten »Autobahnen im Gehirn« hinzufinden zu den viel abwechslungsreicheren Nebenstraßen oder gar Trampelpfaden des Erlebens, um in der Lage zu sein, auf Veränderungen im Leben reagieren zu können und nicht an ihnen zu zerbrechen oder zu verzweifeln. »Beide Arten von Stressreaktionen, also die kontrollierbaren Herausforderungen als auch die unkontrollierbaren Belastungen, tragen in jeweils spezifischer Art und Weise zur Strukturierung des Gehirns, also zur Selbstorganisation neuronaler Verschaltungsmuster im Rahmen der jeweils vorgefundenen äußeren, psychosozialen Bedingungen bei: Herausforderungen stimulieren die Spezialisierung und verbessern die Effizienz bereits bestehender Verschaltungen. Sie sind damit wesentlich an der Weiterentwicklung und Ausprägung bestimmter Persönlichkeitsmerkmale beteiligt. Schwere, unkontrollierbare Belastungen ermöglichen durch die Destabilisierung einmal entwickelter, aber unbrauchbar gewordener Verschaltungen die Neuorientierung und Reorganisation von bisherigen Verhaltensmustern«. (Hüther 1999, S. 81) Diese neurobiologische Sichtweise hilft mir als Psychotherapeutin in der Begegnung mit Menschen, die sich in ausweglosen Situationen, in Krisensituationen befinden, darauf zu vertrauen, dass die gegenwärtig erlebte Krise, die erlebte Traumatisierung, die sich als Ohnmacht, als Todesangst, als Panik oder in anderen syndromalen Bildern zeigen kann, eben auch ein jeweils individuelles Lösungspotenzial enthält. Viktor E. Frankl, der Begründer der Logotherapie, hat in unzähligen Beispielen immer wieder aufgezeigt, wie wichtig es ist, darauf zu vertrauen, dass Menschen den Zugang zu ihrer eigenen Sinnfindung bekommen. »Tätig geben wir dem Leben Sinn, aber auch liebend – und schließlich leidend ... Wie wir uns also Schwierigkeiten gegenüber einstellen – darin noch zeigt sich, wer man ist, und auch damit lässt sich das Leben sinnvoll erfüllen ... Das Schicksal, das also, was uns widerfährt, lässt sich demnach auf jeden Fall gestalten – so oder so. ›Es gibt keine Lage, die sich nicht veredeln ließe, entweder durch Leisten oder durch Dulden‹, sagt Goethe. *Entweder wir ändern das Schicksal – sofern dies möglich ist –, oder aber wir nehmen es willig auf uns – sofern dies nötig ist.* Innerlich können wir in beiden Fällen an ihm, am Unglück nur wachsen. Und jetzt verstehen wir auch, was Hölderlin meint, wenn er schreibt: ›Wenn ich auf mein Unglück trete, stehe ich höher.‹« (Frankl 1992, S. 93)

Ich plädiere – besonders vor dem Hintergrund meiner therapeutischen Erfahrung mit lebensbedrohlich erkrankten Menschen – hier für einen erweiterten Trauma-Begriff. Dies bedeutet eine praxistaugliche Herangehensweise, ohne dadurch die Notwendigkeit der weiteren Klärung des Trauma-Begriffs und zukünftiger diagnostischer Kriterien übergehen zu wollen. Die Anwendung des Traumakonzepts mit der Aufklärung über die neurobiologischen Regulationsprinzipien in ihrem bisher bekannten Einfluss auf Denken, Fühlen und Handeln stellt den lebensbedrohlich erkrankten PatientInnengruppen ein nicht pathologisierendes Erklärungs- und Behandlungsmodell zur Verfügung. In den Worten einer Krebspatientin ausgedrückt: »Die deutsche Sprache verfügt nicht über genügend Adjektive, die meinen Seelenzustand wiedergeben könnten: hilflos, mutlos, ohnmächtig, allein, verzweifelt – und vor allem eines: überfordert.« (Herbert 2005, S. 189)

Lebensbedrohliche Krankheiten, wie z. B. Krebs, haben in der Traumatherapie und -forschung bisher erst relativ wenig Aufmerksamkeit erfahren (Schmitt 2000).

Mehnert (2005) zeigt in einer Übersicht die Häufigkeiten der Hauptsymptome der PTBS bei KrebspatientInnen aus verschiedenen Studien auf: Intrusionen: 16–49%, Vermeidung: 7–35% und Hyperarousal: 14–30%. Epidemiologische Daten zeigen unterschiedliche Prävalenzraten für die Häufigkeit von PTBS in Abhängigkeit von der Art des Traumas (ca. 50% nach Vergewaltigung, ca. 25% nach anderen Gewaltverbrechen, ca. 50% bei Kriegs- und Vertreibungsopfern, ca. 15% bei Verkehrsunfallopfern und ca. 15% bei schweren Organerkrankungen wie Herzinfarkt und Malignomen) (Flatten et al. 2004). Die Lebenszeitprävalenz für PTBS liegt in der Allgemeinbevölkerung etwa zwischen 2% und 7%. Geht man von der relativen Häufigkeit des Auftretens von z. B. schweren körperlichen Erkrankungen aus, so sind das beispielsweise auf etwa 700 000 Krebsneuerkrankungen pro Jahr in Deutschland bei 15% Prävalenz etwa 105 000 PatientInnen mit PTBS. Mehnert (2005) fand in einer eigenen Studie mit Brustkrebspatientinnen, dass sogar nur 40% keines der PTBS-Kriterien erfüllte. Die Prävalenz subsyndromaler Störungsbilder ist also, nicht nur bei Menschen mit einer Krebserkrankung, wesentlich höher, und es besteht eine hohe Chronifizierungsneigung. Veranschaulicht man sich diese Datenlage, so wird deutlich, wie »normal« in der psychotherapeutischen Praxis subsyndromale PTBS-Störungsbilder zu berücksichtigen sind.

»*Das Leben ist gar nicht so. Es ist ganz anders.* Hundertneunzehn Tage lebe ich jetzt mit der Diagnose Krebs. Hundertneunzehn Tage lebe ich mit dem Wissen, dass sich in meiner Brust ein bösartiger Tumor befindet. Heute soll er entfernt werden. Fürs Erste? ... Ich tausche meinen blauen Hosenanzug gegen weiße Thrombosestrümpfe und den obligatorischen weißen OP-Kittel. Mein blaues Tuch verdeckt meinen kahlen Kopf. Ob ich es anbehalten darf? Ich wage nicht zu fragen. Dabei hat diese Bagatelle für mich eine große Bedeutung. Ob sie mir diesen kleinen Rest an Intimität lassen? Ich werde die Etagen hinunter zum Operationssaal gefahren. Ich denke an meinen alten Vater und den Sechszeiler von Eugen Roth, den er mir mit auf diesen Weg gegeben hat: ›Ja der Chirurg, der hat es fein, er macht dich auf und schaut hinein. Er macht dich nachher wieder zu – auf jeden Fall hast du jetzt Ruh, wenn mit Erfolg für längere Zeit, wenn ohne für die Ewigkeit.‹« (Herbert 2005, S. 148–149)

Gegen Gewohnheit

Heut bin ich von meinem gewohnten Gang
Durch die Wiese abgekommen
Und habe den jenseits liegenden Hang
Des Tals in Besitz genommen.
Zwischen Windhalm, Wolfsmilch und Wegerich
Standen Stiefmütterchen im Kraut.
Am ersten September und sommerlich!
Der Hügel war ganz überblaut
Von einem Wunder, das keiner sah.
Auch ich hätt es nicht gesehen
Ohne den Zufall, der mir geschah.
Ich wurde von andren Menschen gestört
Bei meinem üblichen Morgengang.
Und ich war zornig und dachte: Gehört
Mir das Tal nicht allein und schon lang?
Was wollen Sie hier zu so früher Stunde?
Ich brauche den Platz. Sie nicht.
Und dabei, wie ich die Wiese umrunde,
Verwandelt sich der Verzicht
In großen Gewinn. So ist es im Leben:
Gewohnheit hält uns zurück.
Und manches Mal sind wir ganz dicht daneben
Und gehen doch vorbei am Glück.

Eva Strittmatter © *Aufbau Verlagsgruppe GmbH, Berlin*

1.3 Das Gehirn als permanente Baustelle
Margarete Isermann

1.3.1 Work in progress

»Psychotherapie wirkt, wenn sie wirkt, darüber, dass sie das Gehirn verändert. Wenn sie das Gehirn nicht verändert, ist sie auch nicht wirksam.« (Grawe 2004, S. 18)

Die rasant zunehmenden Erkenntnisse der Hirnforschung, auch bedingt durch immer differenziertere technische Möglichkeiten, etwa durch bildgebende Verfahren, haben auch in der Psychotherapie in den letzten Jahren zu veränderten Sichtweisen geführt. Besonders die Trauma- und Stressforschung hat dazu wichtige Impulse gegeben, die einen »Paradigmenwechsel« in der Psychotherapie angestoßen haben. Über die Traumatherapie hinaus konnte auch die Wirkungsweise vieler anderer Verfahren der etablierten Therapieschulen im Lichte der neuen Erkenntnisse anders interpretiert werden. Noch sind viele der neuen Erkenntnisse sehr vorläufig und hypothetisch, sie können aber schon jetzt bereits für das therapeutische Handeln eine hilfreiche Orientierung geben.

Traumaforschung und Traumatherapie belegen, dass bereits ein einziges traumatisches Erlebnis ausreicht, um die bisherige Selbst- und Weltsicht von Menschen entscheidend zu verändern und dramatische, schwer zu beeinflussende Symptome auszulösen. Andererseits haben Erkenntnisse der Hirnforschung und neue Therapieverfahren frühere pessimistische Sichtweisen relativiert. Das menschliche Gehirn ist lebenslang auch in größerem Ausmaß veränderungsfähig, und individuelle Stress-Situationen und Belastungen sind sogar notwendig, um ein differenziertes, auf die unterschiedlichen Herausforderungen flexibel reagierendes Gehirn zu formen. »Die neuroendokrine Stressreaktion ist ein entscheidendes Instrument zur Anpassung der dem Fühlen, Denken und Handeln einer Person zugrunde liegenden neuronalen Verschaltungen an die Erfordernisse einer sich ständig ändernden Außenwelt.« (Hüther 2001, S. 96)

Entscheidend für die Auswirkung einer solchen Stressreaktion ist das Ergebnis der auf diesen Stress folgenden Verhaltensreaktion. Führt das durch den Stress ausgelöste Verhalten zum Erfolg, so stärkt dies durch die ausgeschütteten »belohnenden« Neurotransmitter wie Dopamin die an dem Verhalten beteiligten neuronalen Verschaltungen. Das an der Problemlösung beteiligte Verhalten und die damit zusammenhängenden emotionalen und körperlichen Zustände haben in Zukunft eine höhere Auftretenswahrscheinlichkeit. Allerdings können die alten Verhaltens- und Erlebensbereitschaften nur schwer durch einmalige korrigierende Erfahrungen geändert werden, »denn es müssen neue neuronale Erregungsbereitschaften gebahnt und alte gehemmt werden. Die Grundlage für eingeschliffene psychische Störungen können nicht durch Introspektion und Einsicht geändert werden, sondern durch reale neue Erfahrungen, die alte synaptische Übertragungsbereitschaften hemmen und neue bahnen.« (Grawe 2004, S. 358)

Wenn die bisher benutzten Lösungswege nicht mehr erfolgreich sind, tritt eine verstärkte Stressreaktion ein, die die bisher etablierten Verbindungen, etwa durch die Ausschüttung des »Stresshormons« Cortisol (richtiger eigentlich: der »Stressbremse« Cortisol), destabilisiert und damit die Möglichkeit für neue Wege eröffnet. Führen diese neuen Wege zum Erfolg, endet die Stressreaktion, was vom Körper als Belohnung erlebt wird. Die Verbindungen zwischen den an dieser Lösung beteiligten Neuronen und neuronalen Netzen werden entsprechend gestärkt, und in ähnlichen Situationen wird in Zukunft mit einer höheren Wahrscheinlichkeit ähnlich reagiert. Je intensiver diese Prozesse ablaufen, umso intensiver werden die neuen Verbindungen gebahnt. Diese Prozesse der Destabilisierung und Stabilisierung von Bahnungen sind erforderlich, um überhaupt Lernen aus Erfahrungen zu ermöglichen, unser Verhaltensrepertoire nach und nach den sich verändernden Anforderungen anzupassen und eine zunehmende Selbst- und Verhaltenssicherheit zu erlangen.

Wenn jedoch auf Dauer keine angemessene Lösung gefunden wird, die die Stressreaktion beseitigt, wie es etwa bei einem Trauma häufig geschieht, so führt dies zu tief greifenden Veränderungen des Gehirns und entsprechend des Erlebens und Verhaltens und auch körperlicher Funktionen. Dies ist besonders bei sehr früher Traumatisierung oder frühkindlicher Vernachlässigung und bei besonders lang anhaltender oder besonders schwerer, unentrinnbarer Belastung der Fall. Die in diesen Fällen vom Individuum zur Beendigung der unerträglichen Stressreaktion gefundenen »Not-Lösungen« beinhalten in der Regel eine erhebliche Einschränkung des individuellen Verhaltensspielraums und nicht selten selbstschädigende Verhaltensweisen.

Die explizite Berücksichtigung der in Trauma- und Krisensituationen ausgelösten neurobiologischen Prozesse kann nicht nur für die Traumatherapie, sondern auch für die »normale« psychotherapeutische Arbeit einen hilfreichen Bezugsrahmen geben.

1.3.2 Neurobiologische Hintergründe der Stressreaktion

In einer diffus als bedrohlich wahrgenommenen Situation durch sensorische Kanäle erfolgt zunächst eine Aktivierung derjenigen neuronalen Strukturen, die auf die Identifizierung und emotionale Beurteilung eingehender Reize spezialisiert sind. Eine besondere Bedeutung haben dabei die (besonders rechte) Amygdala, der Hippocampus und der präfrontale Cortex. Eingehende sensorische Informationen aus dem Thalamus können in der Amygdala, die auch als »Angstzentrum« oder »Feuermelder« des Gehirns bezeichnet wird, eine sehr rasche, unspezifische Reaktion auslösen, die weitere Systeme aktiviert. Dabei kommt es u. a. durch Aktivierung des Sympathikus und den Ausstoß von Noradrenalin über den Locus coeruleus zu körperlichen Symptomen wie Herzrasen, Schweißausbrüchen, erhöhtem Blutdruck etc. Diese typischen körperlichen Stressreaktionen sind angeborene Mechanismen, die in Gefahrensituationen das Überleben sichern sollen und beispielsweise auf Kampf oder Flucht vorbereiten.

Parallel dazu, aber etwas langsamer, laufen die differenzierteren Bewertungsprozesse insbesondere auf der Ebene des präfrontalen Cortex und des Hippocampus ab. Durch eine entsprechende Bewertung der Situation als weniger bedrohlich (bzw. durch das Auffinden bereits bewährter Bewältigungsstrategien) kann dann gegebenenfalls die übermäßig aktivierte Amygdala »heruntergefahren« und so die Stressreaktion beendet werden. Die Kommunikation zwischen Amygdala und Hippocampus spielt dabei eine besondere Rolle.

Offenbar benötigt der Hippocampus, um funktionsfähig zu sein, ein mittleres Erregungsniveau. Eine extreme Erregung durch eine überaktivierte Amygdala kann ihn in seiner Funktionsfähigkeit beeinträchtigen. Das kann dazu führen, dass die Erfahrungen und sensorischen Informationen vom Hippocampus nicht korrekt kategorisiert, mit den dazugehörigen (z.B. zeitlich-räumlichen) Kontext-Informationen versehen und entsprechend in das biografische Gedächtnis eingespeichert werden können, sondern auf der »primitiven« Ebene der Amygdala abgespeichert, man könnte auch sagen »abgespalten« werden. Dadurch können sie jederzeit durch irgendwelche mit der Situation verbundene sensorische Reize im Sinne einer klassischen Konditionierung getriggert werden, wodurch das gesamte Stress-System wieder aktiviert wird, ohne dass eine Relativierung durch höhere corticale Strukturen erfolgt (van der Kolk 2000).

Wenn es, wie etwa beim Trauma, zu einer sehr heftigen oder lang anhaltenden derartigen Stressreaktion kommt, so wird durch die Aktivierung der HPA-Achse (Hypothalamus-Hypophysen-Nebennierenrinden-Achse) eine Kaskade von sogenannten »Stresshormonen« freigesetzt: Der Hypothalamus schüttet CRH (Corticotropin-Releasing-Hormon) aus, was die Ausschüttung von ACTH (adrenocortikotrophes Hormon) durch die Hypophyse bewirkt, was dann in der Nebennierenrinde die Bildung von Cortisol anregt. Wie schon bemerkt, wirkt Cortisol durch Rückkopplungsprozesse auch als »Stressbremse«; es hat aber die Eigenschaft, wenn in größeren Mengen und über einen längeren Zeitraum ausgeschüttet, bereits gebahnte neuronale Verbindungen (d.h. auch gelernte Erlebens- und Verhaltensweisen) zu zerstören, es wirkt also »neurotoxisch«. Da sich im Hippocampus besonders viele Cortisol-Synapsen befinden und der Hippocampus eine besonders »fragile« Struktur ist, kann ein lang anhaltender »Beschuss« mit Cortisol ihn in seiner Funktionsfähigkeit – wie oben beschrieben – beeinträchtigen und sogar in seiner Substanz »schrumpfen« lassen. Untersuchungen an früh oder schwer traumatisierten Menschen mit PTBS ergaben ein signifikant geringeres Hippocampus-Volumen. Allerdings wird diskutiert, ob Menschen, die nach einem Trauma eher eine PTBS entwickeln, bereits vorher ein geringeres Hippocampus-Volumen aufweisen, was u.a. Ergebnisse der Zwillingsforschung nahelegen (Yehuda 2001). Diese strukturellen Unterschiede illustrieren, wie tief greifend bei früh und/oder schwer traumatisierten Menschen die neuronalen Veränderungen sind. Interessanterweise findet man bei dieser Population nicht etwa einen erhöhten, sondern einen niedrigeren Cortisol-Spiegel im Blut als bei Nichttraumatisierten bei gleichzeitig erhöhter höherer Cortisolrezeptor-Sensitivität im Hippocampus, also möglicherweise bereits eine Anpassung des Systems (Yehuda 2001).

Die geschilderten stressbiologischen Prozesse beziehen sich auf das etablierte sogenannte »Furcht-System«. Nach einer relativ neuen und interessanten Theorie von Jaak Panksepp (zitiert nach Sachsse 2004) unterscheidet sich dieses Furcht-System, das gekennzeichnet ist durch Sympathikus-Aktivierung, Noradrenalin, Kampf/Flucht und »Beruhigung« durch Cortisol, von dem sogenannten »Panik-System«. Dieses besonders im Zusammenhang mit Bindungsprozessen und Dissoziation interessante System ist durch die Elemente Parasympathikus-Aktivierung, Glutamat, »Freeze«/Totstellreflex und Beruhigung durch Opioide sowie durch den bindungsstiftenden Neurotransmitter Oxytozin gekennzeichnet. Selbstverständlich agieren die beiden Systeme nicht unabhängig voneinander, und es kann Sinn machen, statt in dem hilflos-ausgelieferten Zustand des Panik-Systems zu verharren, in das Furcht-System zu wechseln, etwa durch die Entwicklung einer Phobie. »Durch Einsicht, Kognition und Lernen können wir uns aus der Situation der diffusen Panik herausbegeben.« (Sachsse 2004, S. 38)

Tabelle: Unterscheidung von Panik- und Furcht-System nach Jaak Panksepp, zitiert nach Sachsse 2004

Charakteristika auf den Ebenen	Panik-System	Furcht-System
erlebte Bedrohung:	diffus	konkret
Reaktion:	Hilflosigkeit, Hilferufe	Kampf, Flucht, Aktion
Coping:	Soziale Unterstützung, Bindung	Selbstwirksamkeit, neue Erfahrungen
Primär beteiligtes ANS-System:	Parasympathikus	Sympathikus
Neurotransmitter:	Glutamat	Noradrenalin, Adrenalin
Beruhigung, Belohnung durch:	Opioide, Oxytozin	Dopamin, Opioide (Cortisol)

Solche hier vereinfacht dargestellten neurobiologischen Beschreibungen können auch PatientInnen dabei helfen, sich die eigene Symptomatik in einer nicht pathologisierenden Weise als biologisch determiniert zu erklären. Damit werden die eigenen Lösungen sowie die therapeutischen Interventionen durchschaubarer. Dies führt wiederum zu einer Erhöhung des subjektiven Kontrollgefühls und der Compliance. Diese Modelle können den Patientinnen auch helfen, die Notwendigkeit stressregulierender und ressourcenstärkender Interventionen zu erkennen, die in diesem Buch schwerpunktmäßig vorgestellt werden.

1.3.3 Lateralisierung: Gefühl versus Verstand?

Viele der in diesem Buch vorgestellten Verfahren beinhalten die Technik der »bilateralen Stimulation«. Dabei werden abwechselnd rechts und links taktile, visuelle oder auditive Reize gesetzt, was eine alternierende Stimulation der beiden Hemisphären bewirken soll. Die bilaterale Stimulation ist ein Kernelement des EMDR, ursprünglich in der Form horizontaler Augenbewegungen. Allerdings werden ähnliche Techniken auch in anderen Therapieformen benutzt, etwa beim NLP. Es scheint sich dabei um uralte Mechanismen zu handeln, die Menschen schon immer in Ritualen benutzten, etwa beim Trommeln und Stampfen bei rituellen Tänzen. Beispielsweise benutzen russische »weise Frauen« (Babuschkas) eine Kerze, die sie vor den Augen ihrer »Patientinnen« hin und her bewegen (persönliche Mitteilung einer russischen Kollegin).

Die bilaterale Stimulation hat offenbar spezifische Wirkungen bei der Verarbeitung traumatischer und belastender Erlebnisse. Shapiro (1998) konzipierte die damit verbundene Wirkung ursprünglich als Desensibilisierung, später als »beschleunigte Informationsverarbeitung«. Heute sieht sie EMDR als ein Modell der »adaptiven Informationsverarbeitung« (Shapiro 2001). Die bilaterale Stimulation soll dabei die Aktivierung des Informationsverarbeitungssystems bewirken und damit letztlich die durch den traumatischen Stress bedingten Blockaden der Informationsverarbeitung auflösen und die Integration des Erlebten erleichtern.

Die bilaterale Stimulation scheint eine beschleunigte Integration rechts- und linkshemisphärischer, vereinfacht ausgedrückt, emotionaler und kognitiver Prozesse zu fördern. Worauf diese Wirkung letztlich beruht, ist noch nicht geklärt. Es gibt dafür unterschiedliche Hypothesen, etwa die Synchronisation der Hemisphären oder die Aktivierung ähnlicher Prozesse wie im REM-(Rapid-Eye-Movement-)Schlaf, der offensichtlich auch der Verarbeitung und Integration (belastender) Erlebnisse und der Konsolidierung von Erinnerungen dient (Stickgold 2002). Andere Erklärungen beziehen sich auf eine durch die bilaterale Stimulation ausgelöste Orientierungsreaktion oder auf die Wirkung rhythmischer Stimulation, etwa der beruhigenden Wirkung des Herzschlags der Mutter für das ungeborene Kind, oder sie postulieren schlicht eine Ablenkung durch den doppelten Aufmerksamkeitsfokus während der Konfrontation mit der traumatischen Erinnerung und die dadurch bedingte Herunterregulierung des Angst-Systems (Shapiro 2001). Es ist zu erwarten, dass es in Zukunft neue empirische Befunde geben wird, die die eine oder andere Hypothese untermauern können oder auch ganz andere Erklärungen nahelegen. Allgemein kann man bereits jetzt sagen: »Offensichtlich beeinflusst die bilaterale Stimulation nicht unmittelbar das Bewusstsein, sondern wirkt eher auf subkortikale Prozesse ein, die mit Einsicht und Verstehen nur wenig zu tun haben.« (van der Kolk 2003)

Inwiefern kann eine Integration links- und rechtshemisphärischer Prozesse förderlich sein? Die beiden Hemisphären sind zwar intensiv vernetzt und interagieren ständig, es gibt jedoch gewisse Schwerpunkte in der Art, wie und welche Informationen jeweils verarbeitet werden. Die linke Hemisphäre spielt eine besondere Rolle bei der Sprache, bei »logischen« Denk- und Analyseprozessen, die rechte dagegen bei nonverbalen Signalen, bei emotionalen und körperlichen Prozessen. Strukturen der rechten Hemisphäre sind eher ausgereift und haben entsprechend in den ersten Lebensjahren die entscheidend größere Bedeutung (Siegel 2003). Außerdem scheint es eine unterschiedliche Speicherung emotionaler Inhalte entsprechend ihrer Wertigkeit zu geben. Positive Emotionen werden offenbar eher im linken und negative im rechten präfrontalen Cortex gespeichert (Damasio 2005). »Der linke PFC ›beherbergt‹ positive Ziele und generiert positive Emotionen, der rechte Vermeidungsziele und negative Emotionen.« (Grawe 2004, S. 146)

Rauch et al. (1996) fanden bei Traumatisierten bei der Konfrontation mit dem eigenen Trauma-Script eine verstärkte rechtshemisphärische Aktivität der Amygdala und des rechten assoziativen Cortex bei gleichzeitiger Unterdrückung linksseitiger Strukturen, insbesondere im Broca-Bereich, dem Sprachzentrum. Dies erklärt auch die »Sprachlosigkeit« bei der Aktivierung traumabezogener Reize bei gleichzeitiger Überaktivierung emotionaler (Angst-)Zentren und auch die oft beobachtete geringe Wirksamkeit einer nur »sprechenden« Psychotherapie. »Leider hat sich die Grundannahme, dass ein Trauma zuverlässig aufgelöst werden kann, indem man Patienten hilft, die für sie mit traumatischen Erlebnissen verbundenen Tatsachen und Gefühle in Worte zu kleiden, mittlerweile als falsch erwiesen.« (van der Kolk 2003, S. 88–89)

Die bilaterale Stimulation und andere EMDR-Elemente erleichtern offenbar die Integration rechts- und linkshemisphärischer Prozesse. »Therapeutische Interventionen, die auf Verstärkung der neuronalen Integration und der Zusammenarbeit zwischen den beiden Hemisphären zielen, können bei dem Bemühen, Traumazustände aufzulösen, von besonderem Nutzen sein.« (Siegel 2003, S. 120)

Ein letzter Aspekt sollte in diesem Zusammenhang erwähnt werden: Die rechte Hemisphäre ist besonders mit dem impliziten Gedächtnis und die linke eher mit dem expliziten Gedächtnis assoziiert. »Das *implizite Gedächtnis* umfasst eine Anzahl von Prozessen, zu denen die Speicherung von emotionalen, verhaltens- und wahrnehmungsbezogenen und möglicherweise auch somatosensorischen Informationen zählen. Diese verschiedenen Formen sind von Geburt an vorhanden und basieren auf Schaltkreisen, deren Kodierung keine fokale Aufmerksamkeit erfordert. Wenn Menschen eine implizite Erinnerung abrufen, haben sie nicht das Gefühl, ›sich an etwas zu erinnern‹. Eine derartige Empfindung wird als Bestandteil des Erlebens expliziten Erinnerns angesehen, das erst nach Reifung von Gehirnbereichen wie dem Hippocampus, also nach dem ersten Lebensjahr, möglich wird ... Ein weiterer wichtiger Aspekt des impliziten Gedächtnisses ist die Fähigkeit des Geistes, *Schemata* oder geistige Modelle des Erlebens zu entwickeln. In diese Generalisierungen können verschiedene Erlebnisse und Sinnesmodalitäten einbezogen werden, und in ihnen kann die inhärente Funktion des Gehirns als Antizipationsmaschine zum Ausdruck gelangen – die Fähigkeit, aus dem täglichen Erleben ein Modell dessen, was möglicherweise in der Zukunft geschehen wird, zu entwickeln.« (Siegel 2003, S. 121)

Die in diesem Buch vorgestellten kreativen Techniken wie CIPBS, bei denen eine Traumabearbeitung auf symbolischer Ebene erfolgt, sind wahrscheinlich sehr gut in der Lage, solche grundlegenden Schemata zu aktivieren, dadurch viele Aspekte und Ebenen des Problems einzubeziehen und damit u. a. einen größeren Generalisierungseffekt zu erzielen. Außerdem kann man aus den obigen Ausführungen zu dem Fazit gelangen, dass therapeutische Interventionen, die eine bilaterale Stimulation beinhalten, eine bessere Integration rechts- und linkshemisphärischer Prozesse bewirken und schließlich, dass die in diesem Buch vorgestellten primär »nicht sprachlichen« Techniken in besonderer Weise geeignet sind, traumatische oder subjektiv sehr belastende Erlebnisse zu verarbeiten.

1.3.4 Schlussfolgerungen für die Psychotherapie

Man kann aus den beschriebenen Zusammenhängen und Prozessen, die im Folgenden stichwortartig zusammengefasst werden, Folgerungen für die therapeutischen Interventionen ableiten:

- ständige Anpassung des Gehirns an die wechselnden Anforderungen,
- unterschiedliche Auswirkung von Erfolg oder Misserfolg der auf eine Herausforderung gezeigten Reaktion,
- Notwendigkeit wiederholter und intensiver neuer Erfahrungen zur Bahnung neuer Erlebens- und Verhaltensbereitschaften,
- geringe Wirkung von nur sprachlichen Interventionen, von Introspektion und Einsicht,
- Bedeutung des subjektiv erlebten Kontrollgefühls bzw. des Kontrollverlusts,
- Gefahr durch ein ständig aktiviertes »Alarmsystem«,
- positive Wirkung einer Integration links- und rechtshemisphärischer Prozesse,
- differenzielle Bedeutung impliziter und expliziter Verarbeitungsmodi.

Jeder Mensch – jedes Gehirn – ist einmalig mit seinen im Laufe des Lebens erworbenen neuronalen Strukturen und Verbindungen. Diese sind auf der Grundlage der bisherigen Lebenserfahrungen sinnvoll und insofern zu respektieren, auch wenn sie noch so bizarr erscheinen mögen. Die meisten Menschen kommen zur Therapie, wenn die derzeitige »Hard- und Software« sich zur Bewältigung gegenwärtiger Anforderungen als dysfunktional erweist. Diese Situationen sind in der Regel mit einem hohen Maß an emotionaler Erregung und dem Gefühl von Kontrollverlust verbunden. Therapeutische Interventionen sollen, um überhaupt ein Lernen zu ermöglichen, diese Erregung möglichst auf ein zumindest mittleres Niveau bringen (siehe RSB-Modell, Kap. 1.5). Wichtig ist dabei insbesondere, eine »belohnende« Atmosphäre herzustellen und gezielt diejenigen individuellen Erfahrungen zu aktivieren, die in der Vergangenheit mit Erfolgs-, Wohlfühl- und Kontrollerleben verbunden waren, und zusätzlich neue derartige Erfahrungen, etwa mit imaginativen Techniken, in der Therapie anzubieten. Um diese positiven Muster zukünftig leichter aktivieren zu können, müssen sie intensiv gebahnt und häufig wiederholt werden, damit PatientInnen in späteren Belastungssituationen nicht wieder in die »alten Bahnen« zurückfallen.

Dabei kommt es wegen der Koppelung von neuronalen Erregungsmustern aus verschiedenen Sinnes- und Erlebensbereichen besonders darauf an, dass diese Erfahrungen möglichst intensiv, emotional bedeutsam und in verschiedenen Modalitäten repräsentiert sind. Nonverbale Interventionen können dabei möglicherweise in besonderem Maße globale, implizit gespeicherte und das Erleben weitgehend bestimmende Schemata aktivieren und der Verarbeitung und Integration zugänglich machen. Schließlich ist im gesamten Therapieprozess auf die Durchschaubarkeit der therapeutischen Interventionen, die Selbstbestimmung der PatientInnen und damit die in der Traumatherapie besonders wichtige subjektive und auch objektive Kontrolle der PatientInnen zu achten.

»Wichtig ist auch, dass der Schwerpunkt der Therapie nicht zu sehr und zu lange auf der Thematisierung und Aktivierung von Problemen liegen darf. Die Feststellung und Analyse von Problemen sind nur insoweit produktiv, als sie der Vorbereitung verändernder Interventionen dienen. Es sollen ja Veränderungen in positive Richtung gebahnt werden. Es müssen *neue* neuronale Erregungsmuster herausgebildet werden.« (Grawe 2004, S. 55)

Hüther fasst die idealen Bedingungen, unter denen – auch in der Therapie – etwas Neues gelernt werden kann, folgendermaßen zusammen:

»Lernen, so haben die Hirnforscher herausgefunden, funktioniert immer dann am besten, wenn:

- die Aufmerksamkeit hinreichend geweckt ist,
- die Lerninhalte unter Einbeziehung möglichst vieler Sinneskanäle vermittelt werden,
- ein unmittelbares Feedback erfolgt und die Lernleistung durch positive Emotionen und Belohnungen unterstützt wird,
- das Gelernte auch positive Bedeutung besitzt, nützlich und anwendbar ist,
- der Lernstoff einerseits neu genug ist, andererseits aber auch gut an bereits vorhandenes Wissen angeknüpft werden kann,
- keine Überreizung stattfindet und kein Druck herrscht,
- ausreichende Wiederholungen stattfinden.« (Hüther 2006, S. 94–95)

Die in diesem Buch vorgestellten Verfahren und Techniken entsprechen weitgehend den hier genannten Prinzipien.

1.4 Salutogenese, Positive Psychologie und Resilienz

Die Konzepte der Salutogenese, der Positiven Psychologie und der Resilienz sind sehr gut mit dem Konzept einer Psychotherapie mit TRUST vereinbar. Alle drei Konzepte basieren auf einem Menschenbild, das nicht die Pathologie in den Mittelpunkt stellt, sondern den Blick auf die individuellen Stärken und Heilungspotenziale lenkt.

Salutogenese
Das Konzept der Salutogenese hat der amerikanisch-israelische Medizinsoziologe Aaron Antonovsky (1923–1994) entwickelt, um das Phänomen zu erklären, dass Menschen trotz extremer Belastungen gesund bleiben können. Das Konstrukt des Kohärenzgefühls ist hierbei das Kernstück seines Salutogenesemodells: Es soll die Grundeinstellung des Menschen gegenüber dem eigenen Leben erfassen.

Die folgenden drei Komponenten kennzeichnen das Kohärenzgefühl *(sense of coherence, SOC)*:

1. Gefühl von Verstehbarkeit *(sense of comprehensibility)*
2. Gefühl von Handhabbarkeit bzw. Bewältigbarkeit *(sense of manageability)*
3. Gefühl von Sinnhaftigkeit bzw. Bedeutsamkeit *(sense of meaningfulness)*.

Mittlerweile gibt es viele Studien, die das Salutogenese-Konzept evaluiert haben (Schüffel et al. 1998). Es zeigt sich, dass Menschen, die ein hohes Kohärenzgefühl haben, weniger krank sind und, falls erkrankt, eher wieder gesund werden bzw. ihre Erkrankung als weniger einschränkend erleben. Antonovsky versuchte, mit seinem Konzept erklärbar zu machen, welche inneren Ressourcen (z. B. Selbstvertrauen, Selbstwertgefühl) und welche äußeren Ressourcen (z. B. wahrgenommene psychosoziale Unterstützung, sozialer Status) zu einer Stressresistenz gegenüber extremen Belastungen beitragen können. »Salutogene Prinzipien und Faktoren sind Ressourcen der Krankheitsbewältigung sowie der Krankheitsvorbeugung oder sind – noch allgemeiner – kreative Fähigkeiten in der Auseinandersetzung mit unserer Lebenswelt … In diesem Sinne verstandene Gesundheit meint daher nicht nur die Abwesenheit von Krankheit, sondern auch die Fähigkeit, Krankheiten überwinden zu können.« (Sack u. Lamprecht 1998, S. 334) Das Wissen um salutogene Wirkfaktoren hat inzwischen auch im Bereich der Traumatherapie einen Stellenwert erlangt. So gehört beispielsweise heute eine Ressourcenanamnese zum »State of the Art« jeder Traumatherapie. In gewisser Weise ist auch die Stabilisierungsphase zu Beginn jeder Trauma- oder Krisenbehandlung ein Element, das dazu beiträgt, das individuelle Anforderungs- und Belastungserleben im salutogenetischen Sinne zu regulieren.

Positive Psychologie – die Wissenschaft vom sinnerfüllten Leben
Der amerikanische Professor für Psychologie, Martin E. P. Seligman, ist einer der bekanntesten Depressionsforscher, der u. a. in den 80er-Jahren das Konzept der »Erlernten Hilflosigkeit« entwickelt hat. In dem Buch »Der Glücksfaktor. Warum Optimisten länger leben« (2003) veranschaulicht er die neue Fachrichtung der »Positiven Psychologie«, die er 1998 gemeinsam mit Mihaly Csikszentmihalyi und Ray Fowler ins Leben rief. Die Positive Psychologie zielt auf eine Stärkung von Glück und Wohlbe-

finden und geht davon aus, dass jeder Mensch die positiven Seiten der eigenen Persönlichkeit aktiv unterstützen und fördern kann. Vier wesentliche Elemente der Positiven Psychologie sind in der Gleichung veranschaulicht: »G = V + L + W. Gelesen wird die Formel: ›Glück ist gleich Vererbung plus Lebensumstände plus Wille.‹« (Seligman 2003, S. 85)

Inzwischen gibt es unzählige Studien in dem Bereich der Glücksforschung. Eine der bekanntesten ist eine Studie über Glück und Langlebigkeit von Nonnen (Danner et al. 2001). Man wählte bewusst die Population von Nonnen, da diese ähnliche Lebens- und Arbeitsbedingungen haben. Die Selbstbeschreibungen der Nonnen in ihren Novitätsaufsätzen für die Bewerbung um Aufnahme in das Kloster wurden dazu nach ihrem Gehalt an positiven Emotionen vier Gruppen zugeordnet. Es zeigte sich danach, dass von der Gruppe der »fröhlichsten« Nonnen im Alter von 85 Jahren noch 90% lebten und im Alter von 94 Jahren immerhin noch 54%. Aus der Gruppe der »unfröhlichsten« Nonnen lebten im Alter von 85 Jahren nur noch 34% und im Alter von 94 Jahren nur noch ganze 11%. Ein klassisches Experiment, welches die Auswirkungen von positiver Gestimmtheit aufzeigt, ist folgendes: »Barbara Fredrickson hat Studenten eine Angst erregende Filmszene gezeigt, in der sich ein Mann mit winzigen Trippelschritten auf dem schmalen Sims am oberen Stockwerk eines Hochhauses vorwärtsbewegt, mit den Händen am Mauerwerk nach Halt tastend. An einem bestimmten Punkt verliert er den Halt und baumelt hoch über dem Straßenverkehr in der Luft. Der Pulsschlag der Studenten beschleunigte sich dabei extrem. Unmittelbar danach wurden den Studenten vier weitere Filmclips gezeigt: ›Wellen‹, der Zufriedenheit, und ›junger Hund‹, der Heiterkeit auslöst, während ›Stöcke‹ überhaupt keine Emotionen hervorruft und ›Weinen‹ traurig stimmt. ›Junger Hund‹ und ›Wellen‹ normalisieren den Pulsschlag, während ›Weinen‹ die Pulsfrequenz noch beschleunigt.« (Seligman 2003, S. 80)

Es gibt zahlreiche Übungsbeispiele, die zur Stärkung des Glücksgefühls eingesetzt werden können. Seligman empfiehlt z. B., ein Dankbarkeitstagebuch zu führen, indem man jeden Abend die letzten 24 Stunden überdenken und sich dann täglich mindestens fünf Dinge notieren soll, für die man dankbar ist, z. B.: »am Morgen aufgewacht zu sein, für gute Gesundheit, Großzügigkeit von Freunden, die Rolling Stones ... oder für einen anderen Kunstgenuss«. Seligman zeigt anhand vieler weiterer Beispiele (Genusspausen, Genusstage, Meditation, sich belohnen) und Fragehaltungen (z. B. Monats- oder Jahresprotokolle führen, eigene Stärkenprofile anlegen) auf, wie die Ausrichtung der eigenen Lebensführung dazu beitragen kann, das Lebensgefühl zu verbessern. »Auskosten und Achtsamkeit gelingen, wenn Sie Ihre Vergnügen mit einem anderen Menschen teilen, durch bildhafte Erinnerungen, durch Selbstbelobigung, durch Schärfung der Sinne(swahrnehmung), indem Sie vor allem Ihren Blickwinkel verändern, und durch Absorption.« (Seligman 2003, S. 186)

»Es geht nicht mehr nur darum, Schäden zu begrenzen – und von minus acht auf minus zwei der Befindlichkeitsskala zu kommen –, sondern wie wir uns von plus zwei auf plus fünf verbessern können.« (Seligman 2001)

Bei der Entwicklung einer Klassifikation und eines Messsystems für menschliche Stärken als Gegenstück der Positiven Psychologie zum DSM (Diagnostic and Statistical Manual of Mental Disorders) wurden u. a. sechs »Tugenden« ermittelt, die weltweit und seit über 3000 Jahren von den verschiedensten Kulturen, Religionen und philosophischen Traditionen anerkannt werden, diese sind: 1. Weisheit und Wissen, 2. Mut, 3. Liebe und Humanität, 4. Gerechtigkeit, 5. Mäßigung und 6. Spiritualität und Transzendenz. Auf der Grundlage dieser Tugenden hat Seligman die psychologischen Dimensionen als Faktoren, die 24 sog. »Signatur-Stärken« von Individuen, definiert. Zur Tugend 1: Weisheit und Wissen, zählt er z. B. die Signatur-Stärken: Neugier, Lerneifer, Urteilskraft, Kreativität, soziale Intelligenz und Weitblick, die Tugend 5: Mäßigung, impliziert: Selbstkontrolle, Klugheit und Bescheidenheit. Auf der Internet-Seite von Seligman: www.authentichappiness.org, kann man u. a. einen Test durchführen und so ein Feedback über das eigene Signatur-Stärken-Profil bekommen. »Meine Formel für ein gutes Leben lautet: Bringen Sie Ihre Signatur-Stärken jeden Tag und in Ihren wichtigsten Lebensbereichen ein, um eine überreiche Belohnung und authentisches Glück zu erreichen.« (Seligman 2003, S. 259 f.) Die Forschung der Positiven Psychologie zielt darauf, ein Klassifikationssystem der »Gesundheiten« dem der »Krankheiten« entgegenzusetzen, um so auch messbare, valide »Gesundheits-Diagnosen« erstellen zu können.

Die »Arbeit mit positiven Gefühlen« meint also nicht, was mit Aussagen wie »Du musst positiv denken« oder »easy going« oder »es hätte noch schlimmer kommen können« als Ablenkungs- und Verdrängungsmechanismus oftmals empfohlen wird, sondern sie nutzt speziell die stressregulativen Mechanismen, die sich durch eine bewusste Fokussierung auf positive Erfahrungen aktivieren lassen. Durch Angebote zur bewussten Stressregulation und Ressourcenaktivierung kann oft erst das traumatische Geschehen in seinen Auswirkungen bearbeitet, akzeptiert und integriert werden. Durch die Reduktion von Disstress mit Hilfe der Aktivierung von positiven Gefühlen kann die Bewältigung von Trauma- und/oder Krisenerfahrungen besser gelingen.

Resilienz – psychische Widerstandskraft
Unter Resilienz versteht man die psychische Widerstandskraft eines Menschen im Umgang mit Krisen und Belastungen. Das Wort Resilienz leitet sich aus dem englischen Begriff »resilience« ab und bedeutet soviel wie Elastizität oder Spannkraft, im physikalischen Sinn »Prallkraft«, »resilient« wird mit elastisch, federnd oder im bildlichen Sinne mit spannkräftig, unverwüstlich übersetzt. Resilienz kann als Schutz für die Entwicklung von psychopathologischen Reaktionen auf Stress und Belastungen angesehen werden. Die erste Längsschnittstudie über Resilienz startete 1955 die in Deutschland geborene Entwicklungspsychologin Emmy E. Werner auf der Insel Kauai (Hawaii). Über 40 Jahre lang beobachtete sie die Entwicklung von 700 Kindern, um herauszufinden, welche Eigenschaften besonders belasteten Kindern dabei helfen, eine relativ normale Erwachsenengesundheit zu entwickeln. Sie fokussierte dabei besonders auf jenes Drittel der Kinder, die sich trotz vieler Risikofaktoren wie chronische Armut, elterliche Psychopathologie und dauerhafte Disharmonie in der Herkunftsfamilie zu lebenstüchtigen Erwachsenen entwickelten, d. h. auf jene Kinder, welche sich trotz oder gerade wegen schwerer Krisen »unauffällig« entwickelten.

Besonders wirksam erwies sich das Vorhandensein eines Rollenmodells für eine gute Lebensbewältigung. Dies konnte sowohl eine Bezugsperson innerhalb als auch außerhalb der Primärfamilie sein. Es zeigte sich, dass die individuelle Art und Weise, in der die Kinder auf Risiken reagierten, eine wesentliche Variable für eine gelingende Lebensbewältigung darstellte und dass sich dieses Bewältigungsverhalten im Laufe des Lebens weiterentwickelte (Werner u. Smith 1992). Es kommt also darauf an, wie ein Individuum eine Erfahrung bewertet (z. B. entweder als Herausforderung oder als Bedrohung), wie seine Reaktion darauf erfolgt ob es z. B. Zieldefinitionen vornimmt oder resigniert und ob es eine adaptive oder schlecht angepasste Bewältigung wählt (z. B. aktive Problemlösung oder Alkohol oder Drogenkonsum).

Die Resilienzforschung zeigt auf, dass Resilienz als ein aktiver Prozess anzusehen ist, der sich interaktiv zwischen dem Individuum und seiner psychosozialen Umwelt gestaltet (Connor u. Zhang 2006, Ong et al. 2006). Resiliente Krisenkompetenz entsteht durch Lebenserfahrung, wobei dieser Erfahrungsprozess quasi das ganze Leben hindurch fortgeschrieben wird.

Die Forschungen über Resilienz (Bleich et al. 2006, Yehuda et al. 2006) bestätigen auch die klinischen Erfahrungen, dass Menschen, die zum Teil extremen Belastungen ausgesetzt sind oder waren, oft erstaunliche Bewältigungskompetenzen entwickeln. Die »Schwere« der traumatischen Erfahrungen oder Belastungen lässt dabei nicht auf die »Schwere der Symptomatik« schließen. In einem Literaturüberblick zu dem Zusammenhang von Resilienz und Trauma bzw. PTBS stellen Agaibi und Wilson (2005) fest, dass dies ein Phänomen mit vielen Facetten ist, das aber von fünf Variablen und deren Interaktionen beeinflusst ist: Persönlichkeit, Affektregulation, Coping, Abwehrmechanismen und die Nutzung und Mobilisierung von protektiven Faktoren und Ressourcen zur Bewältigung.

Zur Einschätzung der Resilienz gibt es verschiedene Instrumente: Die Connor-Davidson-Resilience-Scale ist besonders geeignet zur Einschätzung von Behandlungsverläufen bei PatientInnen mit PTSD (Connor 2006). Eine deutsche Übersetzung der Resilienzskala (RS) von Wagnild und Young gibt es seit einigen Jahren. Sie liegt als Langform (25 Items, Leppert 2002) und in einer ökonomischeren Kurzform (11 Items) vor (Schumacher et al. 2005). Die Kurzform der RS kann als ein valides Messinstrument angesehen werden (Röhrig et al. 2006).

1.5 Das Resilienz-Stressbewältigungs-Modell (RSB-Modell)

In unserer Arbeit mit lebensbedrohlich erkrankten PatientInnen haben wir (Margarete Isermann und ich) gelernt, dass durch bestimmte akute Herausforderungen das gewohnte Stressbewältigungsverhalten häufig nicht mehr greift und dazu führt, dass posttraumatische Stresssymptome auch bei vorher vollkommen »gesunden« Menschen auftreten. Ein Großteil dieser PatientInnen hätte vielleicht ohne körperliche Erkrankung niemals im Leben eine behandlungsbedürftige psychische Symptomatik entwickelt. Dadurch sensibilisiert, fanden wir auch bei anderen PatientInnengruppen (Trennung vom Partner, Scheidung, Mobbing, Verlust des Arbeitsplatzes, TinnituspatientInnen, pflegende Angehörige) deutliche Symptome, die denen von PTBS-PatientInnen glichen, obwohl objektiv keine Lebensgefahr bestand, also dieses Kriterium der PTBS-Diagnose nicht erfüllt war. Die von den PatientInnen beschriebenen subjektiven Empfindungen ähnelten denen von traumatisierten PatientInnen: »ich fühle mich völlig hilflos und ausgeliefert«, »ich habe keinen festen Boden mehr unter den Füßen« oder »ich habe Angst unterzugehen«, »nichts ist mehr, wie es vorher war«, »ich habe schlaflose Nächte und finde keine Ruhe mehr« etc. Diese PatientInnen erleben hierbei eine Inkonsistenz (Grawe 2004) zwischen ihren Lebenszielen oder Lebenskonzepten und der sich verändernden realen Situation und der Fähigkeit, diese Herausforderungen zu bewältigen.

Das Resilienz-Stressbewältigungs-Modell haben wir entwickelt, um unseren PatientInnen, mit und ohne PTBS, ein plausibles Behandlungskonzept vermitteln zu können. Es soll in möglichst nicht pathologisierender Weise den Zusammenhang zwischen dem als unkontrollierbar erlebten Stress und dem Ausmaß an Bewältigungserleben veranschaulichen. Gleichzeitig sollen die therapeutischen Interventionen einerseits der Stressbewältigung und andererseits der Ressourcen- und Resilienzstärkung damit plausibel und nachvollziehbar gemacht werden. Die umgekehrt u-förmige Stressbewältigungskurve zeigt, dass bei mittlerem Stressniveau (Balancebereich) das Bewältigungspotenzial am höchsten ist. Geringer Stress (z. B. geringe Anforderungen, Desinteresse) führt ebenso wenig zu Lösungen bzw. neuen Bewältigungserfahrungen wie zu hoher Stress bzw. Extremstress. Die tragende Basis dieses Modells bildet der individuelle, aktuelle Resilienzstatus. Ein traumatisches Geschehen oder auch eine Krisensituation erhöht das Stresserleben, und je nach individueller Situation kann die Kurve der Bewältigungskompetenz verlaufen. Ein höheres »Resilienzpolster« verschiebt die Stressbewältigungskurve nach oben und erhöht dadurch das Bewältigungspotenzial. Bei Extremstress nimmt die Bewältigungskompetenz auch bei Personen

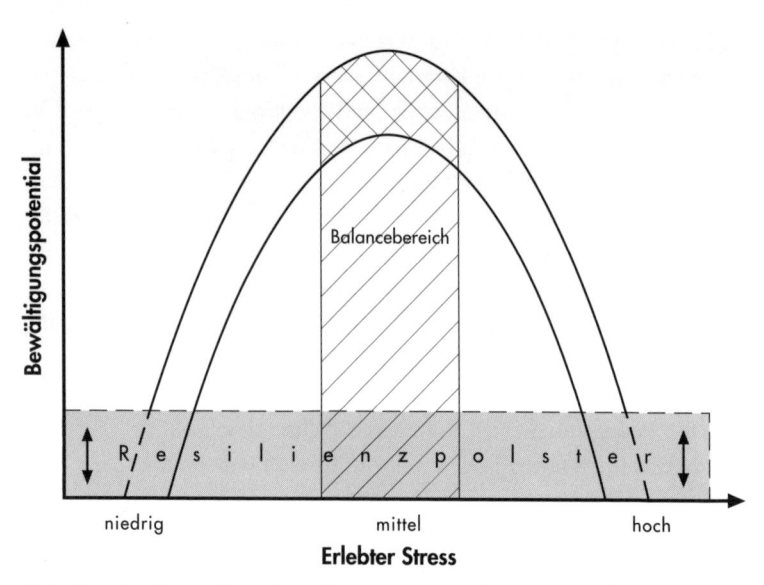

Abb.: Das Resilienz-Stressbewältigungs-Modell (RSB-Modell)
Die Kurve ist angelehnt an das Yerkes-Dodson-Gesetz (1908), das die menschliche Leistungsfähigkeit in Abhängigkeit von der physiologischen Aktivierung als umgekehrt u-förmige Kurve mit einem Leistungsoptimum bei mittlerem Erregungsniveau zeigt.

mit hoher Resilienz extrem ab, wenn die Person nicht in der Lage ist, das Stressniveau herunterzuregulieren. Das bedeutet, die therapeutischen Interventionen sollten sowohl direkt auf die Stressregulation (Entspannung, Bewegung, Gedankenmanagement etc.) einwirken als auch darauf ausgerichtet sein, Ressourcen zu aktivieren und zu stärken, um das Basispotenzial, das persönliche Fundament, »das Resilienzpolster« zu stabilisieren bzw. zu erhöhen.

In den vergangenen Jahren wurden verschiedene Modelle und Konstrukte als Grundlage für traumatherapeutische Handlungsstrategien entwickelt. Die meisten Modelle beschreiben, wie wichtig es ist, dissoziierte Persönlichkeitsanteile wieder dem Erfahrungserleben zuzuführen. Das RSB-Modell fokussiert vor allem auf die Stärkung der Resilienz und auf Interventionen zur Stressbewältigung. Dadurch können das Bewältigungserleben, der Balancebereich gestärkt werden, und das kann sich auch unmittelbar auf die Integration dissoziierter Anteile auswirken. »Die heute überwiegend speziell für Traumatisierte angewandten Psychotherapieverfahren verwenden das von Janet entwickelte und von Herman aktualisierte Modell: *Stabilisierung – Begegnung mit dem Trauma – Neuorientierung.*« (Sachsse 2004, S. 104) Die jeweiligen Interventionen einer Psychotherapie mit TRUST sollen bei der Bezugnahme auf das RSB-Modell bereits vom Erstgespräch an die folgenden Grundregeln berücksichtigen:

1. Stressabbau und Vermeidung von Überflutung
2. Benennen und »Normalisieren« der posttraumatischen/kriseninduzierten Stress-Symptome
3. Stabilität und Kontrollgefühl erhöhen

Besonders die explizite Aufmerksamkeitslenkung auf Ressourcen im therapeutischen Prozess kann bereits Veränderungen der impliziten Wahrnehmungs- und Bewertungsprozesse erreichen. Die phasenorientierte und prozesshafte Behandlung zielt dabei ab dem Erstgespräch darauf, die individuell als unkontrollierbar erlebte Lebenssituation oder das traumatische Geschehen in die eigene Lebensgeschichte zu (re-)integrieren. Diesem Ziel zugehörig ist das Bestreben, dass die PatientInnen dabei so wenig wie möglich von unkontrollierbarem Stress überflutet werden. Es geht darum, das bedrohliche Erleben durch schrittweise Verarbeitungsprozesse zu ordnen, zu rekonstruieren und mit gefühlter Sinnhaftigkeit anders erleben zu können.

Zur schonenden Traumatherapie geben die folgenden Modelle teilweise unterschiedliche Schwerpunkte vor, die sich besonders in der Therapie dissoziativer Störungen bewährt haben. Die vier Bereiche: Verhalten (Behavior), Gefühle (Affect), Körperempfindungen (Sensation) und Gedanken (Kognition) können bei dissoziativen Störungen teilweise oder auch insgesamt vom Erfahrungserleben abgetrennt sein. Das kongruente Erleben aller vier Bereiche kennzeichnet eine Persönlichkeit, die traumatisches Erleben verarbeitet und integriert hat. Dieses BASK-Modell der Dissoziation (Braun 1988) wurde u.a. konzipiert, um ein Zielkriterium für nicht dissoziative Zustände beschreiben zu können. Das sogenannte SARI-Modell wurde von Phillips u. Frederick (2003) vor allem als Handlungsrahmen für die Behandlung von dissoziativen PatientInnen entwickelt. Es empfiehlt eine schonende Traumabehandlung in vier Phasen: »Sicherheit und Stabilisierung (Safety and Stabilisation); Schaffung eines Zugangs (Accessing) zum Trauma und zu damit verwandten Ressourcen; Auflösen der traumatischen Erfahrungen und Restabilisierung (Resolving and Restabilization) sowie Integration der Persönlichkeit und Schaffung einer neuen Identität (Integration and Identity).« (Phillips und Frederick 2003, S. 65) Ein relativ neues Modell differenziert zwischen der primären, sekundären und tertiären strukturellen Dissoziation von Persönlichkeitsanteilen (Nijenhuis et al. 2004) und ist dadurch für das Verständnis der Ausprägung von traumabezogenen Störungen sehr hilfreich. Die AutorInnen beschreiben in ihrem Modell die primäre strukturelle Dissoziation einer anscheinend normalen (ANP) und einer emotionalen Persönlichkeit (EP) als Ebenen der Persönlichkeitsanteile. Bei PatientInnen mit PTSD und bei DIS-PatientInnen scheint die mentale Verarbeitungsfähigkeit für belastende Erfahrungen nur eingeschränkt möglich zu sein. »So gesehen ist die strukturelle Dissoziation zwischen ANP und EP der basale Typus für das Versagen der Integration bei Traumatisierung. Tatsächlich ist die primäre strukturelle Dissoziation charakteristisch für die einfachste traumabezogene Störung, die wir kennen: die einfache PTSD. Wenn der Stress steigt, kann die Integration von Verteidigungssubsystemen gestört sein, was zur sekundären strukturellen Dissoziation, d. h. zur Fragmentierung der EP, führt. Wir stellen die Hypothese auf, dass dies ein Zeichen für die komplexe PTSD (Herman 1992) und für die DDNOS ist. Ist bei extremer Traumatisierung sogar das System, das den Alltag regelt und für das Überleben der Art wichtig ist, nicht mehr erreichbar, nennt man das die tertiäre strukturelle Dissoziation.« (Nijenhuis et al. 2004, S. 58) Dieses Erklärungsmodell der traumabedingten dissoziativen Störungen impliziert entsprechende Phasen für die traumazentrierte Psychotherapie, beginnend mit der Stärkung der ANP und der erforderlichen Kooperation von ANP und EP und dem Arbeitsbündnis. Die zweite Therapiephase wird bei erfolgreicher Zunahme der Integrationsfähigkeit als schrittweise Expositionsphase verstanden. In einer weiteren dritten Phase »sind Integration der Persönlichkeit, Überwindung der Angst vor intimer Bindung und die Lebensbewältigung ohne Dissoziation oder anderweitige Vermeidung die Schwerpunkte der Behandlung« (Nijenhuis et al. 2004, S. 69).

2. Schonende Traumakonfrontation und Krisenintervention mit CIPBS® (Conflict Imagination, Painting and Bilateral Stimulation)

> »Die Symbolisierung hilft uns, Ereignisse, die uns verwirren, im Spiegel ihrer Symbole zu betrachten. Mit ihren weitesten Resonanzen, die an die großen Chiffren der Existenz heranreichen, erlauben sie uns, uns zu überschreiten.« (Benedetti 2006, S. 15)

2.1 Die Wurzeln von CIPBS[*]

Die Konfrontation mit dem Trauma, auch Traumaexposition oder Traumabearbeitung genannt, gehört inzwischen als phasenbezogener Baustein nach einer traumaspezifischen Stabilisierung zum klassischen Vorgehen einer Psychotherapie des Traumas. In neuerer Zeit wird zunehmend die Anwendung von schonenden Traumakonfrontationstechniken in der Fachwelt diskutiert und empfohlen (Fine 2004, Reddemann 2004, Grawe 2004, Sack et al. 2005, Hofmann und Sack 2006, Steiner und Krippner 2006, Seidler 2006, Wöller 2006).

CIPBS (Conflict Imagination, Painting and Bilateral Stimulation) bietet sich als eine schonende, ressourcenorientierte Vorgehensweise der Traumakonfrontation und Krisenintervention, auch als Modul der Psychotherapie mit TRUST an. Die Bezeichnung CIPBS habe ich gewählt, weil darin alle mir relevant erscheinenden Elemente des Vorgehens benannt sind. Der Name entstand aus den englischsprachigen Abkürzungen der wesentlichen Elemente der Technik. Es hätte also auch TIPBS heißen können (Trauma Imagination, Painting and Bilateral Stimulation), doch der Begriff »Conflict« erschien mir weiter gefasst und daher passender, da hier auch andere Indikationsmöglichkeiten

---

[*] Die Bezeichnung ist markenrechtlich geschützt

einer modernen traumasensiblen Psychotherapie gleich miteinbezogen sind.

Entwickelt habe ich diese Technik, indem ich essenzielle Elemente der Katathym-Imaginativen Psychotherapie, KIP (Leuner 1982, 1985) und der Maltherapie (Riedel 1988, 1992), mit meinem traumatherapeutischen Erfahrungswissen allgemein und insbesondere inspiriert durch meine therapeutischen Erfahrungen mit EMDR (Eye Movement Desensitization and Reprocessing, Shapiro 1995, 1998) verbunden habe.

CIPBS bezeichnet also eine Vorgehensweise, deren historische Wurzeln EMDR, KIP und Maltherapie sind. CIPBS kann im Rahmen verschiedener Therapieformen zur Anwendung kommen. Wegen der hohen klinischen Wirkung sollte CIPBS in der Einzeltherapie als Verfahren der Traumabearbeitung unbedingt im Rahmen eines psychotraumatologisch reflektierten Behandlungskonzepts nur von ausgebildeten Fachkräften, die über umfassende psychotherapeutische Erfahrungen verfügen, angewandt werden.

2.1.1 EMDR

Was ist EMDR?
EMDR (Eye Movement Desensitization and Reprocessing) wurde vor mehr als 15 Jahren von Dr. Francine Shapiro als Psychotherapiemethode zur Behandlung von traumatisierten Menschen entwickelt. Im Kapitel 1.3.3 wurde bereits auf EMDR Bezug genommen. EMDR ist mittlerweile von der American Psychological Association (APA) und der International Society for Traumatic Stress Studies (ISTSS) als effektiv anerkannt und wird weltweit erfolgreich in der Behandlung von Traumafolgeerkrankungen eingesetzt. EMDR hat als traumaspezifischer methodenübergreifender Ansatz mittlerweile eine große Verbreitung erfahren und wird neben traumaadaptierter psychodynamischer Therapie und kognitiver Verhaltenstherapie als Verfahren zur Traumabearbeitung mit der Evidenzstufe I in der AWMF-Leitlinie Posttraumatische Belastungsstörung (Flatten et al. 2004) genannt. Der wissenschaftliche Beirat Psychotherapie nach § 11 PSYCHTHG hat in seinem Gutachten vom 6. Juli 2006 festgestellt, dass »die EMDR-Methode bei Erwachsenen als Methode zur Behandlung der Posttraumatischen Belastungsstörung als wissenschaftlich anerkannt gelten kann« (Rudolf und Schulte 2006, S. 478).

EMDR ist ein manualisiertes Psychotherapieverfahren mit acht Behandlungsphasen, die dem 3-phasigen traumaspezifischen Vorgehen von Stabilisierung, Traumabearbeitung und Neuorientierung entsprechen.

Charakteristisch ist für EMDR, neben dem sehr fokussierten Vorgehen während der Traumabearbeitung, der Einsatz von bilateraler Stimulation (z. B. Augenbewegungen, taktile Stimulation oder akustische Signale) während der Traumakonfrontation. Es gibt spezifische Protokolle (z. B. Akuttrauma, Phobien, körperliche Erkrankungen, Sucht), die für unterschiedliche Indikationen entwickelt wurden.

Hat die bilaterale Stimulation einen spezifischen Wirkmechanismus?

Die bilaterale Stimulation bei EMDR ist zwar nur ein Element dieses komplexen Behandlungsansatzes, doch wie ich finde ein sehr elementares. Shapiro beschreibt die Stimulationskomponenten (z. B. Augenbewegungen, Töne als auditive Stimulation und Tapping als taktile Stimulation) als »dual attention stimuli«, mit deren Hilfe die Aufmerksamkeit der KlientInnen auf einen äußeren Stimulus gerichtet ist, währenddessen sie gleichzeitig auf belastendes inneres Material fokussieren. In den bisherigen EMDR-Studien wurden überwiegend zur Stimulation Augenbewegungen eingesetzt. Auch gibt es bisher keine Studien, die Unterschiede bezüglich differenzieller Effekte von Geschwindigkeit, Intensität der unterschiedlichen Stimulationskomponenten aufzeigen. In der Praxis wird jedoch immer öfter das sogenannte Tapping (taktile Stimulation) angewandt. Damit sind abwechselnde Berührungen (Tapping, Tippen oder auch Klopfen genannt), etwa auf die Knie oder die Hände der PatientInnen, gemeint. Inzwischen gibt es auch EMDR-Geräte, die diese bilaterale Stimulation erzeugen. Die taktile Stimulation erfolgt hierbei, indem die Patientin zwei kleine Plastikgehäuse in Händen hält, diese erzeugen im Wechsel taktil wahrnehmbare Reize. Bei vielen der in diesem Buch vorgestellten Verfahren tappt die Patientin selbst mit den Händen auf ihre Oberschenkel, ihre Knie oder mit gekreuzten Armen auf die Oberarme oder Schultern (Butterfly Hug, siehe Kap. 5.3.3).

Wesentlich bei der Exposition mit EMDR ist die Ausrichtung auf die Entwicklung von spontanen Assoziationsketten. Es wird während der Exposition nicht immer wieder auf die Aktivierung der ursprünglichen Traumaerinnerung zurückgegangen, es ist also nicht von der alleinigen Angstbewältigung durch Habituation auszugehen. EMDR ist auch keine Variante von Hypnose. Z.B. zeigen EEG-Messungen von Hypnosepatienten deutliche Veränderungen zum Wachzustand auf, was während der Anwendung von EMDR nicht der Fall ist (Nicosia 1995). Durch die bilaterale Stimulation tritt eine Orientierungsreaktion auf, die mit einer Veränderung der Herzfrequenz und gleichzeitiger Aktivierung des Parasympathikus (Sack et al. 2003, Sack 2006) einhergeht.

Wesentliche Elemente von EMDR sind auch in CIPBS enthalten:
- die Aktivierung des Traumanetzwerkes
- die bilaterale Stimulation
- das Entstehen neuer Assoziationsketten im Verarbeitungsprozess
- die Auflösung von Blockaden mit einem tiefen Gefühl subjektiver Validität gegenüber den Ergebnissen des Prozesses
- regelmäßig auftretende emotionale Entlastung zum Ende des Prozesses
- in die Zukunft gerichtete individuelle Lösungen.

Anders als bei EMDR wird bei CIPBS zu Beginn weder die negative noch die positive Kognition erarbeitet, noch wird der VOC-Wert (Validity of Cognition, 1–7) ermittelt. Ebenso wenig wird weder bewusst auf die Emotionen noch auf die Körperwahrnehmung fokussiert.

2.1.2 Katathym-Imaginative Psychotherapie (KIP)

Bereits vor mehr als 50 Jahren hat Hanscarl Leuner ein System gestaffelter Methoden und Regieprinzipien zur Handhabung des Tagtraumes in der Psychotherapie entwickelt. Seinem umfassenden Lehrbuch des Katathymen Bilderlebens (1985) stellt er ganz am Anfang ein Zitat von Goethe voran: ›Bilder und Worte sind Korrelate, die sich immerfort suchen.‹ Leuner hat dabei stets die Autonomie der PatientInnen im Behandlungsprozess gewürdigt. »Es ist mir wichtig, die Kräfte der reifen Ich-Anteile des Patienten zu stärken, indem ich ihn selbst die Lösung finden lasse.« (Leuner 1982, S. 126) »Die Imaginationen im Tagtraum bieten dabei Therapeuten und Patienten eine außerordentliche Möglichkeit, die latenten Selbstheilungstendenzen der Psyche zu erschließen und zu entfalten. Jedoch ist trotz aller Technik hervorzuheben, dass die

Persönlichkeit des Therapeuten entscheidend zum Gelingen der Therapie beiträgt.« (Leuner 1985, S. 7) Ich habe bereits vor mehr als zwanzig Jahren die KIP-Bilder von den PatientInnen während der Therapiestunde malen lassen, was eine spezifische Vertiefung der Prozesse bewirkte.

Wirksame Faktoren für die Behandlung mit der KIP waren für Leuner:

1. Angstschutz durch TherapeutIn
2. Hypnoid veränderter Bewusstseinszustand
3. Mikrokatharsis
4. Probehandeln auf der Fantasieebene
5. Anstoß kreativer Fähigkeiten
6. Acting out von Abwehr und Triebwünschen, »Nachholen«
7. Altersregression, Abreaktion, Neubeginn
8. Durcharbeiten durch Konfrontation
9. Direkte Konfliktbearbeitung als Krisenintervention

Hanscarl Leuner war über mehrere Jahre mein Supervisor. Ich erinnere mich heute noch gerne an seine intuitive Präsenz, z.B. als Supervisor in der Anleitung von Gruppen-KIPs (angeleitete Tagträume in der Gruppe zur Selbsterfahrung für TherapeutInnen). Von seinem offenen, interessierten und respektvollen Umgang mit den KIP-Bildern von PatientInnen und auch von KollegInnen, seiner ›*Teilhabe an der Sprache des Unbewussten*‹ (Leuner 1985, S.17), habe ich sehr viel gelernt.

2.1.3 Maltherapie

»Der Gestaltende arbeitet beim Malen direkt an seiner Selbstgestaltung, seiner Individuation und damit an seiner Selbstheilung.« (Riedel 1992, S. 29)

»Jung rechnet das Malen von Bildern aus dem Unbewussten ebenso wie die Auseinandersetzung mit Gestalten aus dem Unbewussten in der Fantasie, in Tanz und Bewegung zu den Formen und Methoden der Aktiven Imagination.« (Riedel 1992, S.18) Die Maltherapie sollte stets in ein umfassendes psychotherapeutisches Behandlungssetting eingebettet sein. Ingrid Riedel benennt das Potenzial der Maltherapie folgendermaßen: »Therapeutisch wirksam sind in der Maltherapie also vier zusammenwirkende Prozesse: der Gestaltungs-, der Symbolisierungs-, der Besprechungs- und der Beziehungsvorgang.« (Riedel 1992, S. 25 ff) Die heilende Wirkung dieser zusammenwirkenden Komponenten kann nach meiner Erfahrung niemand so gut aufzeigen wie Ingrid Riedel, wenn sie beispielsweise in ihren Vorträgen oder Seminaren ihr komplexes theoretisches und psychotherapeutisches (Erfahrungs-)Wissen in der Begegnung mit Bildern vermittelt.

Alice Miller begann mit 48 Jahren eine Reise in ihr Inneres über den Weg des Malens. In dem Buch »Bilder meines Lebens« zeigt sie 66 Bilder, die in der Zeit von 1973 bis 2005 entstanden sind. Es ist eine Art autobiografische Darstellung ihrer eigenen inneren Entwicklung. Mich hat sehr beeindruckt, wie Alice Miller darin beschreibt, dass sie über diesen Weg des spontanen, absichtslosen Malens zu neuen Einsichten bezüglich verdrängter Kindheitserfahrungen finden konnte. »So entstehen Bilder aus Gesten und Zufällen, die weder geplant noch konstruiert sind. Ich würde sagen, sie kommen zu mir wie Träume, ich empfange sie und freue mich, wenn ich sie verstehe. Die Gefühle, die meine Bilder in mir hervorrufen, sind manchmal Gefühle der Trauer, aber häufig auch der Freude: der Freude an der Freiheit, an der Bewegung, an den Farben, an Begegnungen. Und vor allem an der Entdeckung. Denn das Malen überrascht mich immer wieder mit neuen Entdeckungen über mich selbst, über mein Unbewusstes und meine Kindheit. Lange Zeit hatte ich meine Krankheiten und depressiven Verstimmungen den gegenwärtigen Umständen zugeschrieben. Dass ich immer noch an meiner vollständig verdrängten Kindheit litt, wäre mir trotz der Therapien nie in den Sinn gekommen, hätte ich meine Bilder nicht gemalt.« (Miller 2006, S. 11) Einige der Bilder sind auch auf ihrer Homepage anzusehen: www.alicemiller.com.

Die maltherapeutisch-kunsttherapeutische Arbeit wird häufig in stationären traumatherapeutisch ausgerichteten Einrichtungen als Ergänzung zur einzeltherapeutischen Traumaarbeit angeboten. Besonders für komplextraumatisierte PatientInnen eignet sich diese Form der Strukturierung über das Malen von inneren Bildern. Doch besonders hier ist das Wissen um die Möglichkeit der Überflutung durch das Malen innerer Prozesse besonders sorgsam zu berücksichtigen. Susanne Lücke (2001) hat ihre Vorgehensweise in der »Kunst- und Gestaltungstherapie im Prozess der Traumaheilung« in dem Buch von Luise Reddemann sehr anschaulich gemacht. Sie zeigt hierbei anhand praktischer Erfahrungsberichte auf, wie wichtig traumatherapeutisches Wissen ist, damit die Bildproduktionen schwer traumatisierter PatientInnen nicht retraumatisierend, sondern heilsam wirken können.

Das spontane Malen innerer Bilder ist ein Basiselement im Rahmen des strukturierten Verarbeitungsprozesses mit CIPBS.

2.1.4 Pilotstudie

Der Vergleich von EMDR, CIPBS kombiniert mit EMDR, ressourcenfokussierter kognitiver Verhaltenstherapie und einem Rehabilitationsangebot in einer randomisierten Pilotstudie mit 39 Brustkrebspatientinnen (Diegelmann et al. 2002, Diegelmann 2006b) ergab in allen Gruppen bei der Nachuntersuchung einen Rückgang der PTBS-Symptomatik (IES-R) und der depressiven Symptomatik (BDI). EMDR und EMDR kombiniert mit CIPBS waren der Standard-Rehabilitation und der Kognitiven Verhaltenstherapie signifikant überlegen. Die Kombination von EMDR und CIPBS zeigte hierbei hinsichtlich der Verbesserung der depressiven Symptomatik noch signifikante Vorteile gegenüber der alleinigen Anwendung von EMDR. Die Anzahl der therapeutischen Sitzungen war für alle Patientinnen gleich. Diese ersten Ergebnisse zeigen, dass traumatherapeutische Methoden, verbunden mit Ressourcenaktivierung, bei Brustkrebspatientinnen mit PTBS-Symptomen wirksam sind. CIPBS scheint dabei zusätzlich noch einen positiven Effekt auf die depressive Symptomatik zu haben. Diese Ergebnisse und die inzwischen vielfältigen Berichte über die klinische Anwendung von CIPBS zeigen erste Evidenz bezüglich der Wirksamkeit von CIPBS zur Traumabearbeitung auf. Weitere Forschung ist jedoch notwendig. Insgesamt haben mich meine bisherigen klinischen Erfahrungen und die von KollegInnen, die mit CIPBS arbeiten, ermutigt, den Weg, der insbesondere im Bereich der Psychoonkologie begann, auszubauen. Die strukturierte Anwendung von CIPBS auch bei anderen Indikationen und die dabei gewonnenen positiven Erfahrungen haben zu einer weiteren Konzeptualisierung des Verfahrens beigetragen.

2.2 Worauf zielt CIPBS: Mögliche Wirkfaktoren und der klinische Benefit von CIPBS

- Schonende Trauma- und Konfliktexposition
- Strukturierte Symbolisierung und Externalisierung der belastenden Erfahrung
- Symbolisierung als Weg, um zu kontrollierbaren Erfahrungen zu kommen
- Steigerung des Selbstwirksamkeitserlebens
- Psychische Entlastung und dadurch unmittelbare körperliche Beruhigung
- Aktivierung neuer Assoziationsnetzwerke
- Aufhebung von Blockaden und beschleunigte Informationsverarbeitung
- Integration rechts- und linkshemisphärischer Anteile durch bilaterale Stimulierung
- Verbesserung präfrontaler Verarbeitungsfunktionen
- Aufhebung von Blockaden und beschleunigte Informationsverarbeitung
- Kognitive Umstrukturierung
- Modifikation und Transformation der Erlebensinhalte
- Schrittweise Integration der traumatischen Erfahrungen in das Selbstbild
- Ressourcenaktivierung

Traumabearbeitende Verfahren zielen auf eine Synthese der oft dissoziierten, nicht bewussten Erinnerungselemente, auf eine Integration der traumatischen Erfahrungen als erinnerbarer und nicht überflutender Bestandteil der persönlichen Lebensgeschichte. Neue Assoziationsnetzwerke ermöglichen eine schrittweise Integration der traumatischen Erfahrungen in das Selbstbild und regen alternative Selbstreflexionsprozesse an. CIPBS-Prozesse verdeutlichen oftmals Affektbrücken (Watkins 1971) zwischen gegenwärtigen Gefühlen und früheren Lebenserfahrungen, indem zu den aktuellen Gefühlen sinnstiftende Zusammenhänge mit traumatischen Erinnerungsbildern aufgedeckt werden. Die Trauma- und Krisenbearbeitung mithilfe der Symbolisierung durch die Aktivierung innerer Bilder und das Äußern dieser Bilder im Malprozess ist ein Weg, um die individuelle Toleranzgrenze für die Beschäftigung mit den stark angstbesetzten, belastenden Bildern, Intrusionen, Albträumen, Kognitionen oder Körpergefühlen sensibel und weitestgehend selbstbestimmt handhaben zu können. Dadurch scheinen dissoziierte Fragmente des traumatischen oder krisenhaften Selbsterlebens geordnet, neu verbunden und durch den Zuwachs an unmittelbar erlebter Handlungskompetenz »Mentalisierungsdefizite« reduziert werden zu können. Die Arbeit mit CIPBS sollte in einem von Vertrauen geprägten therapeutischen Kontext eine schonende Konfrontation mit traumatischem Material ermöglichen, um über den Weg der Symbolisierung eine Traumasynthese zu ermöglichen, und in Folge eine Transformation der Erinnerungsnetzwerke herbeiführen.

Auch die klinischen Erfahrungen mit CIPBS in der Behandlung chronischer Schmerzsyndrome bestätigen, wie hilfreich es sein kann, psychotherapeutische Verfahren anzuwenden, die nicht ausschließlich auf eine sprachliche Symbolisierung ausgerichtet sind. »Viele Patienten erleben die Ankündigung, mit Bildern arbeiten zu dürfen, als Entlastung, zu groß ist der Druck, über das eigentlich Unsagbare reden zu müssen!« (Strauß 2006, S. 52)

2.3 Die neun Grundelemente von CIPBS

Zum Standardvorgehen mit CIPBS gehören in der Regel folgende neun Elemente, auf die ich später immer wieder Bezug nehmen werde:

1. Ausgestaltung einer vertrauensvollen therapeutischen Beziehung
Die sensible Exploration der individuellen Bedeutung des Traumas oder der Krise gehört zu jeder Arbeit mit CIPBS. Die psychotherapeutische Grundhaltung orientiert sich dabei an den im Kapitel über TRUST genannten Grundsätzen. Die Bedeutung der Bindungserfahrungen für den emotionalen, sozialen, kognitiven und körperrepräsentativen Entwicklungsverlauf der PatientInnen sollte in der Einschätzung der Symptome bzw. der psychischen Erkrankung, der psychischen Dysbalance wertschätzend beachtet werden. Bei ausgeprägten Ängsten im Erwachsenenalter (Angst vor Trennung, durch Verluste von Bindungsrepräsentanten leicht zu triggern, z. B. Tod von Haustieren) soll in der Anamnese

besonders auf fehlende Präsenz von primären Bindungserfahrungen geachtet werden, um dies entsprechend als Vulnerabilitätseinflussvariable berücksichtigen zu können.

2. Indikation und Kontraindikation überprüfen
Zur Einschätzung der Indikation und Kontraindikation werden Ressourcennetzwerke und Traumanetzwerke exploriert. Dies kann z. B. mit einem Anamnesediagramm, das die positiven und belastenden Lebenserfahrungen auflistet, erfolgen (siehe 5.3.4). Eine spezifische Diagnostik sollte daraufhin durchgeführt werden. Eine Grundvoraussetzung für die Arbeit mit CIPBS ist die Fähigkeit des Patienten, einen Wohlfühlort auf der »inneren Bühne« ausgestalten zu können. Es kann dadurch auf Möglichkeiten der Distanzierung und Affektregulierung geschlossen werden. Kontraindikation: Akute Psychose und mangelnde Fähigkeit der Affektkontrolle, Suizidalität.

3. Ressourcen aktivieren
Vor jeder Arbeit mit CIPBS werden bewusst Ressourcen (Wohlfühlort, Innere Helfer, Baum-Gefühle, Krafttiere etc.) aktiviert. Bei der erstmaligen Anwendung malt der Patient den zuvor etablierten Wohlfühlort auf einem DIN-A3-Zeichenblockblatt. Der Wohlfühlort wird entweder schon in einer der CIPBS-Sitzung vorausgehenden Sitzung oder aber auch unmittelbar vor der Arbeit mit CIPBS in der Imagination ausgestaltet und dann gemalt.

4. CIPBS beginnt mit einem Fokus
Zu Beginn wird auf die zu bearbeitende Erfahrung fokussiert und diese dann symbolhaft oder konkret dargestellt. Dann folgt ein strukturierter, mehrschrittiger Malprozess im Wechsel mit bilateraler taktiler Stimulierung. Die inneren Prozesse werden von dem Patienten jeweils auf einem in vier Felder eingeteilten Zeichenblockblatt (zweimal gefaltetes Blatt wieder auffalten) spontan dargestellt. Die bilaterale Stimulation durch Tapping (vgl. Kap. 1.3.3) wird in der Regel von den PatientInnen selbst durchgeführt.

5. Achtsame Begleitung des inneren und äußeren Verarbeitungsprozesses
Während des CIPBS-Prozesses beobachtet die Therapeutin aufmerksam den Verlauf des inneren Prozesses des Patienten. Sie achtet auf nonverbale Signale und nimmt keinesfalls Deutungen oder Interpretationen

vor. Die Therapeutin achtet aber bewusst und sensibel auf den Bilderprozess, um zu beobachten, wie der Verarbeitungsprozess läuft. Es geht darum, den inneren Prozess nicht zu stören. Wenn sich die Therapeutin nicht darüber im Klaren ist, ob der innere Prozess überflutend wirkt oder ob der Verarbeitungsprozess droht stecken zu bleiben, können kurze Fragen an den Patienten dabei helfen, wieder »ins Bild« zu kommen, z. B.: »Was passiert denn gerade, was ist jetzt aufgetaucht?« Danach kann durch eine offene Fragehaltung, z. B.: »Wollen Sie damit mal weitergehen«, der Verarbeitungsprozess weiter unterstützt werden. Gelegentlich sind auch andere aktive Einwebungen (z. B. auf Innere Helfer hinweisen) erforderlich.

6. Aktive Einwebungen und kreative Interventionen
Blockaden, in Form von z. B. Kreiseln oder Überflutung beim Prozessieren traumatischen Materials, werden achtsam durch kreative Interventionen oder durch aktive Einwebungen der Therapeutin aufgelöst – je nach Situation, z. B. durch kognitive Einwebungen: »Was wäre jetzt gut, was bräuchten Sie jetzt in dieser Situation?« (Bezug auf das gemalte Bild nehmen) oder z. B. durch reorientierende Informationen: »Sie sind jetzt hier und in Sicherheit, und dort und damals war es anders«. Es ist wichtig, als Therapeutin darauf zu achten, dass der Patient bei der Verarbeitung in der Gegenwart verankert bleibt, um eine Retraumatisierung zu verhindern.

7. Abschluss des CIPBS-Prozesses
Oft ist im Bildprozess unmittelbar erkennbar, wann eine Lösung oder ein Aha-Erlebnis auftaucht oder eine Integration etc. erfolgt ist. Die PatientInnen äußern dies aber auch spontan (SUD-Wert erfragen). Dann erfolgt am Ende des Prozesses die Überprüfung durch die Lenkung der Aufmerksamkeit auf das Ausgangsbild. Mit geschlossenen Augen soll dann nochmals getappt werden. In der Regel verstärkt sich dadurch die gefundene Lösung/Sichtweise des letzten Bildes. Es kann aber auch ein neuer, mit dem Thema zusammenhängender, aber noch nicht bearbeiteter Aspekt auftauchen, der unmittelbar durch weitere Sets von Malen und Tappen bearbeitet wird. Falls ein ganz neuer Themenbereich oder Aspekt auftaucht, empfiehlt es sich, diesen erst in der nächsten Sitzung zu bearbeiten. Nach intensiven Prozessen ist eine sorgfältige und einfühlsame Reorientierung des Patienten besonders wichtig.

8. Wertschätzung und Versprachlichung der erlebten Erfahrungen
Der Transfer der im CIPBS-Prozess dargestellten Metaphern, der emotionalen, körperlichen oder kognitiven Erfahrungen auf den allgemeinen therapeutischen Prozess geschieht oft spontan noch unmittelbar in der Sitzung. Über die dargestellte Symbolisierung ist der therapeutische Nutzen der Traumaexposition meistens sehr viel konkreter und es kommt so zu bedeutungsstiftenden neuen Assoziationen, die stärkend und entlastend wirken.

9. Anknüpfen und Weitergehen
Zu Beginn der nächsten therapeutischen Sitzung fragt die Therapeutin danach, welche Erfahrungen der Patient im Anschluss an die Arbeit mit CIPBS gemacht hat, fokussiert auf das körperliche Empfinden nach der Sitzung oder fragt danach, was sich in der Zwischenzeit sonst noch ereignet hat, das mit der Bearbeitung zu tun gehabt haben könnte. Im nachbearbeitenden Gespräch interessiert sich die Therapeutin dafür, welche neuen assoziativen Verknüpfungen aufgetaucht sind. Der Bezug zu der vergangenen, der gegenwärtigen und der zukünftigen Lebenssituation sollte aktiv im Verlauf der nächsten Sitzungen immer wieder auch in Bezug auf den erfolgten CIPBS-Prozess verbalisiert werden. Die PatientInnen sollten darin unterstützt werden, für das Trauma, die Krise eine persönliche »Sinnfindung« zu entwickeln, um wieder offen für die Gegenwart und Zukunft werden zu können.

2.4 »Gebrauchsanweisung«: Ablaufschema für das praktische Vorgehen

2.4.1 »Ich kann doch nicht malen«: Compliance und Psychoedukation

»Wann immer ich in meinem Leben stecken blieb, malte ich ein Bild oder bearbeitete ich Steine, und immer war dies ein Rite d'Entree, ein Eingangsritus für nachfolgende Gedanken und Arbeiten.« (C. G. Jung zitiert in: Riedel 1992, S. 17)
»Ich kann doch nicht malen.«
Dieser Kommentar ist fast schon Standard, wenn man Erwachsene auffordert, ihre inneren Bilder auf einem Blatt Papier darzustellen, und

es erfordert ehrlicherweise selbst für mich, die schon über jahrzehntelange therapeutische Erfahrungen mit diesem Vorgehen hat, manchmal noch Mut, diesen Interventionsweg anzubieten. Doch je mehr ich mir die vermutete Wirkungsweise nicht sprachlicher Interventionen im Kontext des jeweils individuellen PatientInnenschicksals veranschauliche, umso überzeugter und selbstverständlicher führe ich die Arbeit mit Imaginationen, Tappen und Malen als Interventionsstrategie ein. Es ist dabei wichtig, den PatientInnen ein Behandlungsrational zu vermitteln, welches anschaulich macht, weshalb die Arbeit auf der »inneren Bühne« und dann durch das Malen der inneren Bilder auf der »äußeren Bühne« so vielversprechend ist.

Die Erklärung von CIPBS hängt von Alter, Hintergrund, Erfahrung und vom Intellekt der PatientInnen ab. Im Verlauf der praktischen Anwendung hat es sich bewährt, den PatientInnen eine einfache Erklärung über die möglichen Auswirkungen einer »Stressverarbeitungsstörung« oder »Traumafolgestörung« zu geben, die nach einer schwerwiegenden Belastung auftreten kann und sich auch auf die Informationsverarbeitung auswirkt.

Beispiel für eine Erklärung:

»Durch Ihre Trauma- oder Krisenerfahrung kann es zu einer Überforderung Ihrer gewohnten Bewältigungsmöglichkeiten gekommen sein. Erfahrungen, die mit Hilflosigkeit, Ausgeliefertsein und extremer Angst verbunden sind, können zur Entwicklung einer sogenannten Traumafolgestörung führen. Neue Erfahrungen werden über bestimmte Verschaltungen im Gehirn verarbeitet und in einen Sinnzusammenhang mit bisherigen Lebenserfahrungen gebracht. Bei Stress, der als unkontrollierbar erlebt wird, kann diese Integration neuer Erfahrungen gestört sein. Man geht davon aus, dass die beiden Hirnhälften (Hemisphären) schwerpunktmäßige Aufgaben haben: Die rechte Hirnhälfte ist eher für die gefühlsmäßige Verarbeitung zuständig, die linke für die sprachliche und logische Verarbeitung. Durch eine traumatische Erfahrung kann es zu einer Blockade in der gewohnten Informationsverarbeitung kommen. Es können einzelne Elemente dieser Erfahrung, wie z. B. Bilder, Gerüche, Geräusche, zusammen mit starken Gefühlen eher rechtshemisphärisch abgekapselt werden. Linkshemisphärische Prozesse, also logische Denkprozesse wie die systematische Einordnung von Erfahrungen in die persönliche Lebensgeschichte und die sprachliche Verfügbarkeit von Erfahrungen, sind hierbei erschwert bzw. oft gar nicht möglich.

Ich möchte Ihnen ein strukturiertes Vorgehen anbieten, das Ihnen helfen kann, Ihre belastenden Erfahrungen zu sortieren. Die Kombination von Malen innerer Bilder mit bilateraler Stimulation (durch Tappen: Die Therapeutin veranschaulicht die alternierende bilaterale Stimulation durch wechselseitiges leichtes Klopfen auf die eigenen Knie, Oberschenkel oder auf Schultern oder Oberarme mit überkreuzten Armen) unter therapeutischer Begleitung kann helfen, diese Blockaden zu lösen und schnell neue Sichtweisen entstehen zu lassen. Körper und Geist können so neue Wege in der Verarbeitung der belastenden Erfahrung finden. Ähnliche Prozesse gibt es im REM-(Rapid Eye Movement) oder Traumschlaf. Hier scheinen die schnellen Augenbewegungen als Ausdruck der bilateralen Stimulierung der beiden Hirnhälften dabei zu helfen, die unbewussten Erfahrungen zu verarbeiten und zu integrieren. Dieses Vorgehen ermöglicht Ihnen die Selbstbestimmung im Prozess der Verarbeitung. Es ist wichtig, daran zu denken, dass es Ihr eigenes Gehirn ist, welches neue Wege findet und die Heilung vollbringt. Überlassen Sie sich ganz dem Prozess, ohne zu denken oder zu bewerten, es gibt kein richtig oder falsch dabei.«

Zur weiteren Psychoedukation und zur Erhöhung der Compliance bietet sich auch die Hinzunahme des RSB-Modells an.

2.4.2 Der Beginn: Ressourcen aktivieren

Vor jeder Arbeit mit CIPBS sollten Ressourcennetzwerke aktiviert werden. Der erste Schritt bei CIPBS ist das Malen des vorher etablierten inneren Wohlfühlortes auf einem Zeichenblockblatt (DIN A3). Dieser imaginativ ausgestaltete, jetzt als Bild vorliegende Wohlfühlort kann mit Blick auf das gemalte Bild mit einigen Sets bilateraler Stimulierung (durch Tappen) als Ressource noch zusätzlich verankert werden. Das Malen bzw. auch eine Differenzierung hinsichtlich verschiedener Sinnesmodalitäten von Ressourcen fördert deren Vertiefung. Wenn bereits ein gemaltes Bild vorliegt, reicht es auch aus, sich dieses noch einmal beschreiben zu lassen.

Beispiel: Imaginationsübung Sicherer Ort / Wohlfühlort
Diese Beschreibung eines Wohlfühlortes und dessen Wirkung auf das Erleben stammt von einer Kursteilnehmerin. Sie hat sie mir freundlicherweise aufgeschrieben und zugesandt: »Ich liege in einem bequemen Stuhl an Deck eines Ozeanriesen auf der Überfahrt nach Oslo. Es ist warm. Das Schiff schaukelt sanft auf den Wellen. Ich spüre die warme Luft und bin herrlich entspannt. Über Kopfhörer höre ich meine Lieblingsmusik. Um mich herum befinden sich andere Menschen. Die meisten schlafen in ihren Stühlen. Ich genieße es, keinerlei Verantwortung für Route oder Zeitplanung zu haben. Der Kapitän hat mein Vertrauen. Er wird dafür sorgen, dass ich mein Ziel erreiche, koste es, was es wolle. Das Schiffshorn übertönt meine Musik und zeigt mir die Präsenz des Kapitäns. Er kommuniziert mit anderen. Ich lasse die Landschaft mit ihrer bewaldeten, felsigen Küste an mir vorbeigleiten, ich sehe kleine bunte Holzhäuser auftauchen und verschwinden. Jederzeit könnte ich den Kellner rufen, mir etwas zu essen oder zu trinken bringen lassen. Eine tiefe Geborgenheit und Zufriedenheit erfüllt mich.

Später, bei der Verankerung der Vorstellung durch bilaterale Stimulation, erkenne ich, dass der Ausruf ›Schiff ahoi‹ die entspannende Vorstellung auslösen kann.

In meinem Alltag bin ich allein verantwortlich für das Erreichen von Zielen. Wenn mir die Aufgabe wegen ihrer Gestaltungsmöglichkeiten auch viel Freude macht, so gibt es doch immer wieder belastende Momente. Im Urlaub auf dem Schiff konnte ich die Verantwortung für die Zielerreichung einem anderen überlassen: dem Kapitän. Der Weg wurde zur entspannten Reise. Diese Erinnerung ist gespeichert und kann von mir – wann immer ich mag – abgerufen werden. Toll!«

2.4.3 Der CIPBS-Prozess im Überblick

Für die Arbeit mit CIPBS wird ein Ausgangsthema als Fokus für die Bearbeitung ausgewählt, z. B. eine repräsentative Darstellung des Traumas, der Angst, des Entscheidungskonfliktes. Die Therapeutin bittet die Patientin, ein Zeichenblockblatt (DIN A3) zweimal zu falten und dieses wieder aufzufalten, dadurch entstehen vier Felder. Die Therapeutin zeigt dies anhand eines DIN-A4-Blattes, das sie dann als Protokollbogen während des Prozesses für Notizen zu den einzelnen Bildsequenzen nutzt. Falls der Verarbeitungsprozess längere Bildsequenzen erfordert, faltet die Therapeutin weitere bereitgelegte DIN-A3-Blätter. Die Traumabearbeitung erfolgt, indem das zu bearbeitende Trauma, der Konflikt, das jeweilige Thema ganz realistisch als spontanes Bild, als Symbol oder in Form einer Metapher in das obere linke Feld des Zeichenblockblattes, das durch vorheriges zweimaliges Falten und wieder Auffalten in vier Felder aufgeteilt ist, gemalt wird (Querformat, doch manchmal wählen PatientInnen auch lieber das Hochformat). Der Prozess des Wiedererinnerns bzw. die Konfrontation mit der subjektiven Belastungssituation erfolgt also nicht nur in der Vorstellung, sondern wird veräußerlicht, indem dazu Bilder, Farben, Symbole oder Metaphern gemalt werden, ohne lange nachzudenken. Durch die Fokussierung auf das belastende Thema werden die entsprechenden Repräsentationsebenen aktiviert. Die PatientInnen haben oftmals spontan einen Einfall, wie sie diese aktivierten Assoziationen im Bild darstellen können. Die Therapeutin fragt also nach einem repräsentativen Ausgangsbild oder auch nach der Verbildlichung eines Gefühls oder einer Körperempfindung, die die Situation symbolisieren könnte. Nachdem das erste Bild gemalt ist, was häufig mit einem unmittelbaren Anstieg des emotionalen Erregungsniveaus einhergeht, fragt die Therapeutin nach dem Ausmaß der Belastung, dem sog. SUD-Wert (SUD = Subjective Units of Disturbance), wobei 0 = keine Belastung und 10 = die maximale Belastung darstellt. Bei PatientInnen, die bereits starke emotionale Reaktionen zeigen (z.B. Weinen), sollte diese Einschätzung sehr kurz durchgeführt oder auch weggelassen werden oder gegebenenfalls auch empathisch dazu ermutigt werden, direkt mit der bilateralen Stimulation zu beginnen. Nach der Erhebung des SUD-Wertes wird die Reprozessierung des jeweiligen Ausgangsthemas (z.B. Trauma, Angst, Konflikt, Schmerzen) weitergeführt, indem die Therapeutin die Patientin bittet, auf das Ausgangsbild zu fokussieren, die Augen zu schließen und mit dem Tappen zu beginnen. Die Instruktion dazu kann etwa folgendermaßen lauten: »Lehnen Sie sich bitte zurück, schließen Sie die Augen und beginnen Sie zu tappen. Beobachten Sie einfach, was geschieht, ohne es zu bewerten. Wenn etwas Neues auftaucht, dann malen

1. Feld	2. Feld
Beginn im ersten Feld des wieder aufgefalteten Zeichenblockblattes:	Nach erfolgter bilateraler Stimulierung malt die Patientin hier das hinein, was aufgetaucht ist.
Hier wird das traumatische Geschehen, die belastende Situation etc. symbolhaft, als Metapher oder ganz konkret dargestellt, und die Therapeutin fragt nach dem Grad der Belastung anhand der SUD-Skala (0 = keine Belastung bis 10 = maximale Belastung). Danach schließt die Patientin die Augen und beginnt zu tappen.	Die Therapeutin interpretiert nicht und stellt keine Fragen, sondern unterstützt den Prozess lediglich durch offene Fragen, etwa: Wollen Sie damit mal weitergehen … oder fordert auf: Lassen Sie zu, was immer auftauchen mag.
3. Feld	4. Feld, ggf. 5 ff.
Unterstützende Kommentare der Therapeutin etwa: Sie müssen sich nicht anstrengen, vertrauen Sie auf den Prozess, was taucht jetzt auf … können das Gefühl der therapeutischen Begleitung verstärken. Wenn der Prozess stagniert oder kreiselt, sind jedoch spezifische Einwebungen indiziert.	Der Wechsel von Tappen und Malen wird so lange von der Patientin weitergeführt, bis es im Verarbeitungsprozess zu einer sich stimmig anfühlenden, erfolgreichen Auflösung gekommen ist (SUD-Wert ist bei 0 oder deutlich reduziert). Zur Überprüfung wird von diesem Bild ausgehend noch einmal zum Ausgangsbild zurückgegangen, getappt, um zu spüren, ob das neue Balance-/Kompetenzgefühl, die neue Sichtweise etc. stabil bleibt oder das Entlastungsgefühl noch zunimmt.

Abb.: Vier-Felder-Schema für den CIPBS-Prozess (Fallbeispiele hierzu siehe Kap. 2.7)

Sie das spontan in das nächste Feld.« Dieser Wechsel von Tappen und Malen der inneren Erfahrungen, also der bildhafte Ausdruck des Verarbeitungsprozesses, soll so lange weitergeführt werden, bis eine Entlastung auf der Bild- oder Verhaltensebene spürbar ist. Die Therapeutin erhebt dann den SUD-Wert. Ist dieser bei 0 oder 1 oder deutlich reduziert, bittet sie die Patientin, aus der Perspektive dieses entstandenen »Lösungsbildes« noch einmal mit der Aufmerksamkeit zum Anfangsbild zurückzukehren, die Augen zu schließen, zu tappen und zu beobachten, was geschieht. Diese Überprüfung der neu entstandenen Sichtweise führt häufig noch zu einer Vertiefung dieser entlastenden Erfahrung. Falls bei der Überprüfung ein neues belastendes Thema auftaucht, kann, falls noch Zeit ist, der Prozess weitergeführt oder in einer der nächsten Sitzungen weiterbearbeitet werden. In diesem Fall sollte die Sitzung mit der Aktivierung von Ressourcen (Lichtstrom-Übung, Wohlfühlort, Rat von Inneren Helfern, Tresor etc.) beendet werden.

Die Aktivierung des Traumanetzwerks und die nachfolgend zu malende Symbolisierung der belastenden Erfahrung sowie die Darstellung auf den vorgegebenen relativ kleinen Feldern des Zeichenpapiers und die bilaterale Stimulierung bewirken u. a. eine Distanzierung und in gewisser Hinsicht eine gezielte Dissoziation. Offenbar wird dabei unmittelbar eine Entspannungsreaktion ausgelöst, was häufig als Entlastung erlebt wird und offensichtlich dazu beiträgt, dass Dekonditionierungsprozesse bezogen auf traumatische Stimuli beschleunigt werden.

Bei CIPBS gibt es einen dreifachen Fokus während des Prozessierens von traumatischen Erfahrungen:

1. die Aufmerksamkeit ist auf innere Prozesse gerichtet (innere Bühne)
2. auf die bilaterale Stimulation (Tapping) als externen Stimulus während der Bearbeitung
3. der innere Prozess wird durch das Malen im Außenraum gestaltet und in gewisser Weise dokumentiert (äußere Bühne).

Kernelement, bzw. ein spezifischer Wirkfaktor von CIPBS scheint also dieser dreifache Bearbeitungsfokus zu sein. Möglicherweise erleben die PatientInnen dadurch einerseits mehr Kontrolle im Prozess der Verarbeitung, und andererseits werden beschleunigte Assoziationsprozesse angestoßen, die eine Integration emotionaler, kognitiver und körperlicher Prozesse und eine Neubewertung von Erfahrungen erleichtern.

Ein weiterer Wirkfaktor ist das Vertrauen in das Selbstheilungspotenzial der Patientin, welches durch die empathische Präsenz der Therapeutin verkörpert ist. Dadurch entsteht eine Art von Validierung des Erlebten, eine Zeugenschaft.

2.4.4 Hilfreiche Einweb- und Abschlusstechniken

Bei blockierten Prozessen oder emotionaler Überflutung ist es notwendig, dass der Therapeut eine aktivere Haltung einnimmt. Dies kann in Form von Reframing, Distanzierungstechniken oder durch sogenannte Einwebungen erfolgen:

- Imagination der Imagination: wenn Bilder zu einer Erfahrung auftauchen, die im Moment zu belastend sind, hat sich diese Intervention als hilfreich erwiesen: Ein Feld bleibt leer, der Patient geht damit weiter und malt dann erst in das nächste Feld, was danach aufgetaucht ist.
- Individuelle Abschlussbilder akzeptieren, z. B. einen verschlossenen Briefumschlag, in dem die Lösung für das Thema geschrieben steht, die aber jetzt noch nicht gelesen / bewusst wahrgenommen werden kann.
- Fragen stellen: »Was brauchen Sie / was braucht das Kind / wer könnte das tun …?« (mit Bezug auf die Bildebene).
- Metaphern oder Symbole nutzen.
- Ermutigende Kommentare einflechten: »Vertrauen Sie dem Prozess«, »Gehen Sie damit weiter«, »Achten Sie einfach darauf, was auftaucht«, »Sie müssen sich nicht anstrengen« etc.
- Andere Bedeutungen von gemalten Bildern akzeptieren und »stehen lassen«, z. B. Patientin mit Bild vom Chor als »schönes, stärkendes« Abschlussbild für einen CIPBS-Prozess mit dem Thema »Angst vorm Sterben« (siehe 2.7.12).
- Falls sinnvoll, Ressourcenbilder (Wohlfühlort, Baum-Übung, Innere Helfer etc.) oder Lichtstrom-Übung zum Abschluss nach anstrengender Sitzung anbieten.
- Keine »Lösungen« vorschlagen, jedoch Anregungen für öffnende Sichtweisen geben: »Was wäre jetzt gut«, »Was wäre jetzt hilfreich« etc.

- Dem momentan möglichen Bewältigungserleben des Patienten vertrauen.
- Wenn unerwartetes »Material« auftaucht, welches im Moment nicht näher bearbeitet werden soll: Dazu auffordern, dafür einen geeigneten Ort zur Aufbewahrung auszuwählen (Tresor, Tonne mit Deckel, Kiste, Container etc.) und diesen dann evtl. auch als letztes Bild malen lassen und mit bilateraler Stimulation verankern.

Beispiel: Wie es war, etwas »wegzupacken«
Kursteilnehmerin, 45 Jahre alt, Akademikerin
 Am Vortag des Seminars war ein Familienmitglied akut schwer erkrankt.
 Situation: Konfliktsituation mit einer alten Freundin von früher klären. Während des Durcharbeitens mit CIPBS traten Trauer und Erleichterung auf, aber auch etwas nicht Greifbares. An diesem Tag war es zuviel, hier weiter zu gehen. Der Vorschlag, es »wegzupacken«, hatte etwas ungeheuer Erleichterndes. Es tauchte dabei spontan das Bild eines alten Weinfasses auf und der Impuls »Alte Fässer werden nicht geöffnet«. Es war eine gute Erfahrung, Dinge auch mal ruhen zu lassen, die jetzt nicht dran sind. Interessanterweise blieb das Fass auch später zu, und der Konflikt löste sich ganz von selbst.

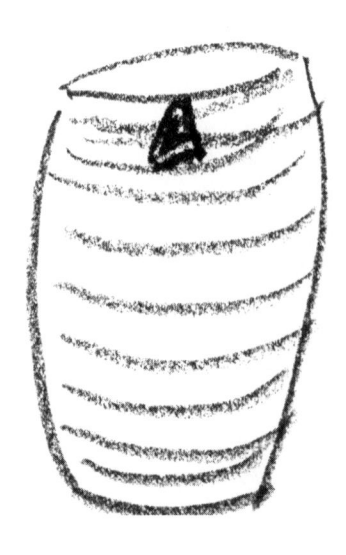

Abb.: Frau W.: Weinfass

2.4.5 Der Abschluss: Integration

Die Veränderungen auf der Bildebene und das Verhalten des Patienten zeigen auf, wenn sich eine neue Sichtweise ohne Belastung oder mit deutlich weniger Belastung eingestellt hat. Falls keine spontane Äußerung des Patienten erfolgt, fragt die Therapeutin dann nach dem SUD-Wert: »Wie belastend fühlt sich das jetzt an auf einer Skala von 0 bis 10, wo 0 keine Belastung und 10 die höchste Belastung ist, die man sich vorstellen kann?« Wenn der SUD-Wert bei 0 oder ggf. bei 1–2 liegt bzw. die Belastung deutlich verringert ist, bittet die Therapeutin den Patienten, aus der Perspektive des Schlussbildes noch einmal das Ausgangsbild anzuschauen, nochmals die Augen zu schließen und zu tappen, um zu überprüfen, ob die neue Sichtweise bestehen bleibt oder sich sogar noch vertieft oder ob etwas Neues auftaucht, das evtl. noch belastender sein könnte. Wenn ein neues Thema auftaucht und noch Zeit ist, kann damit der Prozess weitergeführt werden. Wenn die Zeit nicht ausreicht, kann vereinbart werden, damit die CIPBS-Verarbeitung beim nächsten Termin fortzusetzen. Dies ist jedoch eher selten notwendig.

Die Sitzung wird beendet, indem die Therapeutin den Patienten auffordert, die neue, positive Erfahrung noch einmal zu genießen und mit Tapping zu verankern. Manchmal ist es auch sinnvoll, eine neue, erleichternde Erfahrung nochmals auf einem großen Blatt darstellen zu lassen und danach zu verankern. Auf übergeordnete Konzepte, die sich auf der Bildebene am Schluss des Prozesses gezeigt haben, sollte eventuell im Gespräch noch einmal auf der verbalen Ebene eingegangen werden (z. B. mein neuer Weg, mein Blick weitet sich, ich kann heute entscheiden, mein Schutzengel, Lebensfreude, Trost etc.).

Anschließend wird der Patient darüber informiert, dass zu den Themen der Sitzung noch neue Ideen, Träume, Gefühle etc. auftauchen können, die achtsam bemerkt werden sollten, um sie dann in der nächsten Sitzung aufgreifen zu können.

Abschluss bei inkompletten Sitzungen:
Zum Abschluss von inkompletten Sitzungen eignen sich verschiedene Vorgehensweisen. Wichtig ist jeweils, den Patienten darin zu bestärken, das zu schätzen, was er in dieser Sitzung erreicht hat. Ermutigung und Unterstützung für die bisher geleistete Arbeit sind dabei hilfreich, etwa:

»Sie haben bereits ein großes Stück Arbeit geleistet. Wie fühlen Sie sich? Was brauchen Sie jetzt? Es ist gut, dass Sie spüren, noch Zeit zu brauchen«. Die Therapeutin lässt eine positive Aussage verankern und regt evtl. auch eine kurze Entspannungsübung oder eine Imaginationsübung an. Alternativ kann auch der Wohlfühlort aufgesucht, die sogenannte Lichtstrom-Übung durchgeführt oder Kontakt zu »Inneren HelferInnen« aufgenommen werden. Die Therapeutin sollte auch anregen, das unbearbeitete Material in einem imaginierten »Container« oder »Tresor« aufzubewahren, um es ggf. in weiteren Sitzungen zu bearbeiten.

Die neu gefundenen Sichtweisen fließen in den nachfolgenden Sitzungen in den therapeutischen Prozess ein.

2.5 Exkurs 1 zu CIPBS: Laurie Anderson und das Malen innerer Bilder

Die 59-jährige Laurie Anderson ist eine der bekanntesten Multimedia-KünstlerInnen der USA. Sie lebt mit dem Rockmusiker Lou Reed in New York. In einer sehr persönlichen Darstellung beschreibt Laurie Anderson (2006), wie sie über das Malen innerer Bilder zu einer sehr individuellen Verarbeitung von verstörenden Träumen gefunden hat.

»Letztes Jahr habe ich begonnen, meine Träume zu zeichnen. Die Idee kam mir während einer langen Tournee. Es war eine Soloshow, für die ich zehn Monate lang durch die USA und Europa reiste. Ich saß jeden Abend in einem dunklen Saal und trug ein langes Gedicht vor, mit Musik vom Laptop. Es war nicht die Art von Tournee, wo man nach der Show mit der Band ein Bier trinken geht. Außerdem musste ich mit meiner Energie haushalten, weil ein Termin den anderen jagte. Jeder Abend verlief gleich: Show. Applaus. Taxi. Gute Nacht. Ich fühlte mich einsam.

Normalerweise reise ich gern allein, weil ich dabei viel mehr Leute kennenlerne. Diesmal war es anders. Immer öfter wachte ich nachts in einem Hotelzimmer auf und hatte nicht die geringste Ahnung, wo ich war. Mein Geist drehte langsam auf. Die Träume wurden von Nacht zu Nacht verstörender. Sie wurden zu stark für mich. Ich musste irgendwohin damit.

Buchstäblich in Notwehr stellte ich meinen Laptop mit einem Zeichentablett neben das Bett. Der Computer lief im Sleep-Modus, ich musste nur die Leertaste drücken und konnte direkt in Fotoshop zeichnen. Ich mag Stifte, aber Computer sind praktischer, man muss kein Papier mit sich herumschleppen. Computer sind perfekt für Träume, weil sie eine Art externes Gehirn sind. Sobald ich aufwachte, egal ob morgens oder mitten in der Nacht, begann ich zu zeichnen. Es war der Versuch, ein wenig Kontrolle über die Situation zu bekommen. Indem ich sie zeichnete, konnte ich die Bilder von mir wegschieben. In der Zeichnung waren sie sicher aufgehoben, wie in einem Käfig … Ich wollte nicht verstehen, worum es ging. Ich wollte einfach nur zeichnen … Diese Träume hatten keinen Anfang und kein Ende, keine Erzählstruktur. Es waren einfach Bilder. Ich bin nicht schreiend aufgewacht. Niemals. Ich kam mir dabei vor, als würde ich etwas aus der Distanz beobachten, eine Art Theatervorstellung. Ich wusste, ich hatte alles selbst erschaffen. Aber ich war immer einen Schritt entfernt. Vielleicht weil ich das alles für eine Art Marionettentheater hielt. Dennoch war ich sehr aufgeregt, wenn ich aufwachte. Ich versuchte mich so gut wie möglich zu erinnern. Ich wollte alles festhalten. Es war kein sanftes Erwachen. Ich fuhr hoch. Großartiges Bild! Mal es!

Aus meinem kleinen Hobby wurde eine Obsession. Beinahe hätte ich mir einen Wecker gestellt: Wach auf und zeichne! Die meisten Träume kamen in der dritten Phase des REM-Schlafs. Angeblich erinnert man sich nicht an Träume aus dieser Phase. Im normalen Leben falle ich sanft in den Schlaf und träume Dinge, an die ich mich vielleicht nie erinnere. Aber diese Träume waren nicht so. Sie fühlten sich an, als kämen sie wirklich aus der Tiefe. Jetzt mache ich ein Buch aus meinen Bildern, es heißt ›Nightlife‹. Ich habe die Zeichnungen betrachtet wie ein Tagebuch … Die Wirkung des Zeichnens war kathartisch. Nachdem die Tournee vorbei war, waren auch die Träume weg. Es war, als hätte ich mein eigenes kleines Privattheater betrieben, um mich zu unterhalten. Bei vielen Bildern fiel mir auf, dass ich da immer einen Kopf im Vordergrund des Bildes gemalt hatte. Oft fragte ich: Wer ist dieser Beobachter? Das war ich, wie ich mir die Szene ansah. Ich habe dabei gelernt, mehr Aufmerksamkeit darauf zu richten, wie der Körper mit meinem Bewusstsein Kontakt aufnimmt. Träume sind die magische Sprache des Körpers. Der Körper spricht zu uns. Er hat keine Worte, er kann uns nur Bilder vermitteln. Bilder, die mit Gefühlen aufgeladen sind. Der Körper spricht zu dir in einer Sprache, die nur für dich gemacht ist. Du bist der Einzige, der sie verstehen kann ... Unsere Medienwelt lässt uns denken, wir wären niemals hier, sondern immer woanders. Wir wollen einen besseren Job, wir wollen ein anderes Auto, wir wollen nach Tahiti. Wir haben immer einen Plan. Aber wir sind niemals dort, wo wir gerade sind. Die unglaubliche Schönheit des Lebens besteht darin, wirklich hier und jetzt in diesem Raum zu sein. Das ist der größte Reichtum von allen. Ich versuche, nicht zurückzusehen, nichts zu bereuen. Ich versuche, hier zu sein. Das habe ich aus meinen Träumen gelernt.« (Anderson 2006, S. 58)

2.6 Exkurs 2: Louise Bourgeois: Vier-Felder-Schema 1946

Louise Bourgeois, 1911 in Paris geboren, ist eine weltweit anerkannte zeitgenössische Künstlerin. Sie hat in ihrem Werk immer wieder ihre Kindheitstraumatisierungen thematisiert. In Frankreich aufgewachsen, ging sie als junge Frau nach New York, wo sie noch heute mit 95 Jahren als Künstlerin sehr produktiv arbeitet. Das Titelbild dieses Buches zeigt ein Gemälde (Öl, Kohle und Bleistift auf Leinwand) von ihr von ca. 1938: »The Runaway Girl«, das ihren Aufbruch nach Amerika, in ihre »Neue Welt« darstellt.

Im Sommer 2006 traf ich in der beeindruckenden Ausstellung »La famille« von Louise Bourgeois in der Bielefelder Kunsthalle auf eine Zeichnung von ihr aus dem Jahre 1946, in der sie in einem »Vier-Felder-Schema« ein Thema in einem Prozess darstellt. Ich war sehr berührt von dieser Begegnung und nahm daraufhin Kontakt zu ihr in New York auf. Ich schickte ihr ein Poster, das das Vorgehen mit CIPBS veranschaulicht. Daraufhin gab mir Louise Bourgeois die Erlaubnis, die Zeichnung in diesem Buch abzudrucken.

Abb.: Louise Bourgeois, Untitled, 1946 (Tinte auf Papier, 27,9 × 22,2 cm)

2.7 Fallbeispiele CIPBS

Stufen

Wie jede Blüte welkt und jede Jugend
Dem Alter weicht, blüht jede Lebensstufe,
Blüht jede Weisheit auch und jede Tugend
Zu ihrer Zeit und darf nicht ewig dauern.
Es muß das Herz bei jedem Lebensrufe
Bereit zum Abschied sein und Neubeginne,
Um sich in Tapferkeit und ohne Trauern
In andre, neue Bindungen zu geben.
Und jedem Anfang wohnt ein Zauber inne,
Der uns beschützt und der uns hilft, zu leben.
Wir sollen heiter Raum um Raum durchschreiten,
An keinem wie an einer Heimat hängen,
Der Weltgeist will nicht fesseln uns und engen,

Er will uns Stuf' um Stufe heben, weiten.
Kaum sind wir heimisch einem Lebenskreise
Und traulich eingewohnt, so droht Erschlaffen,
Nur wer bereit zu Aufbruch ist und Reise,
Mag lähmender Gewöhnung sich entraffen.
Es wird vielleicht auch noch die Todesstunde
Uns neuen Räumen jung entgegen senden,
Des Lebens Ruf an uns wird niemals enden ...
Wohlan denn, Herz, nimm Abschied und gesunde!

Hermann Hesse © Suhrkamp Verlag, Frankfurt a. M.

2.7.1 Reifungskrise, Herr S., 26 J.

Lebenssituation zum Zeitpunkt des Therapiebeginns: Der 26-jährige Patient lebte als Student zum ersten Mal in einer eigenen Wohnung in einer deutschen Großstadt, etwa 400 km entfernt vom Elternhaus. Die psychotherapeutische Behandlung (40 Sitzungen, im Zeitraum von zwei Jahren) verlief insgesamt sehr positiv, die Neuorientierung und »Abnabelung« vom Familienumfeld gelang schrittweise, jedoch in Belastungssituationen (Referate halten, Vorbereitung für Zwischenprüfungen) wurden alte Ängste des Vollkommen-Ausgeliefert-Seins und die Angst vor Kontrollverlust aktiviert. Im Laufe der Therapie konnten auch diese bearbeitet werden. Gegen Schluss der Therapie wurde mit einer CIPBS-Anwendung nochmals auf das Thema »Leere im Kopf« fokussiert. Diese Sitzung liegt inzwischen mehr als drei Jahre zurück. Ich hatte in der Zwischenzeit keinen Kontakt mehr zu dem ehemaligen Patienten, sondern ermittelte über das Internet seine jetzige Adresse, um von ihm die Erlaubnis zur Veröffentlichung des CIPBS-Prozesses einzuholen. Herr S. konnte sich sofort an diese Sitzung erinnern und schickte mir mit seiner Einverständniserklärung zur Veröffentlichung der Bilder folgenden Text zu, ohne dass er die Bilder nochmals gesehen hatte:

»Ich kann mich sehr gut an diese Stunde erinnern. Auch wenn ich im Rückblick nicht mehr jedes Detail erinnere, was ich gemalt habe, so erinnere ich besonders stark ein Gefühl der Verwandlung, ein Gefühl, dass hinter aller Tiefe auch immer etwas einen wieder auffängt und zum

Guten wendet. Ein Gefühl einer Geburt aus dem Reich der Toten ins Reich der Lebenden. Das klingt dramatisch, aber diese Reise hat mich fühlen lassen, dass man nicht verloren gehen kann. Und so ist meine Reise verlaufen. Ich schreibe sie hin aus Erinnerungen und bemühe mich, nichts zu beschönigen oder ›sinnvoll‹ zu machen. Wie gesagt, ich muss mir nichts vormachen, weil ich diese Reise gemacht habe, und daher muss ich sie auch nicht größer oder bedeutungsvoll machen. Sie war einfach.

Ich zeichnete, soweit ich mich erinnern kann, einen leeren Kosmos, in dem nichts wächst. In dem ich mich beziehungslos und stumm aufhielt, ohne Anfang und Ende. Ich fühlte mich allein und verlassen, wie ein stummer lebendiger Toter, der nicht tot sein darf und wo das menschliche Leben nicht mehr existiert und ich dazu verdammt bin, in aller Ewigkeit im leeren All zu stehen. Keine Sterne, keine Planeten, nur ein weißes leeres Blatt.

Ich erinnere mich daran, dass dann langsam an den Ecken und den Außenseiten meiner holografischen Welt gelbe Flecken entstanden, die auch so etwas wie Eier gewesen sein könnten oder Blumen, das weiß ich nicht mehr genau. Jedenfalls waren es Dinge, die außerhalb von mir lagen, außerhalb von mir existierten und auf die ich keinen Zugriff hatte. Mein ›Ich‹ existierte in dieser Erfahrung auch nicht als Körper, sondern als Geistzustand, der sich nicht bewegen konnte wie in einer Starre.

Ich erinnere mich auch, eine Art Mitgefühl für diese Geschöpfe zu haben, da sie nicht mal wussten, dass der Kosmos leer war. Ich hatte vielleicht auch Mitgefühl mit mir, da ich mich in den Pflanzen wiedererkannte, die ja nichts Böses wollten, nur einfach eben da waren und auch ganz hübsch waren.

Ich konnte aber mit den Pflanzen nicht kommunizieren. Je länger ich hinschaute, desto mehr wuchsen sie, glaube ich. Und dann gab es da einen alten Mann, mit Stock und Bart, der auf diese Hühner, Blumen oder Eier aufpasste. Ich dachte, er sei ein Hirte.

Und dann zog mich etwas mitten in das linke Auge des alten Mannes. Plötzlich hob mich etwas aus der Starre empor, und ein starker konstanter Wind, der rauschte wie ein Bergwind, bewegte mich kraftvoll und ohne meinen Widerstand in das Auge des alten Hirten hinein. Ich habe mit ihm nicht Gott verbunden. Aber je mehr ich nachdenke, hat sich

Gott vielleicht einen Witz gemacht und sich einfach nur als Hirte in meiner Welt verkleidet.

Mit dem Kopf zuerst raste ich durch sein blaugraues Auge in einen langen grauen Tunnel. Ich flog mit schneller Geschwindigkeit durch diesen Tunnel. Ich war etwas aufgeregt, aber nicht nervös. Ich fühlte nur, ›Mensch, da gibt's ja Leben, ist ja wunderschön‹. So einfach habe ich das gefühlt, mehr nicht. Ich fühlte mich getragen, ganz unprätentiös. Die Situation kam mir zwar verrückt vor, aber nicht verrückt im Sinne von krank. Ich dachte, was passiert hier? Irgendwie cool, dass ich bei dem Mann ins Auge fliege. Ich war immer noch ganz schläfrig, und daher kann ich auch nicht sagen, dass ich aufgeregt war. Ich war einfach nur entspannt und habe es einfach geschehen gelassen.

Nachdem ich eine ›Zeit‹ lang durch diesen Tunnel raste, wo es am Ende auch ein weißes Licht zu sehen gab, wechselte die Perspektive. Plötzlich schaute ›es‹ oder ich von einem gelben Sandstrand über ein Meer mit wenig Seegang zu einem Felsen, der in etwa 500 Meter Entfernung vom Beobachtungspunkt stand. Aus einem Loch im Felsen (aus dem Tunnel) sprudelte es mich mit Wasser heraus, und ich landete im hohen Bogen im Meer. Meine Körperhaltung war auf dem Rücken liegend, wie in einer Wiege liegend auf einer Welle. Das Licht war spätsommerlich mild. Vielleicht so gegen 18 Uhr. Ein verträumtes, flirrendes, etwas nebliges Licht. (Später habe ich dieses Licht das erste Mal in Kalifornien in San Francisco erlebt. Zum Zeitpunkt meiner ›Reise‹ war ich jedoch noch nie in Kalifornien gewesen.)

Dann schwamm ich ans Ufer und bestieg einen roten Sportwagen aus den 60er-Jahren mit offenem Verdeck und fuhr vom Strand zurück zu meinem Haus am Pazifik irgendwo nördlich von Los Angeles. Mein Haus war einfach und aus Holz. Mit viel Licht und Ruhe. Unprätentiös und mit guten Freunden und Harmonie gefüllt. Dann kam ich langsam wieder in der Praxis an und atmete durch.

Diese Reise markiert bis heute für mich eine wichtige Wende in meinem Leben: Ich begann für mich selbst zu entscheiden und meine Visionen umzusetzen. Das alte Gedankensystem erkannte ich als alt, und jedesmal, wenn es sich meldete, wusste ich, das ist alt, du kannst das anders. Und so langsam verrosteten die alten Stahlträger in meinen Gedanken und Gefühlen, sind heute noch eine Ruine, aber das Neue hat sich herausgebildet, und Depressionen und Angst sind etwas geworden, vor dem ich keine Angst mehr habe, weil ich anfing, das Leben neu zu denken. Es ist alles leichter geworden. Und die Sicherheit, in der Welt zu stehen, kommt einfach daher, es anzunehmen und jeden Tag neu zu entdecken. Meine persönliche ›Urknall‹-Reise hat mir diese Verwandlung hin zum Leben als bereits vorhandenes Wissen in mir visualisiert. Ich habe das Leben sozusagen in mir wiederentdeckt. Es war und ist schon immer dagewesen. Und es hat viel Humor und Fantasie.«

Der nachfolgende Dialog stellt exemplarisch die Kommunikation während der Arbeit mit CIPBS dar. Die Erklärung über die Wirkung von CIPBS erfolgte ähnlich, wie unter 2.4.1 beschrieben.

Vorher aktivierte ich gezielt die Ressource des Wohlfühlortes:

Th.: »Setzen Sie sich bitte bequem hin und lassen Sie ein inneres Bild entstehen von einem Ort, an dem Sie sich so richtig wohlfühlen. Achten Sie dabei auf alle Details, die für Sie wichtig sind. Genießen Sie das … und spüren Sie, was Sie brauchen, um sich wohlzufühlen … Jetzt stellen Sie sich bitte darauf ein, dass diese kleine Imaginationsübung wieder zu Ende geht, öffnen Sie bitte Ihre Augen und kommen Sie mit Ihrer Aufmerksamkeit zurück in diesen Raum … Ich gebe Ihnen jetzt ein Blatt Papier und Wachsmalkreiden und bitte Sie, ganz spontan darzustellen, was Sie eben erlebt haben.« Herr S. beginnt sofort damit, seinen Wohlfühlort am Meer zu zeichnen. Er äußert dabei: »Wie das aussieht, ich kann doch gar nicht malen.« Th.: »Darauf kommt es auch gar nicht an. Versuchen Sie einfach darzustellen, was Ihnen wichtig war,

Abb.: Herr S.: Wohlfühlort: Mein Haus am Meer

egal, ob das für andere zu erkennen ist. Es geht nur darum, die Details darzustellen, die Ihnen wichtig sind, und dass Sie wissen, was dabei wichtig ist.« P.: »Ich genieße besonders die Farben, wie es drinnen aussieht, weiß ich nicht, das Haus vermittelt mir ein Gefühl von Freiheit, ich glaube, ich habe auch Besuch. Draußen steht ein roter Sportwagen, das finde ich cool. Im zweiten Stock gibt es auch noch einen Balkon. Die Natur, das Grün und die fast pazifische Meeresfarbe tun mir sehr gut.« Th.: »Sie können diese angenehmen Erfahrungen noch mit einigen Tapps verankern. Schließen Sie dabei kurz Ihre Augen und tappen Sie ein paar mal kurz auf Ihre Knie und nehmen diese Wohlfühlressource noch einmal ganz bewusst auf … Jetzt legen Sie das Bild bitte zur Seite mit dem Gefühl, dass Sie darauf jederzeit wieder Bezug nehmen können, wenn Ihnen danach ist.«

Fokus des CIPBS-Prozesses: Angst durch das Gefühl von Leere im Kopf
Th.: »Sie bekommen jetzt ein neues Blatt, das Sie bitte zweimal falten. Danach falten Sie das Blatt wieder auf, jetzt sind da vier Felder. Beginnen Sie bitte damit, im oberen linken Feld Ihre Angst, Ihr Gefühl der inneren Leere im Kopf spontan darzustellen.«

Bild 1: Der Patient beginnt spontan im ersten oberen Feld seine Angst darzustellen, er äußert sich während des Malens: »Das ist wie das Universum, der kleine Punkt unten ist wie ein Teil Ewigkeit.« Th.: »Wie belastend erleben Sie das im Moment, auf einer Skala von null bis zehn, wobei 0 gar keine Belastung darstellt und zehn die maximale Belastung beschreibt?« P.: »Etwa so bei acht.« Th.: »Lehnen Sie sich bitte zurück und schließen Sie Ihre Augen und beginnen Sie bitte zu tappen, achten Sie dabei darauf, was auftaucht, ohne es zu bewerten. Wenn etwas Neues auftaucht, dann malen Sie das bitte in das nächste Feld.« Der Patient schließt die Augen und beginnt zu tappen.

Bild 2: P.: »Es tauchen Farben auf.« Th.: »Wollen Sie damit weitergehen?« P.: »Hmm.« Er tappt einige Zeit und öffnet seine Augen. Th.: »Was ist jetzt?«

Bild 3: P.: »Das Leere wird von außen bewachsen, ein Fenster öffnet einen Blick aufs Meer.« Th.: »Aha, gehen Sie damit mal weiter.« Patient schließt die Augen und tappt.

Bild 4: P.: »Das klappt auf, es öffnet sich.« Th.: »Hmm, wollen Sie damit mal weitergehen?« Der Patient schaut mich an, nickt und beginnt wieder mit geschlossenen Augen zu tappen. Ich falte ein neues Blatt und lege es bereit.

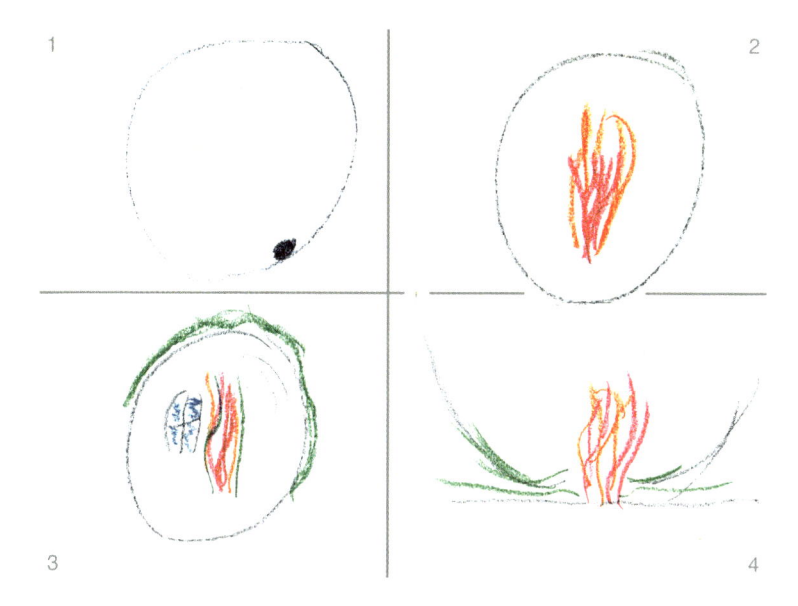

Bild 5: P.: »Ein Hühnchen, oder wie nennt man das … ich meine, ein Küken taucht auf …« Th.: »Gehen Sie damit mal weiter und beobachten Sie, was auftaucht.« Patient tappt, nach kurzer Zeit öffnet er seine Augen und beginnt zu malen.

Bild 6: P.: »Da sind mehrere Küken, das sind ganz viele.« Th.: »Aha, Schauen Sie mal weiter.«

Bild 7: P.: »Ein übergroßes Gesicht taucht auf, die Tiere sind auch noch da.« Th.: »Wie fühlen Sie sich dabei?« P.: »Das fühlt sich irgendwie gut an«. Th.: »Schauen Sie da mal weiter.« Patient tappt, nach kurzer Zeit öffnet er die Augen und äußert beim Malen:

Bild 8: P.: »Das ist wie … dass ich in das Auge reingegangen bin und sich eine Perspektive zeigt.« Th.: »Gehen Sie damit mal weiter.« Patient schließt erneut die Augen und tappt, diesmal relativ lange (etwa zwei bis drei Minuten).

Bild 9: Der Patient öffnet seine Augen und beginnt zu malen. Nach einiger Zeit frage ich: »Was ist jetzt?« P.: »Das war witzig, da ist ein Rohr und da fliegt dieser Mensch, also ich, raus ins Wasser.« Th.: »Gehen Sie damit mal weiter.« Nach kurzem Tappen malt der Patient und schmunzelt dabei.

Bild 10: Th: »Was ist jetzt?« P.: »Ich komme angekleidet aus dem Wasser, mit nackten Füßen, wie nach einer Odyssee. In der Ferne sehe ich einen roten Sportwagen.« Th.: »Wollen Sie damit mal weitergehen?« Der Patient nickt und tappt erneut, nach kurzem Tapping malt er sich im Auto sitzend.

Bild 11: P.: »Ich sitze einfach nur im Auto, habe die Hände am Lenkrad und genieße es, da zu sein. Es könnte so etwa 16 Uhr sein oder auch Sonnenaufgang, neben mir steht eine Kühlbox mit Cola und was zu essen drin.« Th: »Das klingt ja gut, wollen Sie damit weitergehen?« P.: »o. k.«

Bild 12: P.: »Es ist wie ein Albtraum, der zu Ende geht, mich umgibt viel Leben.« Th.: »Wie ist das jetzt für Sie?« P.: »Das fühlt sich gut an.« Th.: »Wie belastend ist das denn jetzt für Sie?« P.: »Überhaupt nicht, das ist richtig gut.« Th.: »Gehen Sie jetzt noch mal mit Ihrer Aufmerksamkeit zurück zum Ausgangsbild, schließen Sie die Augen dabei und tappen noch einmal … Was nehmen Sie da wahr?« Der Patient tappt und wirkt ganz entspannt. Er öffnet die Augen und berichtet:

Bild 13: P.: »Es ist eine geschlechtslose Figur aufgetaucht, die ein kleines Kind auf dem Arm hält.« Th.: »Wie ist das jetzt für Sie?« P.: »Das fühlt sich so versöhnlich an, das berührt mich.« Th.: »Möchten Sie dies vielleicht jetzt auf einem großen Blatt darstellen?« P.: »Ich benutze mal Gold dafür, das Kind hat rote Turnschuhe an. Es darf einfach

so sein.« Th.: »Genießen Sie das und versuchen Sie, heute besonders achtsam mit sich zu sein. Wenn Ihnen weitere Einfälle kommen oder Sie Träume dazu haben, dann können wir beim nächsten Mal darauf eingehen.«

Auch für mich als Psychotherapeutin war dieser CIPBS-Prozess eine sehr berührende Erfahrung einer angstfreien Selbstfindung mit der Abnabelung vom Elternhaus (»der Sprung ins kalte Wasser« wurde möglich), was sich für mich auch in dem Abschlussbild als Möglichkeit des »Sich-selbst-beeltern-Könnens« vermittelt.

2.7.2 Postpartale Depression, Frau E., 42 J.

Dieses Fallbeispiel verdanke ich einer Kollegin, die als Fachärztin für Psychotherapeutische Medizin in eigener Praxis niedergelassen ist.

Zur Vorgeschichte: Die 42-jährige Patientin kam 6 Monate nach der Geburt ihres ersten Kindes zur Psychotherapie. Die Tochter sei nach der Geburt mit Verdacht auf Meningitis 14 Tage stationär behandelt worden. Die Patientin zeigte einen schweren psychovegetativen Erschöpfungszustand, reagierte mit ausgeprägter Ängstlichkeit, gepaart mit Selbstzweifeln, obwohl sich ihre Tochter – abgesehen von einer leichten Entwicklungsverzögerung und einer Immunschwäche – inzwischen normal entwickelt.

Aktuelle Symptomatik: Frau E. litt bei Behandlungsbeginn an depressiver Verstimmung, hatte zahlreiche somatische Beschwerden. Ihr Partner (Vater der Tochter) signalisierte deutlich seine Belastungsgrenze. Sie zweifelte an ihren mütterlichen Fähigkeiten, an der Gesundheit ihrer Tochter (ob sie nach diesem Lebensanfang je ein normales Leben führen kann etc.). Flashbacks: Die Patientin hört immer wieder die Worte der Krankenschwester: »So was hatten wir noch nie, die ist behindert, Gehirnhautentzündung.« Das Bild ihrer Tochter, die sie hungrig anschaut und nicht trinken kann, taucht unkontrollierbar immer wieder auf, verbunden mit grüblerischen Gedanken: »Vielleicht habe ich als Mutter versagt, warum habe ich meiner Tochter diesen schrecklichen Lebensanfang nicht erspart.« Hyperarrousal, Schreckhaftigkeit, Ängste um Entwicklung und Gesundheit der Tochter, Schlafstörungen, Ruhelosigkeit, starke Verunsicherungsgefühle.

Im Rahmen einer ressourcenfokussierten Kurzzeittherapie wurden nach einer ausgeprägten Stabilisierungsphase vor allem die negativen Kognitionen mit Techniken der Traumaexposition bearbeitet.

Folgende negative Kognitionen prägen das Erleben der Patientin:

1) Meine Tochter ist nicht o.k., sie ist nicht lebensfähig / sie ist tot.
2) Ich kann ihr keine gute Mutter sein, ich bin hilflos.
3) Ich habe mich schuldig gemacht, und meine Tochter muss das bezahlen: Ich bin schuld.

Vor der Arbeit mit CIPBS wurde der Wohlfühlort der Patientin angesprochen. Sie erlebt diesen als konfliktfreie Zone, in der sie sich, ohne etwas leisten zu müssen, entspannen kann.

Bild 1: Meine Tochter ist nicht o.k., sie ist nicht lebensfähig / sie ist tot.

Die Patientin spürt ihre Erwartungsängste, wenn sie mit ihrer abgepumpten Milch zur Säuglingsstation geht, hat Angst, dort einen Leichenwagen zu sehen, mit dem ihre Tochter abtransportiert wird.

Der CIPBS-Prozess endet mit der positiven Kognition: Wir sind als Familie zusammen, gesund, es ist vorbei, meine Tochter lebt (**Bild 9**).

Im weiteren Verlauf der Therapie bearbeitet die Patientin weitere nicht integrierte Erinnerungsfragmente, die u.a. im Zusammenhang

5	6 Neurologische Störung → K3 Sonde Hatten wir noch nie Weigerung des Essens
7 Egoismus Schuld zu spät die haben uns etwas vorenthalten	8 Gib mir Zeit! Alles ist gut auch wenn ich manches noch nicht kann

9

mit ihrer eigenen Erfahrung als Säugling stehen. Es gelingt ihr, mithilfe der Exposition durch EMDR und CIPBS zwischen ihren eigenen, unverarbeiteten Erinnerungsfragmenten und ihrer Situation heute mit ihrer

Tochter zu differenzieren. Diese Unterscheidung wirkte sehr entlastend und trug zu einer relativ schnellen Stabilisierung und dem Rückgang der intrusiven Symptome bei.

2.7.3 Angst vor Klassenfahrt bei ausgeprägter Angststörung, Sabrina, 11 J.

Obwohl ich nicht mit Kindern und Jugendlichen arbeite, habe ich durch Supervisionen und Gespräche mit KollegInnen erfahren, dass CIPBS sehr gut in diesen Altersgruppen angewandt werden kann. Die Prozesse sind oftmals überraschend kurz, und trotzdem sind die gefundenen Lösungen stabil. Möglicherweise hängt dies mit den noch nicht stabil gebahnten negativen Netzwerken zusammen.

Dieses Fallbeispiel hat mir eine Kinder- und Jugendlichen-Psychotherapeutin freundlicherweise zur Verfügung gestellt:

Die 11jährige Schülerin kam im Sommer letzten Jahres zusammen mit ihren Eltern wegen einer massiven Angststörung in meine Praxis. Laut Aussagen der Eltern schlafe ihre Tochter seit ca. zwei Jahren nicht mehr in ihrem eigenen Zimmer, sondern gehe zum Einschlafen direkt in das elterliche Bett. Im Rahmen der probatorischen Sitzungen kamen weitere Ängste zum Vorschein, u. a. häufige Gedanken, dass ihr oder ihren Eltern etwas passieren könnte. Geballt kamen die Ängste zum

Abb.: Sabrina: Mein Kraftbaum

Vorschein, als eine gemeinsame Klassenfahrt über mehrere Tage in Aussicht stand.

Methodisches Vorgehen: Nach ausführlicher Anamnese schloss sich über einen Zeitraum von ca. vier Wochen eine ressourcenorientierte Stabilisierungsphase an mit der Etablierung eines Wohlfühlortes, eines Kraftbaums, der Entwicklung von hilfreichen Metaphern und Symbolen für den Alltag sowie der Tresortechnik, die es ermöglichte, die Angstspitzen wegzupacken. Im Verlauf der Therapie kombinierte ich Elemente von EMDR, CIPBS und der Systemischen Therapie.

Da Sabrina bereits in den ersten Wochen nach Therapiebeginn an einer geplanten Klassenfahrt teilnehmen wollte, stand sie unter einem ziemlich großen Druck, ihre massiven Ängste vor der Klassenfahrt in möglichst kurzer Zeit erfolgreich bearbeiten zu wollen. Ich entschied mich dazu, CIPBS zur Krisenintervention einzusetzen.

Vor der Konfrontation mit den Ängsten vor der Klassenfahrt wählte Sabrina den Kraftbaum als Ressourcenanker.

Bild 1: Die größte Angst war die Vorstellung, ohne die eigenen Eltern in einen Bus einzusteigen. (SUD: 10)

Bild 2: Die Vorstellung, dass es, wenn sie denn im Bus sitze, zu einem Unfall mit einem anderen Auto kommen könnte.

Bild 3: Die Angst, wenn sie im Bett liegt und Angst bekommt, kein Telefon zu haben, um die Eltern anrufen zu können.
Bild 4: Die Angst, sie könne in Tränen ausbrechen und andere könnten sie so sehen.
Bild 5: Schwarze dunkle Nacht und der Mond scheint unheimlich.
Bild 6: Die beiden Häuser, das der Eltern und das Schullandheim, sind so weit entfernt, und sie hat Angst, ihren Eltern könnte etwas passieren.
Bild 7: Der Schutzengel ist da, und alles wird gut. (SUD: 1–2)

Zwischen den Bildern hat Sabrina in ihrem Tempo und ihrem Rhythmus auf ihre Beine »getappt«. Dabei war besonders spannend die Situation nach Bild 6. Plötzlich sagte sie: »Ich könnte ja mal aufhören, so negativ zu denken, ich könnte mir ja mal was Positives vorstellen, z. B. könnte ich an meinen Schutzengel denken.« Als sie diesen gemalt hatte, sagte sie: »Ich glaube, jetzt könnte ich es schaffen, mit zur Klassenfahrt zu kommen, ich nehme mir einen Schutzengel mit.« Nach dieser Konfrontation mit den schlimmsten befürchteten Momenten, bestückt mit der neuen Erfahrung und damit verbundenen hilfreichen neuen Ideen, der Miteinbeziehung der Klassenlehrerin sowie der Bestärkung durch die Eltern, ist es dem Mädchen tatsächlich gelungen, vier Tage Klassenfahrt nicht nur zu absolvieren, sondern großen Spaß dabei zu haben.

Inzwischen ist die Kurzzeittherapie mit 25 Einzelsitzungen sowie sechs Sitzungen gemeinsam mit den Eltern erfolgreich beendet, und Sabrina träumt davon, einmal eine Weltreise (»Meine Weltreise«) zu machen.

2.7.4 Amoklauf Gutenberggymnasium, Tanja, 12 J.

Der Amoklauf von Erfurt ereignete sich am 26. April 2002 vormittags am Gutenberggymnasium in Erfurt. Ein 19-jähriger Schüler erschoss gezielt dreizehn Lehrer, durch eine geschlossene Tür hindurch wurden zwei Schüler tödlich getroffen. Ein Polizist, der am Tatort erschienen war, wurde ebenfalls erschossen. Anschließend tötete sich der Amokläufer selbst. Die folgende Fallbeschreibung stammt von einer in Erfurt niedergelassenen Verhaltenstherapeutin, die mit in die Akutversorgung der Opfer des Schulamoklaufs einbezogen war.

Die damals 12-jährige Tanja erlebte mit, wie ihre Klassenlehrerin tödlich niedergeschossen wurde. Das Mädchen reagierte in den Wochen und Monaten nach diesem extremen Lebensereignis mit typischen posttraumatischen Symptomen: Albträume, multiple Ängste, Intrusionen (sieht alles nur noch in der Farbe des Blutes: sie sieht »rot«), Schlafstörungen, starke Schuldgefühle wie: »Ich habe der Lehrerin nicht geholfen«, Konzentrationsstörungen, Vermeidungsverhalten (schläft nur noch in Anwesenheit eines Familienmitglieds bei Licht, geht nicht mehr in den Keller). Zu Beginn der Behandlung erfolgten erste therapeutische Maßnahmen, die Beruhigung, Stabilisierung und Distanzierungstechniken vermittelten; das Suchen und Finden von Wohlfühl-Aktivitäten (z. B. auch Fotos von sich und der Familie anschauen). Tanja konnte sehr gut positive innere Bilder entwickeln, so z. B. auch einen »sicheren inneren Ort« (Wohlfühlort) mit einem beschützenden Baum auf einer Wiese und einem treuen Hund als innerem Helfer.

Zur weiteren Verarbeitung der flashbackartig auftauchenden Bilder des Täters wurden mit CIPBS zwei Sitzungen zur Traumaexposition durchgeführt.

Im Verlauf der ersten Sitzung konnte Tanja zu einer neuen Sichtweise finden: »Der Täter hätte durch Handeln nur noch mehr gereizt werden können, durch Ruhigbleiben konnte noch Schlimmeres verhindert werden.« Im Verlauf dieser ersten Arbeit mit CIPBS tauchte auch z. B. das grüne Klassenbuch auf (Bild 7), für das sich Tanja verantwortlich fühlte (Tanja hatte das Klassenbuch auf der Flucht aus dem Schulgebäude verloren, was bei ihr starke Schuldgefühle ausgelöst hatte).

Im zweiten CIPBS-Prozess in der darauffolgenden Sitzung wurde

5

das Thema »Ich bin in Gefahr, nirgends ist es sicher« bearbeitet. Im Verlauf dieser Sitzung, in der zunächst immer bedrohlichere Bilder hervorkommen, kommt Tanja am Ende des Prozesses zu der Erfahrung und der damit verbundenen Kognition: »Es ist vorbei, ich bin jetzt in Sicherheit, ich möchte die Ereignisse ›ruhen‹ lassen.«

Nach diesen beiden Sitzungen mit CIPBS war das Vermeidungsverhalten rückläufig (allein schlafen war wieder möglich), und es kam gleichzeitig zu einem Rückgang der Schlaf- und Konzentrationsstörungen und der Angstgefühle. Im Verlauf der weiteren Therapie konnte auch die Exposition mit der Schule und dem Klassenzimmer vorbereitet und durchgeführt werden. Tanja war stolz auf die erfolgreiche Exposition und konnte wieder in die Zukunft orientierte Wünsche und Ziele äußern (z. B. Vorfreude auf die Jugendweihe mit anschließendem Italienurlaub). Nach vier Jahren beschreibt die Mutter, dass Tanja wieder

»ganz normal belastbar« sei, das Ereignis habe sie von einem zum anderen Tag zwar erwachsen gemacht, doch besonders auch das Zusammenleben mit der Familie, die ganz normalen Reibereien mit den Geschwistern hätten ihr auch geholfen, das Erlebte zu verarbeiten. Tanja sei zielstrebig, mache ihr Abitur und gehe ihren individuellen Weg im Umgang mit diesem Lebensereignis: »Ich muss das jetzt ruhen lassen, es war schrecklich, aber ich habe nur dieses einzige Leben, und das will ich leben.«

Heute, mehr als vier Jahre danach, bestätigt sich, dass die von Tanja im CIPBS-Prozess entwickelte Lösung (die Ereignisse ruhen zu lassen) einen für sie passenden Weg eröffnet hat.

2.7.5 CIPBS-Trauerbearbeitung nach Tod des Bruders, Lea, 7 J.

Dieses Beispiel stammt von einer langjährig in eigener Praxis niedergelassenen Ärztin für Kinder- und Jugendpsychiatrie, Psychotherapie und Kinderheilkunde. Die Praxis ist in der Region bekannt für ihre interdisziplinäre therapeutische Arbeit mit Kindern und Jugendlichen. Ein Schwerpunkt der Praxis liegt auch in der Begleitung von Kindern, die den Verlust von nahen Bezugspersonen (z. B. Tod von Eltern oder Geschwistern durch Unfall, Suizid oder Erkrankung) zu verarbeiten haben.

Der jüngere Bruder von Lea ist nach 2-jähriger Behandlung vor einigen Monaten an einem Weichteiltumor, nach zweieinhalb Jahren voll

Abb.: Lea: Wohlfühlort

grauenvoller Schmerzen, verstorben. Das Mädchen leidet seither unter starken psychosomatischen Beschwerden, insbesondere an lang anhaltenden Bauchschmerzen.

Sie malt erst den Himmel und sagt: »Das ist der Himmel, da geh ich heute auch hin. Da gibt es einen Vogel, eine Schwester, eine Freundin und zwei Hasen. Wir sind im Garten, da ist eine Schaukel. Wir (meine Freundin und ich) schaukeln. Es gibt Vögel und eine kleine Schwester der Freundin; Rasen und eine Sandburg.«

Situationen, die sie belasten: »… dass ich in der Schule streite.« »… dass ich mit meinen Eltern streite.« »… dass ich meinen Bruder wiedersehe.« (Originalsprache)

»… dass mein Bauch schmerzt; erbrechen.« Sie lehnt sich zurück und sagt: »Ich glaube, wir malen ein Flugzeug.« Sie tappt sehr langsam und innig; hält plötzlich an und malt, indem sie das erste Kästchen auslässt.

1. Bild: Sie malt schwarz und sagt: »Da steht was, da ist D. gestorben und geboren, wie auf dem Friedhof mit großen Pflanzen (rechts unten), links oben malt sie zwei Bären, die halten ein Herz (wie auf dem Friedhof). Sie malt darunter drei leere Kreise und sagt: »Das sind die Köpfe von Papa, Mama und mir.« Danach malt sie noch zwei Steine und grüne Blumen, die immer größer werden, zwei Vasen als Engel, zum Schluss Zacken, das seien Steine auf dem Grab. Nach erneutem Tappen, gefragt nach dem Grad der Belastung von 0–10, spontan und schnell 10, will sie noch etwas auf das gleiche Bild schreiben. Sie malt aus den leeren Kreisen drei Strich-Männchen und schreibt darüber Mama, Papa und Lea.

2. Bild: Sie tappt konzentriert, malt Papa, sie (in der Mitte mit roten Haaren) und Mama. Sie sagt: »Da redet die Mama ganz böse zu mir. Da bin ich ganz traurig.

Da sagt Papa wieder was Böses zu mir. Muss noch Lampe und Körper malen.«

Auch hier malt sie zuerst die Köpfe. Nach dem Grad der Belastung zwischen 0–10 sagt sie ganz schnell: »Zehn! Eigentlich ist alles belastend, was ich male, und jetzt male ich die Bauchschmerzen.« Anschließend tappt sie

3. Bild: Lea malt ein Auto, Glas von vorne, Lehne und Sitz, Spiegel von hinten, Bremsen und Lenkrad, noch ein Fenster und noch eins, wieder einen Sitz und Kofferraum. Danach sagt sie: »Wenn ich einen dicken

Bauch habe, ist das schlecht, wenn ich einen dünnen Bauch habe, ist das gut.«

Bild 4 auf zweitem Blatt: Sie tappt wiederum, lässt zunächst das obere Kästchen aus, sagt, sie will auch noch oben malen. Sie malt zunächst einen Kamin, sagt aber, wir haben keinen. Dann malt sie zwei Fenster und eine Tür und einen Weg, sagt: »Ich telefoniere mit der Freundin und es müssen aber auch noch Blumen hin.« Danach malt sie in verschiedenen Rosa-Tönen. Ganz spontan sagt sie, jetzt sei die Belastung weg, jetzt sei »null«, und sie wolle auch kein anderes Bild mehr malen. Zum Schluss will sie ein Lied singen, das sie mitgebracht hat: »Mein Weg zur Schule ist nicht schwer.«

Nach dieser Sitzung und in den folgenden Wochen hat Lea so gut wie keine Bauchschmerzen mehr. Die Situationen, die sie belasten, haben sich verändert, vor allem hat sich die starke Belastung, die sie mit einem »Wiedersehen« ihres Bruders verbunden hatte, aufgelöst.

Interessant war bei diesem Prozess das Auslassen des ersten Feldes. Das Traumanetzwerk war aktiviert, aber es war möglicherweise gar nicht notwendig, das ganz Schreckliche wirklich malend darzustellen, um in den Prozess einzusteigen. Eine solche Intervention kann auch ganz bewusst eingesetzt werden, indem man PatientInnen auffordert, sie könnten sich vorstellen, das ganz Schreckliche zu imaginieren, aber es nicht unbedingt malen zu müssen. Ein Feld wird bewusst ausgelassen (Imagination der Imagination), und damit wird im Prozess weitergegangen. Dann kann im nächsten Feld das dargestellt werden, was danach auftaucht. In Leas Prozess war es das Grab des Bruders. Auch das Weitermalen auf dem zweiten Blatt im unteren Feld (Bild 4) und das nachträgliche Hineinmalen des Rauches in das obere Feld zeigt eine spontane, kreative Variation mit den belastenden Erfahrungen im Prozess auf.

2.7.6 Zahnarztphobie, Frau C., 51 J.

Die folgende Fallvignette stellte mir eine Kollegin zur Verfügung, die seit mehr als 20 Jahren in eigener Praxis als ärztliche Psychotherapeutin niedergelassen ist. Sie arbeitet sowohl mit EMDR als auch mit KIP und inzwischen auch sehr gerne mit CIPBS.

Die psychotherapeutische Behandlung der 51-jährigen Gymnasiallehrerin näherte sich nach 40 Therapiesitzungen dem Abschluss, als ich von ihrem Hausarzt angerufen wurde. Die Patientin hatte einen über Stunden anhaltenden Erregungszustand, suchte bei ihm Hilfe und war auch nach fast einstündigem Gespräch mit ihm kaum zu beruhigen. Der Hausarzt vermutete einen Zusammenhang mit der neu diagnostizierten Lungenerkrankung des Vaters der Patientin. In der als Krisenintervention verabredeten Therapiestunde wurde jedoch klar, dass die auslösende Situation für die Panikattacke eine zahnärztliche Behandlung war, die sich über mehrere Stunden erstrecken sollte.

Diese musste wegen der starken Erregung der Patientin abgebrochen werden. Zwei Tage später wurde dann folgende CIPBS-Sitzung durchgeführt:

Wohlfühlort: Die Patientin sitzt unter einem Baum, an den dicken Stamm angelehnt, und schaut auf einen See. Sie sitzt weich zwischen den Wurzeln, riecht das Wasser und »hört die Stille« und das leise Rascheln der Blätter.

Bild 1: Angst vor der Zahnarztsituation (SUD: 9–10), Backenzahn,
Bild 2: die Hand des Zahnarztes, **Bild 3:** Zange, **Bild 4:** Loch,
Bild 5: Zahnarztstuhl, **Bild 6:** Zahn in der Zange, **Bild 7:** Plötzlich taucht der rabiate Zahnarzt aus der Kindheit auf, dreht ihr den Rücken zu und geht weg (SUD: 2–3), auch nach erfolgter Überprüfung mit dem Ausgangsbild bleibt die subjektive Belastung deutlich erniedrigt. 2–3 bedeute lediglich, dass es einfach kein »angenehmer Termin« an sich sei.

Die therapeutische Begleitung des CIPBS-Prozesses bestand darin, immer wieder unterstützend zu begleiten: »Wollen Sie damit mal weiter-

Abb.: Frau C.: Wohlfühlbild

1	2
3	4
5	6
7	

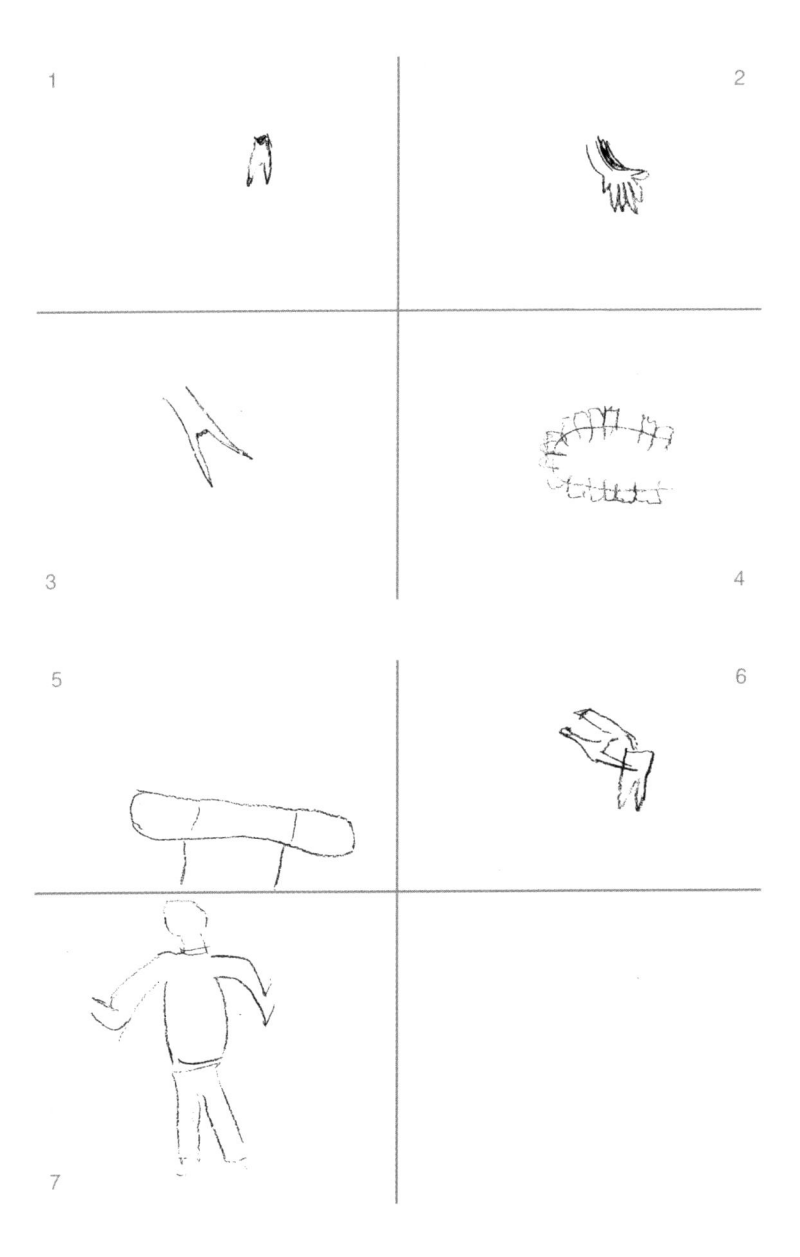

gehen« oder »Was ist jetzt?« Im Verlauf gab es keine Blockaden, die Patientin konnte es selbst kaum glauben und war sehr erleichtert über diesen Verlauf. Die Sitzung wurde mit der Lichtstrahl-Übung abgeschlossen. Die Patientin realisierte: »Das war dort in meiner Kindheit, und hier und heute habe ich einen sehr einfühlsamen Zahnarzt.« Eine Woche später wurde die mehrstündige Zahnbehandlung ohne Probleme durchgeführt. Auch jetzt, ein halbes Jahr später, löst die Vorstellung einer längeren zahnärztlichen Behandlung bei Frau C. keine Panikgefühle mehr aus.

2.7.7 Überforderung am Arbeitsplatz und Selbstwertproblematik, Frau H., 32 J.

Das folgende Fallbeispiel verdanke ich einer Kollegin, die als Psychologische Psychotherapeutin in eigener Praxis niedergelassen ist. Die Anwendung von CIPBS erfolgte im letzten Drittel einer 80 Sitzungen umfassenden tiefenpsychologisch fundierten Psychotherapie.

Vorgeschichte: Die 32-jährige Patientin ist als Sozialpädagogin in einer Beratungsstelle für verhaltensauffällige Kinder tätig. Die Mutter der Patientin verstarb nach langjähriger Krankheitszeit an Darmkrebs, als sie selbst 15 Jahre alt war. Sie habe sich nach dem Tod der Mutter »sehr um ihren Vater gekümmert«, die acht und sechs Jahre älteren Brüder hätten zu dem Zeitpunkt bereits studiert und allein gelebt. Durch ihr Studium bedingt, habe sie dann auch etwa 200 km vom Elternhaus entfernt gelebt, habe sich aber aus der Verpflichtung gegenüber dem Vater nicht lösen können: »Ich bin, so oft ich konnte, nach Hause gefahren.« Ihr heutiger Beruf mache ihr viel Freude, »er saugt mich allerdings oft aus, weil ich mich nicht ausreichend abgrenzen kann und immer wieder Mehrarbeiten auf mich nehme.« Sie sehnt sich nach einer tragfähigen Beziehung zu einem Partner. Im Verlauf der Therapie konnten die Beziehung zu ihrer »viel zu früh verstorbenen Mutter«, die hohen Leistungsansprüche an sich selbst und die damit zusammenhängenden Autonomie-/Abhängigkeitskonflikte bearbeitet werden. Besonders imaginative Techniken (sicherer innerer Ort, Innere Helfer, das innere Kind trösten und spielen lassen) wirkten hierbei unterstützend. Es kam jedoch immer wieder auch zu Angst- und dissoziativen Erlebenseinbrüchen. Durch die Arbeit mit CIPBS konnte Frau H. neue Perspektiven bezüglich der von ihr als überwältigend und unlösbar erlebten Belastungssituationen gewinnen.

1. CIPBS-Prozess: Gefühl der Überlastung und Überforderung am Arbeitsplatz

Bild 1: Die Steine stehen für den Druck, die Schwere, die Angst, den Belastungen nicht mehr standhalten zu können, gefangen in der Situation zu sein, keine Luft mehr zu bekommen und unter den Steinen begraben zu sein (SUD: 10).

Bild 2: Hinter der Tür könnte sich die Lösung befinden, aber auch: Ich fühle mich isoliert.

Bild 3: Mit dem rasenden Auto möchte ich flüchten. Ich möchte mich freier fühlen, die alten Erfahrungen hinter mir lassen. Ein schnelles Auto bedeutet für mich aber auch Selbstständigkeit und Freiheit.

Bild 4: Ich stoße kleine Rauchwolken aus (die Belastungen sind kleine Happen geworden) – ich sage damit: »Pff: Ihr könnt mich alle mal / Pff: Ich will so nicht mehr / Pff: Ich mache es, so gut ich kann«.

Nach der Konfrontation mit dem Ausgangsbild: »Das Gefühl der Schwere ist weg, ich fühle Leichtigkeit und habe den Gedanken: Ich kriege das hin!« (SUD: 1).

2. CIPBS-Prozess: Selbstwertproblematik und mangelnde Durchsetzungsfähigkeit

Bild 1: Ich kann keinen klaren Gedanken fassen und möchte doch mit anderen reden und verstanden werden (SUD: 9).

Bild 2: Ich bringe mit dem Tamburin erst einmal Ordnung in meine Gedanken.

Bild 3: Ich brauche etwas Stärkeres zum Sortieren und auch, um mir Gehör zu verschaffen, die Pauke ist dazu besser geeignet.

Bild 4: Im Flugzeug habe ich den Überblick und mache unübersehbar auf mich aufmerksam (SUD: 0).

Frau H. fühlt sich inzwischen am Arbeitsplatz integriert: Die Angst vor Überforderung hat sich zugunsten von mehr Abgrenzung und Äußern von Grenzen gewandelt. Die Zusammenhänge mit den früheren Lebenserfahrungen und ihre neuen Erfahrungen als 32-jährige Frau, die eine feste Stelle hat (wenngleich sie herausgefunden hat, dass dieser Arbeitsplatz nicht ihr »Traumjob« sei), verhalfen Frau H. dazu, ohne Selbstüberforderung und ohne »Ablenkung und Verdrängung wieder ein lebenswertes Leben zu führen«. Frau H. konnte sich von einem Mann trennen, der ihr immer die Trennung von seiner Familie (verheiratet, drei Kinder) versprochen, dies aber bislang nicht umgesetzt hatte. Inzwischen fühle sie sich in der Lage, auch allein klarzukommen, vorher habe sie aus »Angst vor Einsamkeit« diesen Schritt der Trennung nicht gewagt.

2.7.8 Soziale und familiäre Konflikte, Frau A., 35 J.

Der nachfolgende CIPBS-Prozess, welcher als Element zur Kriseninter-vention in einer verhaltenstherapeutisch-orientierten Langzeittherapie entstanden ist, hat mir eine Kollegin, die in eigener Praxis niedergelassen ist, zur Verfügung gestellt. Er zeigt, wie pauschale Selbstkonzepte bearbeitet und korrigiert wurden.

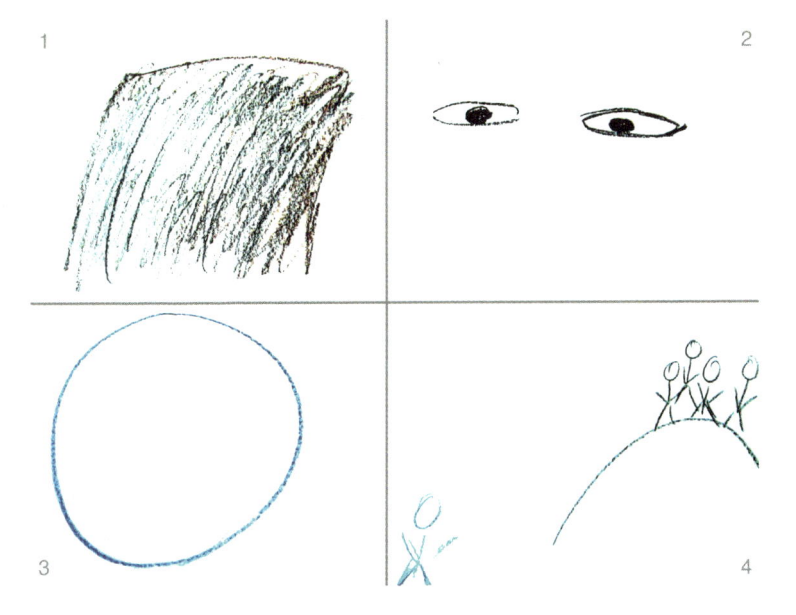

Aktuelle Lebenssituation der Patientin: Die 35-jährige Patientin ist hauptberuflich in einem medizinischen Beruf tätig. Sie lebt seit vier Jahren nach erfolgter Trennung vom Ehemann zusammen mit dem gemeinsamen 14-jährigen Sohn zusammen. Zum Vater habe der Sohn nur noch sporadisch Kontakt. Symptomatik: Depressive Belastungsreaktion bei massivem Konflikt am Arbeitsplatz, Bulimie in der Vorgeschichte.

Die Patientin hatte erneut eine Auseinandersetzung mit ihrem in der Pubertät befindlichen Sohn, der sich mit Kraftausdrücken gegen ihre besorgte Einmischung abgrenzt. Dies löste bei ihr starke Weinkrämpfe und einen erneuten depressiven Stimmungseinbruch aus. Nachdem Frau A. von der aktuellen Situation berichtet hatte, wurde dieser Konflikt in der gleichen Stunde mit CIPBS bearbeitet.

Wohlfühlort: Im Garten, bei einem großen Apfelbaum, in der Nähe ein Springbrunnen, eine Holzbank, es duftet, Vögel zwitschern, es ist Sommer, sie fühlt sich warm, weich und wohlig.

CIPBS-Prozess
Sie fühlt sich »total hilflos«, »sehr verletzt« und »abgewertet« (SUD: 10)

Bild 1: Ich habe das Gefühl, da ist eine dicke Wand.
Bild 2: Strenge Augen sehen mich an, fühle mich wie ein Kind, das beobachtet wird.
Bild 3: Große innere Leere.
Bild 4: Fühle mich draußen und nicht zugehörig, total unterlegen.

Bild 5: Ich bin das fünfte Rad am Wagen.
Bild 6: Ich rede und werde nicht verstanden, rufe innerlich um Hilfe.
Bild 7: Ich fühle mich so traurig.
Bild 8: Plötzlich sehe ich eine Tür.
Bild 9: Es gibt einen Weg, ich kann meinen Weg gehen.
Bild 10: Ich bin total erleichtert, ein neues, gutes Gefühl durchströmt mich. Ich kann wählen (SUD: 0 bis 1).

Im weiteren Verlauf der Therapie wurde immer wieder auf diese korrigierende Erfahrung, auf ihre realen Lösungsmöglichkeiten wie auch auf ihre Grenzen Bezug genommen. Die Bilder wirkten unterstützend für den Prozess der kognitiv-emotionalen Neubewertung ihrer derzeitigen Lebenssituation.

2.7.9 Postchemotherapeutische Übelkeit: Körpergefühle als Trigger, Frau D., 52 J.

Der folgende CIPBS-Prozess zeigt die Bearbeitung von Körpergefühlen als Trigger für extreme Angst und Panikgefühle. Symptomatik: Frau D. reagierte in dem heißen Monat Juli 2006 auf die Hitze mit Schwindel-

Abb.: Frau D.: Wohlfühlbild: Palmen an einem Meer mit hellblauem ruhigen Wasser – »die Kokosnüsse hängen so, dass sie mich nicht treffen, wenn sie runterfallen«.

gefühlen, Übelkeit und ausgeprägter Angst, dass die Symptome so stark würden wie zu der Zeit ihrer Chemotherapie. Diese Körperempfindungen waren immer noch mit der Chemotherapie verbunden und konnten rational nicht aufgelöst und »entkoppelt« werden.

Bild 1: Frau D. erlebt sich auf einem Boot, das auf einem dunklen, unheimlichen, stark aufgewühlten Meer vor sich hin treibt. Sie selbst sei eingewickelt und könne sich nicht bewegen, sie fühle sich vollkommen

98

hilflos, schutzlos und voller Angst (SUD: 10). **Bild 2:** Ein Ufer taucht auf mit Menschen am Strand. **Bild 3:** Es kommen Menschen, die sie »auswickeln« und sie auf eine Decke legen. **Bild 4:** Sie verspürt plötzlich Hunger und findet eine kleine Bar am Strand, geht hin und isst genüsslich. **Bild 5:** Ein Weg tut sich auf, der von Bäumen gesäumt ist (SUD: 0). Bei der Überprüfung taucht ein neues Bild auf: Sie sieht sich in einem schönen Raum und schaut von innen hinaus auf eine wunderbare Landschaft mit Bäumen. Sie ist sehr erleichtert, fast euphorisch und gespannt darauf, ob dies auch Auswirkungen auf ihre Übelkeit und Panikgefühle haben wird. In der nachfolgenden Sitzung berichtet Frau D., dass die Übelkeit nicht wieder aufgetreten sei. Sie habe sich auch erinnert, dass sie vor einigen Jahren einmal am Pazifik von einer Welle erfasst, quer über den Sand gespült worden sei und nicht mehr gewusst habe, wo oben und unten war. So habe sie sich auch während der Chemotherapie gefühlt. Ihr sei jetzt aber auch bewusst geworden, dass die Übelkeit während der Chemotherapie immer nur wenige Tage angehalten habe und dass sie in der Zeit danach eigentlich gar keine Beschwerden hatte. Sie könne jetzt auch wieder regelmäßig walken, und wenn ihr dabei heiß werde, würde dies keine Panik mehr auslösen. Auch drei Monate später sagt Frau D.: »Das mit der Übelkeit ist vorbei.«

2.7.10 Darmkrebs, Angst vor Lungenmetastasen: Fokusfindung, Herr M., 48 J.

Der folgende Prozess veranschaulicht, dass es oftmals nicht erforderlich ist, jedes Detail des Prozesses in der Phase der Nachbearbeitung verstehen zu müssen. Wichtig ist jedoch der Transfer auf die Lebenssituation des Patienten. Manchmal reicht auch lediglich der Transfer auf die aktuelle Lebenssituation wie bei diesem Fallbeispiel.

Die ein Jahr zurückliegende Krebserkrankung hatte die bereits vor der Erkrankung schon deutlich depressiv-passive Haltung des Patienten als gewohnte Haltung gegenüber neuen Situationen massiv verstärkt. Aufgrund der Erkrankung war der Patient arbeitslos geworden, vorher hatte er als Journalist freiberuflich gearbeitet. Im Verlauf der Behandlung konnten neue Verhaltensweisen von ihm erprobt und bewältigt werden. Er knüpfte wieder Kontakte zu früheren Freunden, begann seine Ernährung bewusst zu gestalten, fing an, Boule zu spielen, fuhr mit dem Fahrrad in die Natur und auch zum Einkaufen etc. Er zog sich dabei eine Bronchitis zu, als er sich auf einer Radtour, die er zum Bärlauchpflücken unternommen hatte, verkühlte. Er hatte den Bärlauch zum Kochen eines leckeren Nudelgerichts gesammelt und schaute in einem speziellen Kochbuch nach einem Rezept, als er darin auch auf folgenden Satz stieß: »Eine Bronchitis kann auch ein Hinweis auf Metastasen bei einer Krebserkrankung sein.« Daraufhin tauchten bei ihm extreme Ängste vor Lungenmetastasen auf, er reagierte mit Magenschmerzen, Schlafstörungen und extremen Unruhe-Gefühlen. Als er

Abb.: Herr M.: Wohlfühlwiese mit Bienensummen in der Luft

davon in der Therapiesitzung berichtete, schlug ich ihm vor, diese Situation mit CIPBS zu bearbeiten. Er willigte sofort ein, da er bereits alles versucht hatte, um diese Ängste zu verdrängen. »Es ist ja sehr unwahr-

scheinlich, dass ich Metastasen habe, aber ich bekomme diese Ängste einfach nicht in den Griff.«

Das diffuse Angstgefühl zu Beginn des Prozesses (**Bild 1:** SUD: 9) wandelte sich zu einem Blick aus dem Fenster (**Bild 12:** SUD: 0–1), was der Patient für sich als Aufforderung verstand, weniger ängstlich auf sich zu blicken, als vielmehr den Weg des Kontakts mit der Welt (wozu evtl. auch eine medizinische Abklärung seiner körperlichen Symptome zählte) weiter zu verfolgen. Im späteren Therapieprozess wurden dann auch noch andere Elemente dieses Prozesses in Bezug zu seinen »Lebensthemen« (eineiiger Zwilling, Zukunftsangst, Wunsch nach Partnerschaft) bearbeitet.

2.7.11 Nachtschweiß als Trigger für Progredienzangst: Affektdifferenzierung, Frau U., 43 J.

Das folgende Beispiel zeigt, dass die Bedeutungen im CIPBS-Prozess nicht immer direkt zu erschließen sind.

Die 43-jährige Patientin ist selbst Ärztin und befürchtete, der Nachtschweiß könne ein Zeichen für ein Rezidiv ihrer Brustkrebserkrankung sein, da diese Symptome auch bei der Ersterkrankung auftraten. Als die Patientin diese Progredienzangst im ersten Bild (SUD: 10) darstellte, löste das auch bei mir deutliche Gegenübertragungsgefühle von »Da ist jemand in Not, das dargestellte Wesen wirkt sehr hilflos« etc. aus. Umso überraschter war dann auch ich über den »Fisch mit roten Lippen«, der auftauchte, nachdem die Patientin von **Bild 4** ausgehend noch einmal zum Ausgangsbild Bezug nahm, tappte, um zu überprüfen, ob das bereits deutlich reduzierte subjektive Gefühl der Belastung weiter bei 1–2 blieb und dies dann beim Anblick des Fisches vollkommen auf Null

Abb.: Frau U.: Wohlfühlort: Landschaft mit Regenbogen

zurückging. Zu diesem Zeitpunkt konnte weder die Patientin noch ich den Bezug zur aktuellen Situation der Patientin herstellen. Ich verabschiedete die Patientin mit Anerkennung für ihre geleistete innere

Arbeit und bat sie, darauf zu achten, ob ihr noch Einfälle oder Träume dazu kommen würden. Von diesen könnte sie dann in der nächsten Stunde berichten.

Erstaunlicherweise war der Nachtschweiß nach dieser Sitzung vollkommen weg. Die Patientin realisierte, dass es keinen Anlass zur Vermutung gibt, ihre Krankheit würde fortschreiten. Stattdessen habe sie Ängste, die mit der Versorgung ihrer hinfälligen Mutter zu tun haben. Es gehe bei dieser um das Thema Hinfälligkeit, Lebensende und Sterben. Bei ihr aber gehe es darum, die Lebensfreude zu spüren, sich »wohl zu fühlen wie ein Fisch im Wasser«. Die roten Lippen symbolisieren für sie ihren Wunsch, ihre Weiblichkeit mehr leben zu wollen.

2.7.12 Angst vorm Sterben »Dirigent und Chor«: Achtsamer Umgang mit Deutungen, Frau P., 68 J.

Ein Jahr nach dem Tod ihres Ehemannes wurde bei Frau P. Brustkrebs im metastasierten Stadium diagnostiziert. Die eigene Krebserkrankung mit den nachfolgenden Behandlungen (Chemo- und Strahlentherapie) und der noch nicht verarbeitete Verlust des Partners lösten eine tiefe Verunsicherung bei der Patientin aus. Sie kam auf Anraten ihres Hausarztes zur Psychotherapie und formulierte als Therapieziel: »Ich möchte wieder Ordnung in meine Gefühle bekommen.«

Die Patientin war bereits körperlich sehr geschwächt und war sehr froh darüber, die Arbeit mit Imaginationen kennenzulernen. Das Wohl-

Abb.: Frau P.: Wohlfühlbild

fühlbild zeigt eine Erinnerung an einen gemeinsamen Urlaub mit ihrem Ehemann in den Bergen, mit Gemsen, Bäumen, Bergblumenwiese und einem See, den man auf Holzstegen betreten kann. Die Sonne scheint, Vögel fliegen und zwitschern, eine Stimmung zum Auftanken. Nach dieser imaginativen Ausgestaltung des Wohlfühlortes unternahm Frau P. daraufhin oft »Spaziergänge in dieser Landschaft«, zu denen sie durch das Fortschreiten ihrer Erkrankung sonst nicht mehr in der Lage war. Frau P. hatte große Zukunftsangst. Ihre Ängste bezogen sich vor allem darauf, auf die Hilfe fremder Menschen angewiesen zu sein. Andererseits äußerte sie immer wieder den Wunsch und große Hoffnung, noch lange leben zu können. Dieser Konflikt wurde mit CIPBS bearbeitet.

Bild 1: Patientin erlebt sich als körperlich schwach und ist auf die Hilfe anderer angewiesen. Während des Malens äußert sie: »Ich bin so einsam, es könnte mal jemand vorbeikommen, ich bräuchte jemanden, um mal um die Ecken zu gehen, es taucht eine gute Fee auf, mit hellen Farben, die muntert mich auf, das ist lustig und fröhlich, das ist wunderschön, das ist wirklich gut.«

Bild 2: Frau P. wirkt ganz versunken, daraufhin spreche ich sie an und frage: »Können Sie mal beschreiben, womit Sie sich beschäftigen?

Frau P.: »Ich denke an meine Enkelkinder, die werden mich schon nicht allein lassen, mein Schwiegersohn nicht und meine Tochter auch nicht.«

Bild 3: Ihre mit der Tochter geplante Urlaubsreise ans Meer taucht auf: »Dort wird auch alles Neuland sein, ich liege dort im Liegestuhl und beobachte die anderen beim Spielen, das wird eine Überraschung, aber man muss auch einmal was riskieren, ich hoffe, es wird gut.«

Bild 4: Patientin erinnert sich an die gemeinsamen Auftritte mit ihrem Chor, sie freut sich und sagt: »Manchmal übermannt es mich, und ich fange an zu singen, da fühle ich mich ruhig und wohl.«

Bei der Überprüfung blieb das wohlige Gefühl, welches für Frau P. nicht nur völlig unbelastet, sondern voller Freude war. Mich erinnerte das letzte Bild, das den Dirigenten beim Dirigieren zeigt, eher an das Bild »der Schrei« von Edvard Munch und wirkte auf mich eher angstvoll, doch für Frau P. hatte die Szene eine enorm stabilisierende Wirkung, die ich auch nicht problematisiert habe. Sie verbrachte noch einmal eine wunderschöne Urlaubswoche mit ihrer Tochter am Meer, für die sie sehr »dankbar« war. Drei Monate später verstarb Frau P. im Krankenhaus, sie konnte die Pflege dort gut annehmen und gestaltete sich ihre Freiräume mithilfe von imaginativen »Rückblenden« und »Ausflügen«. Ich telefonierte auch während der letzten drei Wochen im Krankenhaus noch ein paar Mal mit ihr, dabei betonte Frau P., wie hilfreich diese Anregungen in der Therapie für sie gewesen seien. Der nicht deutende Umgang mit den Sicht- und Erlebensweisen der Patientin ermöglichte durch achtsame »nicht aufdeckende« Interventionen eine stützende Form der Trauer- und Sterbebegleitung.

2.7.13 Traumatisierung durch Gewalterfahrungen in der Kindheit, Frau R., 38 J.

Diesen CIPBS-Prozess verdanke ich einer sehr erfahrenen Kollegin, die sowohl mit KIP wie auch mit EMDR arbeitet und die inzwischen auch CIPBS seit mehreren Jahren anwendet.

Die Patientin ist seit etwa fünf Jahren als Architektin freiberuflich tätig. Symptomatik: Frau R. hatte zunehmend Angst vor sozialen Kontakten. Sie reagierte bereits bei dem Gedanken an neue Kundenakquise mit Schweißausbrüchen, Herzrasen und entzog sich weitestgehend vor

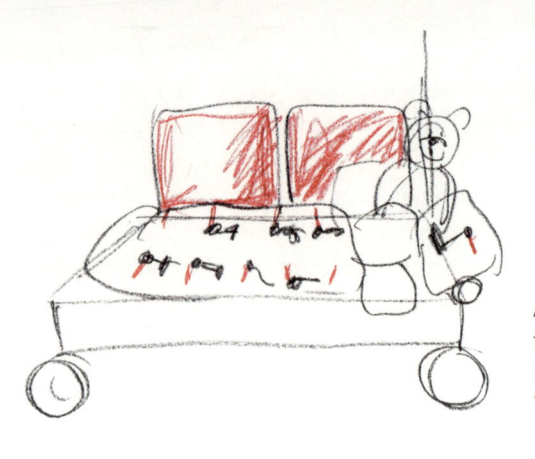

Abb.: Frau R.: Wohlfühlbild: Das Bett der Patientin mit ihrem Teddy

Auftritten in der Öffentlichkeit. Bedingt durch dieses Vermeidungsverhalten, hatte sich ihre berufliche Situation dramatisch verschlechtert. Notwendige Arztbesuche waren seit Jahren nicht mehr möglich gewesen. Als aktueller Auslöser für eine Zuspitzung der Symptomatik wirkte die bevorstehende Geburtstagsfeier ihres Vaters anlässlich seines 65-jährigen Geburtstags. Der Gedanke daran war so angstbesetzt und wirkte sehr bedrohlich, dass Frau R. daraufhin zur Psychotherapie kam. In der Anamnese wurde deutlich, dass die Patientin bereits ab ihrem Säuglingsalter (Aussagen der Großmutter) Gewaltanwendungen seitens des Vaters erfahren und dabei auch keinen Schutz seitens der Mutter erfahren hatte. Nach einer Stabilisierungsphase zu Beginn der Therapie wurden diese Situationen mit CIPBS bearbeitet.

Bild 1: Vater, übermächtig, beugt sich über das Kind, Kind ist kaum erkennbar: als Rechteck dargestellt (SUD: 10).

Bild 2: Die Farbe des Vaters ändert sich, wird heller.

Bild 3: Vater nimmt Gestalt an, er sei ein »Prolet«, eklig, das Kind spürt sich nicht.

Bild 4: Vater löst sich auf, das Kind beginnt Gestalt anzunehmen und empfindet die Nähe zum Vater unerträglich, Patientin zieht einen schwarzen Trennstrich, dann zerschneidet sie das Bild, damit sie gänzlich vom Vater getrennt ist.

Bild 5: Vaters riesengroßer, schreiender Mund, Kind ist ganz klein: ein Strich.

Bild 6: Der Vater wird riesengroß, größer als das Blatt, Kind löst sich auf, macht sich unsichtbar (helle Striche unten im Bild).

Patientin »kreiselt«, therapeutische Intervention: »Gibt es einen Ort, an den das Kind flüchten kann?«

Bild 7: Die Dachkammer, da kann das Kind hingehen, muss aber große Ohren haben, hinhören, ob Gefahr droht.

Der Prozess blockiert, therapeutische Einwebung: »Wie kann dem Kind geholfen werden?«

Bild 8: Es in ein anderes Haus bringen, vom schwarzen in das blaue Haus, dort nimmt das Kind wieder Gestalt an, das schwarze Haus reißt die Patientin ab, es ist zu bedrohlich.

Bild 9: Das Kind nimmt jetzt einen Kind-Körper an, es kommt Farbe ins Bild, das Kind weiß, dass es gut malen kann, aber es ist allein, der Prozess stoppt erneut.

Therapeutische Einwebung: »Was braucht das Kind?«

Bild 10: Jemanden, der es einfach nur im Arm hält und tröstet (SUD: 1–2).

Bild 11: Nach dem Zurückgehen zum Ausgangsbild (Überprüfung): Das Kind ist jetzt stark, es hat es geschafft, es kommt dem Kind in der Dachkammer zu Hilfe.

Die Patientin nimmt die Bilder mit nach Hause und berichtet im Nachgespräch, dass sie oft Bild 7 betrachtet und Kontakt zu dem Kind in der Dachkammer aufnimmt und es dabei sanft streichelt und tröstet. Das tue dem Kind gut und es braucht das.

Drei Jahre nach Beendigung der Therapie äußert Frau R. auf meine Nachfrage: »Die Methode war eine schnelle, heftige und intensive Methode. Aber das Hinterher war gut, das Thema war bearbeitet und mir war die Angst genommen. So, als würde man ein schweres Kettenhemd ausziehen. Es hat mir so richtig gutgetan.«

2.7.14 Traumatisierung durch medizinische Behandlungen in der Kindheit, Frau O., 44 J.

Die Patientin kommt auf Empfehlung ihrer HNO-Ärztin zur Behandlung, da wegen sehr schmerzhafter Ohrenentzündungen eine Operation (eine Radikalhöhlenplastik müsse angelegt und mit eigenem Knochenmehl verschlossen werden) erforderlich sei, vor der sie panikartige Angst habe. Sie habe unvorstellbar große Angst vor dem Ausgeliefertsein. Die Anamnese ergab, dass Frau O. in ihrer Kindheit mehrere schmerzhafte Ohrenoperationen hatte.

Bild 1: Ich fühle mich ganz klein und machtlos vor dem großen Krankenhaus, habe Angst vor dem, was da mit mir passiert, da ist der Arzt als großes, bedrohliches, unbekanntes Wesen, dem ich ausgeliefert bin (SUD: 10).

Bild 2: Ich bin im Bett im Krankenhaus, sehe ein Fenster, die Sonne, das Gefühl ist schon besser, das Fenster eröffnet Perspektiven.

Abb.: Frau O.: Wohlfühlbild: Am Strand sein und auf den Leuchtturm von Pellworm schauen

Bild 3: Ich sehe eine Kerze, das ist angenehm.

Bild 4: Ich habe das Gefühl, die Tür ist offen, als wenn ich da durchgehen sollte, um bestimmte Sachen hinter mir zu lassen, ich soll diese Tür schließen.

Bild 5: Ich sehe nur ein helles Rot.

Bild 6: Jetzt bin ich mit einem Mal ganz klein und habe das Gefühl, von dem dunklen, dem grauen Schwarz wie verschlungen zu werden.

Bild 7: Jetzt kommt wieder Rot, und gelbe Lichter kommen dazwischen, das ist sehr angenehm.

Bild 8: Die Farbe bleibt, das ist ein warmes Gefühl, das Schwarze wird kleiner.

Bild 9: Etwas wie ein Weg tut sich für mich auf.

Bild 10: Es wird wieder Rot, wieder heller, jetzt empfinde ich gar keine Belastung mehr.

An dieser Stelle bitte ich Frau O., noch einmal zum Ausgangsbild zurückzublicken, zu tappen und dabei darauf zu achten, was geschieht.

Bild 10: Das Rot ist wie ein Schutzschild für mich, das signalisiert: Bleib weg!

Es ist meine eigene Entscheidung, die Operation machen zu lassen, ich bin da nicht ausgeliefert, ich kann sagen, was ich brauche (SUD: 0).

Die Patientin sah sich nach dieser Sitzung in der Lage, die Operation durchführen zu lassen. In der Nachbesprechung dieser Sitzung, die vier Wochen nach der Operation stattfand, berichtete Frau O., dass alles gut verlaufen sei. Sie habe sehr davon profitiert zu spüren, dass der große bedrohliche Arzt in ihrer Vorstellung doch der Arzt der Kindheit war: »Das waren doch Kindheitsgefühle.« Jetzt sei alles ganz anders verlaufen als früher: » Ich hatte keine Wundschmerzen. Der Stationsarzt war jünger als ich selbst. Ich hatte für mich entschieden, die Operation machen zu lassen.« Sogar die Verschiebung der Operation um einen weiteren Tag (in der Klinik habe es einen Notfall gegeben) sei für sie in Ordnung gewesen, »da kamen keine Ängste hoch«.

Jetzt, fünf Jahre nach dieser Krisenintervention, schreibt Frau O: »Während ich das Bild malte und auch bei der Nachbesprechung mit Ihnen wurde mir klar, dass ich nicht mehr wie damals als Kind den Ärzten und der Situation im Krankenhaus ausgeliefert sein werde. Ich kann meine Wünsche und meine Meinung frei äußern, auch wenn ich damit vielleicht Konflikte heraufbeschwöre. Ich gebe mein Einverständnis, das von mir gemalte Bild zu veröffentlichen.«

Diese Krisenintervention zeigt auch, dass es oftmals nicht notwendig und angebracht ist, frühere Traumatisierungen explizit zu bearbeiten, um wieder in der Gegenwart handlungsfähig zu sein. Die Vergangenheit konnte auch ohne detaillierte Bearbeitung der Ursprungssituation »Vergangenheit« werden, es reichte aus, das Traumanetzwerk allgemein zu stimulieren.

2.7.15 Sexuelle Traumatisierung in der Kindheit, aktuell: Bulimie, Frau K., 41 J.

Frau K. ist in eigener Praxis als Internistin niedergelassen, sie lebt getrennt von ihrem Mann im eigenen Haus. Die drei gemeinsamen Kinder (zwei Söhne: 14 und 16, eine Tochter, 9) leben bei ihr und verbringen regelmäßige Wochenenden beim Vater. Ihr Alltag ist sehr durchstrukturiert, sie nimmt sich kaum Zeit für sich, hat hohe Leistungsansprüche an sich. Ihre Essstörung bekam sie allein nicht mehr »in den Griff«. Ihre Essanfälle dienten der Entlastung und Belohnung.

Im Fokus des CIPBS-Prozesses steht ein typischer »Fressanfall«.

Bild 1: Das »Egal-Teufelchen« sitzt auf ihrer Schulter und redet ihr ein: »Es ist doch sowieso alles egal« (SUD: 9) – während sie dieses Bild malt, erlebt die Patientin spontane Erleichterung, nachdem das Teufelchen auftauchte (SUD: 5).

Abb.: Frau K.: Wohlfühlort: runde Bank unter einem Baum mit Sonnenschein

Bild 2: Jetzt sieht der Teufel eher wie eine Kuh aus, die Verbindung zum Ohr soll unterbrochen sein.

Bild 3: Das ist genau die Situation, die ich immer erlebe, wenn ich mit mir kämpfe: Ein Engelchen taucht in mir auf – da ist was, das dagegenhalten möchte, aber noch ganz zart und kaum zu hören ist.

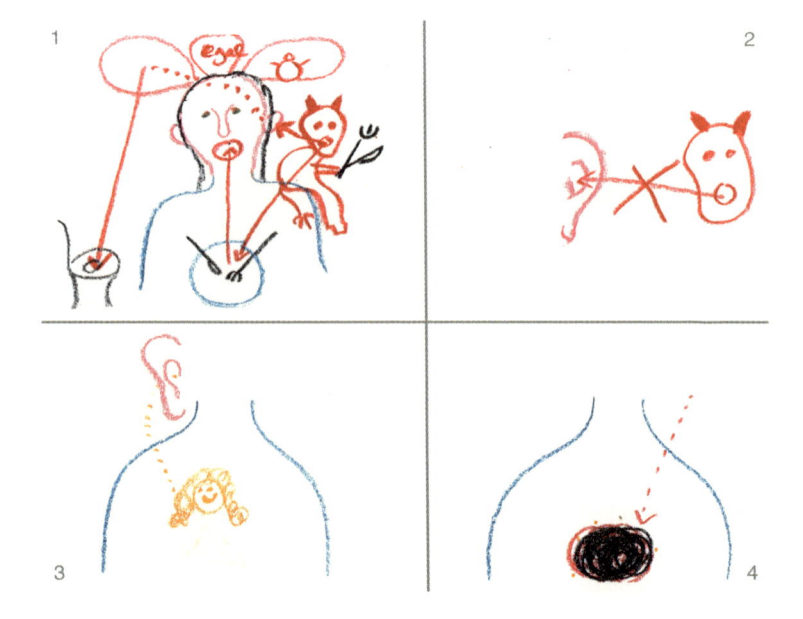

Bild 4: In der Magengegend tut mir etwas weh, da ist ein brennender Schmerz, es sitzt am falschen Ort, wird überdeckt von dem Schwarz, da gibt es etwas, das ich nicht verlieren möchte, worauf ich nicht verzichten kann.

Bild 5: Ich erinnere mich an das tiefe Einatmen, das ich im Schwangerschaftskurs gelernt habe, die ganz große Lunge drückt den Schmerz weg, wegatmen, durchatmen, unwirksam machen, es geht gar nicht darum, etwas loszuwerden.

Bild 6: Das Hauptproblem ist die Verbindung vom Teufel zum Magen, das hat eine andere Bedeutung.

Bild 7: Da sind jetzt Ohren mit Schultern, das Engelchen ist jetzt auch im Inneren, dort ist auch altes Zeug, was längst vorbei ist, aber es gehört dazu.

Bild 8: Jetzt kommt wieder der alte Nachbar, der hat immer einen Hut aufgehabt, jetzt bin ich ganz klein und habe dieses schwarze Lochgefühl im Bauch.

Bild 9: Alles tut weh, ich spüre dieses schwere Kloßgefühl in der Magengegend, ich habe solche Schmerzen.

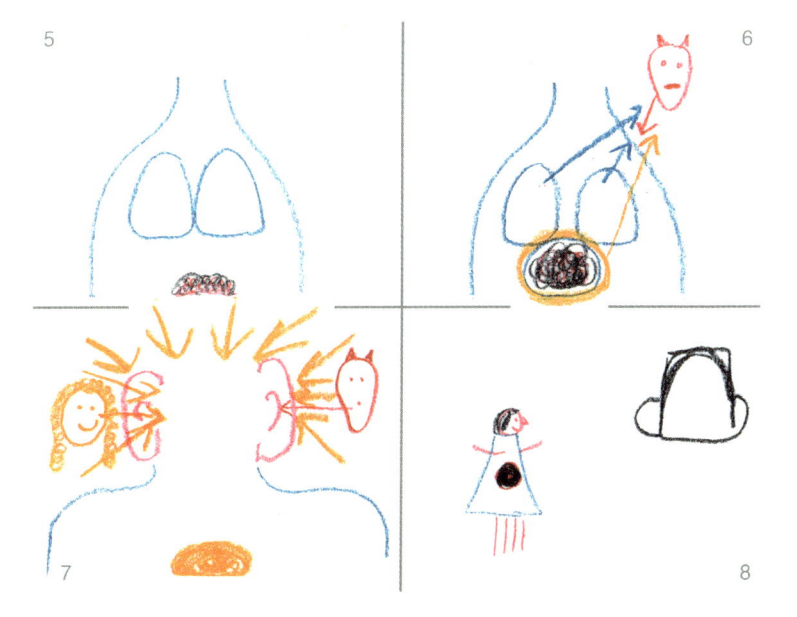

Therapeutin unterstützt durch folgende Einwebung: »Was wäre denn jetzt hilfreich?«

Bild 10: Das kleine Mädchen darf traurig sein und weinen, wenn es sich an die »Spielchen« mit dem Nachbarn erinnert.

Bild 11: Jetzt ist das Engelchen auf der einen Schulter und das kleine Mädchen auch, auf der anderen Seite hat das Teufelchen plötzlich den schwarzen Hut des Nachbarn auf.

Bild 12: Das Engelchen flüstert ihr jetzt ins Ohr, dass alles vorbei ist und dass sie dann auch keine Schmerzen mehr haben muss (SUD: 1–2).

Im Nachgespräch berichtet Frau K., dass sie jetzt mehr verstehe, das habe ihr Mut gemacht, sie komme so langsam ans »Eingemachte«, das erlebe sie als große Erleichterung.

Die Patientin fühlt sich weniger unter Druck, sie hat keine Angst mehr, muss die sexuellen Übergriffe des Nachbarn vor sich selbst und vor anderen nicht mehr tabuisieren. Sie kann nach dieser Sitzung zunehmend besser den Zusammenhang des Übergehens eigener Bedürfnisse mit ihrem enormen Leistungsverhalten erkennen. Sie gönnt sich inzwischen mehr Pausen und leckeres Essen, ohne es sich »verdienen« zu müssen. Der Zusammenhang von Essen und Belohnung konnte von der Verbindung mit den sexuellen Übergriffen durch den Nachbarn entkoppelt werden, dieser hatte sie immer mit Süßigkeiten »belohnt«, nachdem er sie »angefasst« hatte, um sich zu befriedigen.

2.7.16 Stationäre Behandlung: Schonende Traumaexposition, Frau L., 53 J.

Das folgende Fallbeispiel hat mir eine Kollegin freundlicherweise zur Verfügung gestellt, die Ärztin und Psychologische Psychotherapeutin ist.

Die 53-jährige Patientin leidet an einer bipolaren, überwiegend depressiven Symptomatik mit chronischem Verlauf und ausgeprägter Komorbidität. Diagnosen: ICD-10 F 31.4 Bipolare Störung, gegenwärtig schwere depressive Episode mit latenter Suizidalität und ICD-10 F 61.0 Persönlichkeitsstörung mit passiv-aggressiven und zwanghaften Anteilen, sowie Adipositas und Polymyalgia rheumatica.

Die stationäre Aufnahme erfolgte wegen schwerer depressiver Symptomatik mit sehr ausgeprägtem Antriebsmangel, Grübelzwang, Schlafstörungen und subjektiv beklagten kognitiven Einschränkungen, v. a. Wortfindungsstörungen. Zuletzt habe sie sich wie in einem gelähmten Zustand befunden, fast nichts mehr gesprochen und immer wieder an Suizid gedacht. In der Vorgeschichte zwei stationäre Aufenthalte und über längere Zeit ambulante Psychotherapie. Einnahme verschiedener Medikamente: neben Analgetika, Antirheumatika, zeitweise Immunsuppressiva, Cortison, SSRI, TZI, MAO-Hemmer, Lithium, in Krisenzeiten auch Benzodiazepine.

Bei Vertiefung der Biografie unter traumaspezifischen Gesichtspunkten fielen zwei Arten von Traumata auf: Tod bzw. drohender Tod naher Bezugspersonen sowie erlittene Beschädigung und Eingriffe in die eigene körperliche Integrität.

Auffällig war, dass Frau L. unter einem hohen Leidensdruck stand, sich unter enormen zeitlichen Druck setzte und ein extremes Kontrollbedürfnis hatte. Dies machte es ihr schwer, sich auf die ihr vermittelten Stabilisierungsübungen einzulassen, da sie deren Wirksamkeit anzweifelte und sowohl im Gruppen- als auch Einzelsetting befürchtete, die Kontrolle zu verlieren. Es war deshalb sehr schwierig, einen Zugang zu der Patientin zu bekommen.

Die erste CIPBS-Sitzung fand in der vierten Behandlungswoche statt und war ungeplant. Frau L. brachte in die Einzeltherapie eine Amnesty-

Abb.: Amnesty-Postkarte mit einer angeketteten Taube hinter Gittern

Postkarte mit dem Motiv einer gefesselten Taube mit. Sie erklärte zu der Karte, dass diese einer Mitpatientin gehörte und die Patientin spontan davon angezogen war, woraufhin die Mitpatientin ihre Verwunderung ausdrückte und ihr die Karte schenkte, da sie selbst das Bild zu bedrückend fand. Vor die Frage gestellt, was sie in der heutigen Stunde bearbeiten wolle, entschloss sich Frau L. ohne Zögern für die Karte mit der Taube. Diese erinnere sie an viele Situationen ihrer Kindheit, in denen sie im Esszimmer hinter dem Fenster gestanden hatte, um auf die Straße hinunterzusehen.

Der Wohlfühlort der Patientin ist eine innen mit Moos ausgekleidete Muschel, die sich schließt, wenn sie Schutz braucht. Weil es in der geschlossenen Muschel dunkel wäre, hat die Patientin eine lichtdurchlässige Begrenzung gewählt.

Abb.: Frau L.: Wohlfühlort

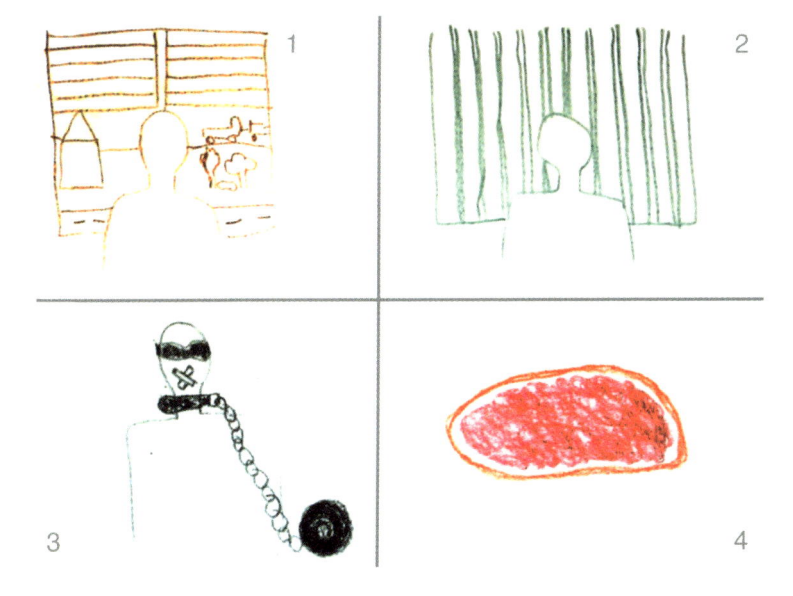

Das **1. Bild** zeigt sie, wie sie am Fenster des Esszimmers steht, die Rollladen sind herabgelassen, sie beobachtet das Leben auf der Straße. Nach ca. einminütigem Tappen malt sie das **2. Bild**, auf dem sie die Gitterstäbe der Amnesty-Karte aufgreift. Das **3. Bild** kommentiert sie: »Ich seh mich jetzt von vorne!« Ihr Gedanke dazu ist: »Auch Flügel würden nichts nützen!« Sie erstarrt, hört auf zu tappen: »Ich glaube, ich bin so unter Kontrolle, dass nichts geht!« Mit dem Einverständnis der Patientin übernimmt die Therapeutin das Tappen und fragt: »Was wäre denn jetzt hilfreich?« Die Patientin beginnt zu weinen, malt in das 4. Feld ein großes Marmeladenbrot. Sie erinnere sich jetzt, dass sie oft vom Esszimmer in die Küche gegangen sei, um sich ein Marmeladenbrot zu machen, das sie dann heimlich gegessen habe, um sich zu trösten. Sie entspannt sich sichtbar und lächelt verwundert. Sie wendet sich ihrem Wohlfühlort zu und äußert nachdenklich: »Eigentlich möchte ich da gar nicht allein sein!« Daraufhin malt sie eine zweite, orangefarbene Figur hinzu, die ihren Partner darstellen soll.

Diese erste Anwendung von CIPBS eröffnete einen therapeutischen Zugang zu der Patientin, auf dessen Grundlage nachfolgend weitere CIPBS-Sitzungen durchgeführt werden konnten. Sie bearbeitete u. a. eine Vergewaltigung, die sie als 16-Jährige erlitten hatte. Während dieses CIPBS-Prozesses zeigte sie eine sehr starke Abreaktion. Mit einem schwarzen Stift übermalte sie dann immer wieder den Täter. Die Patientin wurde nach viermonatigem stationären Aufenthalt psychisch stabilisiert entlassen und konnte zu einer erneuten ambulanten psychotherapeutischen Behandlung motiviert werden.

Dieses Fallbeispiel veranschaulicht, wie bei einer schwer zugänglichen Patientin mit chronifizierter Symptomatik ein schonendes und strukturiertes Konfrontationsverfahren die Möglichkeit eröffnete, schließlich auch die weit zurückliegende Vergewaltigung zu bearbeiten. Über die Symbolisierung konnte an bislang von der Patientin tabuisierten Erfahrungen gearbeitet werden, was ihr neue Schritte im Hinblick auf mehr Selbstverständnis ermöglichte.

Hinweis: Die Verwendung von Postkarten, Kunstkarten oder auch Gegenständen eignet sich sehr gut bei PatientInnen mit ausgeprägtem Kontrollbedürfnis, um die Arbeit über (Selbst-)Symbole einzuführen. Ich habe in meiner Praxis einen Stapel mit sehr verschiedenen Postkartenmotiven, den ich bei Bedarf nutze, um über diesen distanzierten Weg besonders ängstlichen oder kontrollierenden PatientInnen Gelegenheit zu geben, sich auszudrücken. Durch die Auswahl eines Postkartenmotivs, das z. B. zur eigenen Stimmung passt, das die momentane Lebenssituation symbolisiert oder das Finden eines Motivs, erwünschtes Verhalten oder Ressourcen beschreibt, werden innere Befindlichkeiten oftmals aussprechbar und konkreter. Das Unaussprechbare kann so auf einer äußeren Bühne angeschaut, differenziert und verbalisiert werden.

Über diesen Schritt ist dann auch oftmals die Arbeit mit inneren Bildern über Imaginationen leichter möglich.

2.7.17 Stationäre Behandlung: Ego-State-Arbeit mit Täterintrojekten, Frau N., 44 J.

Dieses Fallbeispiel hat mir freundlicherweise ein Kollege mit langjähriger Erfahrung in der stationären Arbeit mit schwer traumatisierten PatientInnen zur Verfügung gestellt.

Einige Angaben zur Anamnese
Frau N. kommt auf eigene Initiative zur stationären psychiatrisch-psychotherapeutischen Rehamaßnahme mit dem Wunsch, im Anschluss einen Arbeitsversuch zu unternehmen. Die 44-jährige Patientin ist seit 15 Jahren geschieden und lebt seitdem allein. Sie ist aufgrund ihrer psychischen Instabilität seit sechs Jahren zeitberentet, vorher war sie als Büroangestellte tätig. Die Patientin berichtet über ihre Kindheit, sie habe keine Wärme und Nähe erfahren, besonders die Mutter sei sehr schnell hektisch und laut geworden und habe sich der Patientin gegenüber oft gemein und boshaft verhalten. Ihren leiblichen Vater kenne sie nicht, ihr Stiefvater sei Alkoholiker gewesen. Als Älteste von drei weiteren Halbgeschwistern habe sie schnell Verantwortung übernehmen müssen. Sie habe sich als Kind als Außenseiter gefühlt, sei ein sehr stilles, artiges Kind gewesen. Sie habe sich nicht getraut, mit ihren Problemen zur Mutter zu gehen aus Angst, diese noch mehr zu belasten. Der Stiefvater sei übergriffig gewesen, habe die Mutter geschlagen und die jüngere Schwester missbraucht. Daran, selbst missbraucht worden zu sein, könne sie sich nicht erinnern, doch manchmal denke sie, es könne schon sein. Sie habe häufig den Missbrauch des Stiefvaters an der geistig behinderten Schwester direkt miterlebt, aber nicht eingreifen können, was für sie quälend gewesen sei.

Spontanangaben der Patientin zu Beginn der stationären Behandlung: Die Patientin berichtet über schwere Depressionen, selbstverletzende Handlungen, Essstörung mit täglichem induziertem Erbrechen, Selbsthass und Rückzugsverhalten. Berührungen, Geräusche und Gerüche anderer Menschen könnten schnell Ekelgefühle in ihr auslösen. Sie komme dann häufig in Erregungs-, Angst- oder Ausnahmezustände, in denen sie sich wie ein kleiner Säugling fühle, sich zusammenkauere und wimmere oder schreie. Weiterhin berichtet sie von Albträumen und Durchschlafschwierigkeiten. Stabilisierend seien zu Hause vor allem ihre beiden Katzen, um die sie sich sehr fürsorglich kümmere und die ihr viel Wärme geben, sowie der gute Kontakt zu einer besten Freundin, die aktuell auch die Katzen versorge.

Es wurde eine traumafokussierte Ich-stärkende tiefenpsychologisch fundierte stationäre Psychotherapie durchgeführt. Die Patientin zeigte eine hohe Introspektionsfähigkeit und Therapiemotivation bei langjähriger Therapievorerfahrung.

Im Behandlungsverlauf wurde die Bedeutung von wirksamen Täter-Introjekten deutlich. Wir stellten der Patientin dieses Erklärungsmodell (Fremdkörper im Ich) vor, was für sie hilfreich war. Aufgrund der geringen psychischen Belastbarkeit mit rasch auftretenden Intrusionen und dissoziativen Zuständen, vor allem in Form von frühkindlichen Ego-States, entschieden wir uns für den methodischen Einsatz von CIPBS. Im Verlauf von drei Wochen fanden zusätzlich zu den einzel- und gruppentherapeutischen Angeboten des stationären Behandlungsrahmens drei Sitzungen mit CIPBS statt. Die fraktionierte Täter-Introjekt-Arbeit hat erstaunlich stabilisierend gewirkt und die Patientin darin unterstützt, mehr Selbst-Verantwortung sich selbst gegenüber zu spüren. Die Erinnerung an traumatische Erlebnissegmente wurde mithilfe der Bilder eingeordnet und wurde so besprechbar.

1. CIPBS-Sitzung
Bild 1: Die Patientin gestaltet das Täter-Introjekt als Monster (SUD: 8).
Bild 2: Im zweiten Bild tauchen drei Entenküken auf.
Bild 3: Erbrochenes.
Bild 4: Ein Schacht mit einem Lichtkegel, was mit Erleichterung einherging.

Zu Beginn dieser ersten Anwendung von CIPBS meinte die Patientin skeptisch: »Der Platz reicht doch gar nicht aus, um das Monstergefühl darzustellen, das Feld ist viel zu klein dafür.« Im Nachhinein empfand die Patientin diese Begrenzung als große Hilfe, sie folgerte: »Indem ich es begrenze, kann ich bereits meinen eigenen Einfluss geltend machen.« Auffallend war das Pendeln zwischen bösen und friedlich-hoffnungsvollen Bildern im CIPBS-Prozess. Dadurch konnte die Patientin die Erfahrung von Abgrenzen und Absichern von guten, hilfreichen Introjekten sichtbar machen. In der Nachbesprechung setzt sich die Patientin vor allem mit den Bildaspekten auseinander, die sie dem Schrecklichen und Bedrohlichen und Ekelhaften entgegengesetzt hat. Dadurch reduzierte sich der Anspannungspegel weiter (SUD: ca. 4).

In der 2. CIPBS-Sitzung, die einige Tage später stattfand, knüpft die Patientin an das letzte Bild des ersten CIPBS-Prozesses an. Frau N. möchte mithilfe der weiteren Symbolkonfrontation die Auseinandersetzung mit ihren »Fremdkörpern im Ich« fortsetzen.

Bild 1: tituliert sie mit »Messer im Rücken«, wobei im Bild selber das Messer fehlt (SUD: 8).

Bild 2: »Vater-Mutter-Kind«, wobei das Kind nicht sie selber sei.

Bild 3: Die Patientin stellt eine mit acht Jahren gesehene Grausamkeit und Demütigung ihrer Mutter und Oma durch den Stiefvater dar, verbunden mit ihrer eigenen Hilflosigkeit, die Belastung nimmt zu (SUD: 9); währenddessen die Patientin das Bild malt, erinnert sie dabei eine ähnliche Szene mit 16 Jahren, wo sie dem Täter in die Hand biss und dadurch möglicherweise einen Mord verhinderte.

Bild 4: Nackt in einer Zinkbadewanne mit neun Jahren, der Täter betritt den Raum, Schamgefühle und Peinlichkeit, die Mutter interveniert nicht. Die Patientin übermalt nach kurzem Zögern den Täter mit den Worten: »Das muss sein.«

Bild 5: Frau N. gestaltet zunächst ein Schloss, aus dem sie dann, inspiriert durch die beiden Türme, ein Katzenschloss entwickelt, das ihr sowohl Sicherheit vermittle als auch Liebe und Geborgenheit.

Die Patientin bearbeitet in einer dritten CIPBS-Sitzung Ihre Angst vor dem beruflichen Wiedereinstieg. Im Verlauf dieses CIPBS-Prozesses richtet sie sich ihren Arbeitsplatz zum Wohlfühlen ein, sie verspürt dadurch Hoffnung und Mut. Dieses hoffnungsvolle Grundgefühl, selber etwas tun und beeinflussen zu können, hat in den nächsten Tagen bis zur Abreise Bestand. In dieser Zeit treten keine gravierenden dissoziativen Zustände mehr auf. Die Patientin ist in adäquater Weise mit Traurigkeitsgefühlen und ihrem Abschied aus der Klinik beschäftigt.

2.7.18 CIPBS und die Arbeit mit Täter-Introjekten: Was ist ein Täter-Introjekt?

Das Konzept der Täter-Introjekte wurde von Ferenczi in den 30er-Jahren zum Verständnis von Opfer- und Täterverhalten entwickelt. Unterschiedliche Konzeptualisierungen und Modelle wurden und werden entwickelt mit dem Ziel, Verständnis und Behandlungskonsequenzen für dsyfunktionales emotionales, körperliches und kognitives Erleben und dem daraus oftmals folgenden beobachtbaren Verhalten im Zusammenhang mit Traumatisierungen herzuleiten (u.a. Ciompi 1982, Panksepp 1998, Watkins u. Watkins 2003, Phillips u. Frederick 2003, Fraser 2003, Sachsse 2004, Nijenhuis et al. 2004, Reddemann et al. 2004, Young et al. 2005, Wöller 2006).

Täter-Identifikation und Täter-Introjektion können als anfangs zumeist unbewusst ablaufender innerpsychischer Problemlöseversuch angesehen werden, um Angst- und Überlebensschutz zu regulieren. Das Ich der Patientin sollte durch den Einsatz gezielter therapeutischer Techniken in die Lage versetzt werden, Dissoziationen und archaische Über-Ich-Anteile zu identifizieren und sie schrittweise aufzulösen oder imaginativ zu vernichten. Die Auseinandersetzung mittels Imagination (»Drachentötermodell«, Reddemann 1998, 2004a), aber auch die Konfrontation und das Probehandeln mittels gemalter Bilder, die im CIPBS-Prozess externalisiert und differenziert werden, sind hierzu geeignete Vorgehensweisen. Die strukturierte Verbildlichung in Form der gemalten Bilder als Behandlungstechnik ermöglicht hierbei besonders PatientInnen, die nicht in der Lage sind, mit Worten ihr Erfahrungsgedächtnis zu sortieren, dabei den Anteil von dissoziierten Erlebnissequenzen zu reduzieren.

Allgemeine Vorgehensweisen mit fünf Kernelementen, die sich im Umgang mit Täter-Introjekten bewährt haben:

1. Konkretisieren und Benennen von Täter-Introjekten
Psychoedukative Erklärungen über den Sinn von abgespaltenen Gefühlszuständen und eine empathische Fragehaltung sollen den Sinn von Selbst-Abwertung, z. B. in Form von automatischen Gedanken, Schuld-, Ekel- oder Schamgefühlen oder anderen unterschiedlichen und unverbundenen Selbst-Zuständen, plausibel machen. PatientInnen erleben es meist als sehr hilfreich, wenn sie einem Täter-Introjekt-Anteil eine Gestalt geben können, z. B. als Mensch, Tier, Dämon, Drache oder durch irgendein anderes Symbol, was den Schatten, das Unverstandene konkretisieren hilft. Dadurch werden zunächst die Täter-Introjekt-Anteile akzeptiert, und der Schritt für die Beschäftigung und Kommunikation mit diesen Anteilen wird eher niederschwellig bzw. selbst-verständlicher möglich.

2. Abgrenzen und Absichern von guten, hilfreichen Introjekten
Bevor die Konfrontation mit den oftmals sehr belastenden Täter-Introjekt-Anteilen durchgeführt wird, sollten zuvor unterschiedliche Repräsentanzen innerer und äußerer guter Ich-Anteile erarbeitet worden sein. Diese können z. B. der Wohlfühlort / Sichere innere Ort sein, Innere Helfer, Krafttiere, schützende Symbolgestalten, Naturmetaphern oder auch gute Eltern-Introjekte. Durch die Verbesserung der Affektwahrnehmung und Affekttoleranz können dissoziierte Selbst-Anteile besser bearbeitet werden. Reddemann (2004a) empfiehlt Täter-Introjekt-Arbeit nur dann anzuwenden, wenn der therapeutische Prozess durch maligne Introjekte gestört oder blockiert wird.

3. Kommunizieren
Über die Symbolkonfrontation auf der gemalten oder imaginierten Bildebene können Täter-Introjekte auf einer »äußeren Bühne« gestaltet, betrachtet und charakterisiert werden. Dadurch kann auch Verständnis für die bisherige Notwendigkeit der Täter-Introjekte gefördert werden.

Die Beschäftigung mit den Täter-Introjekten führt häufig auch zu der Erkenntnis, dass diese eine schützende Funktion haben oder hatten. Im Therapieprozess kann daraufhin gezielter daran gearbeitet werden, wie dieser Schutz auch von der Patientin selbst übernommen werden kann oder von einem inneren Helfer-Anteil. Auch hier empfiehlt es sich, diese Inneren-Schutz-Anteile möglichst zu personifizieren oder zu konkretisieren, um deutlicher zu machen, durch welche imaginativen und/oder realen Unterstützungssysteme das Gute bewahrt werden kann.

4. Externalisieren und zukunftsorientierte Handlungsoptionen herausarbeiten
Durch anfänglich bestätigendes Mitgefühl mit dem »Täter-Anteil« ist es leichter, alternative Problemlösestrategien zu erarbeiten. Es ist wichtig, beim Sortieren der inneren und äußeren Welterfahrung darauf hinzuwirken, dass die Probleme dahin zurückgegeben werden, wo sie hingehören. Beispielsweise kann eine innere, selbstabwertende Stimme: Du taugst nichts, du bist selbst schuld, als destruktiver Eltern-Introjekt-Anteil zurück an die Eltern gegeben werden, indem sie als fehlende Zuwendung und mangelnde Fürsorge gegenüber dem Kind interpretiert werden. Dadurch wird deutlich, dass eine »Nach-Beelterung« erforderlich ist, die die (inzwischen selbst erwachsene) Patientin durch verständnisvolle Zuwendung und Selbst-Fürsorge und Selbst-Verantwortung jetzt sich selbst gegenüber übernehmen kann. »Ich möchte darauf hinweisen, dass es eine weitere Möglichkeit gibt, Gefühle, die zum Täter gehören, zurückzugeben. Die Patientin stellt sich vor, dass sie dem Gefühl eine Farbe gibt und eine Gestalt, es dann verpackt und das Paket an den ›Absender‹ zurückschickt (Reddemann 1998, S. 96). In diesem Kontext können auch gut unterschiedliche »Lebens-Zyklus-Aufgaben« (Erikson 2001) benannt und fokussiert werden.

5. Gegenübertragungsreaktionen bewusst registrieren
Die Gefahr der Sekundärtraumatisierung für PsychotherapeutInnen ist besonders in der Arbeit mit Täter-Intojekten groß. Daher gehört zum normalen Vorgehen unbedingt die bewusste Pflege der eigenen Psychohygiene (vgl. Kap. 6.1).
Es gibt teilweise kontroverse Haltungen dazu, ob Täter-Introjekt-Arbeit darauf zielen sollte, diese Introjekte zu vernichten oder sie eher ins

Selbst zu integrieren. Sachsse vertritt folgende Haltung: »Unser Therapie-Ziel ist ausdrücklich nicht, diese Täter-Introjekt-Anteile zu Selbst-Anteilen umzudeuten – unseres Erachtens eine Verfälschung –, ins Selbst zu integrieren oder zu assimilieren. Unser Ziel ist es, das Selbst von diesen Täter-Introjekten, von diesen Fremdkörpern im Selbst so weit wie möglich zu entlasten und zu befreien« (Sachsse 2004, S. 224). »Wenn man Täter-Introjekte nicht suffizient therapeutisch wieder herausbekommt, dann zerstören sie einem die Lebensqualität« (Sachsse 2004, S. 227). Reddemann plädiert dafür, die Indikation und die Kontraindikation von Vernichten oder Integrieren der Täter-Introjekte abzuwägen. »Bei genauer Betrachtung geht es bei beiden Modellen um Ähnliches: Um eine Transformation der destruktiven Teile, dem Ich oder Selbst in konstruktiver Weise zu dienen« (Reddemann 2004a, S. 141). Die Ego-State-orientierte Therapie zielt jedoch stets auf die Integration aller Persönlichkeitsanteile, aller Ego-States. Das beruht auf der Grundannahme, dass die innere Realität der PatientInnen, die durch Teilpersönlichkeiten (Ego-States) repräsentiert ist, sinnstiftende Zusammenhänge hat, die grundsätzlich therapeutisch nützlich sind und wertschätzend erschlossen werden können.

2.7.19 Supervision: Ressourcenstärkung, Frau T., 52 J.

Dies ist ein Beispiel, bei dem ich CIPBS zur Verstärkung und Erweiterung von Ressourcen angewandt habe. Im Rahmen einer Supervision äußerte eine Kollegin, dass sie inzwischen sehr viel deutlicher spüre, welche Ressourcen ihr dabei helfen, Burnout vorzubeugen. Daraufhin schlug ich vor, diese Wahrnehmung als Fokus zu nehmen und mithilfe von CIPBS zu vertiefen. Während des Prozesses konnte Frau T. zu neuen Sichtweisen bezüglich ihr bekannter Ressourcenbereiche kommen, die sie zwar »kenne«, deren emotionale Kraft sie aber durch diese Arbeit sehr viel intensiver spüren konnte. Nach diesem CIPBS-Prozess konnte sie die neue Metapher als handlungsleitenden Ankerreiz nutzen (Bild 4).

In **Bild 1** zeigt sie eine spiralförmige Energie, ein Labyrinth (in blau-violetten Farben), das ihren Ressourcenzustand symbolisiere: »Bei einem Labyrinth führt ein direkter Weg hinein und auch wieder hinaus, der Weg ist oftmals mehrere hundert Meter lang, und dies erinnert mich daran, dass auch die emotionalen Wege oftmals nicht geradeaus gehen, doch diese langen Wege lohnen sich.« **Bild 2:** »Ich spüre feurige Lebensenergie.« **Bild 3:** »Tango tanzen und Musik.« **Bild 4:** »Das spirituelle Symbol für Om vermittelt mir, da ich es unten gemalt habe, eine erdige, nährende Verbundenheit, die mich Kraft und Geborgenheit spüren lassen.« Die Abkürzung HH erlebe sie als »Leitern« hin zu ihrer feurigen Lebensenergie, die sie im zweiten Bild dargestellt habe.

2.8 Der Einsatz von CIPBS zur Prävention von Retraumatisierung und Sekundärtraumatisierung von psychotherapeutisch und psychosozial tätigen Menschen in Bethlehem

Dieser Text wurde von einer Kollegin erstellt, die in eigener Praxis niedergelassen ist. Sie engagiert sich besonders für aktive Friedensarbeit in Krisengebieten.

»2004 lernte ich ›Conflict Imagination, Painting and Bilateral Stimulation‹ kennen. Ich war sofort von der Methode angetan, weil ich die entlastende Wirkung unmittelbar bei mir selbst spürte. Zwischen 2000 und 2003 habe ich eine Ausbildung in gewaltfreier Konfliktlösung absolviert. In diesem Zusammenhang wurde mir bewusst, dass die Behandlung individueller und kollektiver Traumatisierung in Krisengebieten eine Voraussetzung für eine gewaltfreie Konfliktlösung ist. Seit 2003 habe ich persönliche Kontakte nach Israel und Palästina. Ich machte in Bethlehem ein Projekt ausfindig, in dem traumatisierte Menschen psychotherapeutisch behandelt werden, das ich seitdem zweimal im Jahr besuche. Das Center wurde von einer palästinensischen Kinder- und Jugendpsychiaterin gegründet, es werden dort Erwachsene und Kinder behandelt.

Ich habe überlegt, welche Möglichkeiten es gibt, den psychotherapeutisch tätigen MitarbeiterInnen des Zentrums sowie den von ihnen ausgebildeten StudentInnen die Möglichkeit einer Stärkung der eigenen Ressourcen und einer Prävention gegen Sekundärtraumatisierung zu geben. Dazu erschien mir CIPBS gut geeignet.

So reise ich mit 30 Zeichenblöcken und mehreren Packungen Wachsmal- und Buntstiften zunächst nach Israel und von Jerusalem aus in das nur 3 km entfernte Bethlehem. Bethlehem hat 35 000 Einwohner. Es gehört zur sogenannten ›Zone A‹, d.h. zum palästinensischen Autonomiegebiet.

2003 hat eine Studie mit 1266 Kindern in der Westbank und im Ghazastreifen ergeben, dass 93% der palästinensischen Kinder sich nicht sicher und geschützt vor Übergriffen fühlen, 48% haben persönliche Erfahrungen mit Gewalt in direktem Zusammenhang mit dem Israel/Palästina-Konflikt, 52% der Kinder haben das Gefühl, dass ihre Eltern nicht ausreichend für Schutz und Sicherheit sorgen können.

Bethlehem ist inzwischen durch eine 8 Meter hohe Mauer vom israelischen Territorium abgesperrt. Auch der Zugang zum palästinensischen Hinterland ist nur mit Genehmigung und über das Passieren eines Checkpoints möglich. Seit der Errichtung der Mauer im vergangenen Jahr ist die Arbeitslosigkeit in Bethlehem auf über 60% gestiegen, denn die Arbeit als Tagelöhner in israelischem Staatsgebiet ist nicht mehr möglich. In Bethlehem gibt es nur wenige Lokale. Theater und Kino gibt es schon längere Zeit nicht mehr. Insbesondere für Kinder und Jugendliche gibt es so gut wie keine Freizeitangebote. Aber auch die therapeutisch tätigen Mitarbeiter des Zentrums haben kaum die Möglichkeit, einen Ausgleich zu ihrer Arbeit zu finden. Es gibt keine Parks, in denen man spazieren gehen kann, es gibt kaum kulturelle Angebote. Das Verlassen der Stadt selbst in das palästinensische Territorium ist nur mit Genehmigung der israelischen Behörden möglich. Die Menschen fühlen sich wie ›Gefangene in der eigenen Stadt‹.

Ein Großteil der Bevölkerung ist durch die israelische Besatzung mit monatelanger Ausgangssperre, Hausdurchsuchung, willkürlich erscheinenden Verhaftungen traumatisiert. Das spiegelte sich auch in den Konfliktsituationen wider, die die palästinensischen Studenten als belastende Situation bei der Arbeit mit CIPBS darstellten. Eine Studentin zeichnet Augen eines israelischen Soldaten, der sie durch die Fenster ihres Hauses fixiert. Sie erlebt sich als starr vor Schreck und Angst vor dem, was jetzt kommt. Die bedrohliche Situation wandelt sich im Laufe des CIPBS-Prozesses so, dass sie ihr eigenes Zuhause als sicher und für die israelischen Soldaten unerreichbar imaginiert.

Ein anderes Beispiel für die unmittelbar entlastende und stabilisierende Wirkung der Arbeit mit CIPBS zeigt folgender CIPBS-Prozess auf: Ein palästinensischer Student bringt eine Situation aus seiner Schulzeit zu Papier. Zu sehen ist, wie er von israelischen Soldaten aus einem Schulbus herausgezerrt, auf den Boden geworfen und verhaftet wird. Nach einigen Verhören wird er am gleichen Tag noch entlassen. Am nächsten Tag zeigt ein Schulkamerad ihm ein Foto in der Zeitung, auf dem zu sehen ist, wie ein israelischer Soldat ihn zu Boden gestoßen hat. Durch die Konfrontation mit dem Foto von dieser demütigenden Situation erleidet der junge Mann einen Schock. Im Verlauf von CIPBS imaginiert er zunächst den Rückzug in sein Bett, und später sieht er sich in einer blühenden Landschaft mit Wasserlauf. Inmitten dieser Oase steht er als junger Mann entspannt an einem See und schaut in die Umgebung. Diese Beispiele machen deutlich, wie traumatisierend die gegenwärtige Situation auf die palästinensische Bevölkerung wirkt und wie hilfreich Interventionen sein können, um zu Erfahrungen zu kommen, die auch als innere Zufluchtsstätten angesehen werden können.

Zusammenfassung:
Viele Menschen, die in Bethlehem leben und arbeiten, erleiden eine Traumatisierung im Zusammenhang mit den gewaltsamen Auseinandersetzungen des Israel/Palästina-Konfliktes. Bei den Psychotherapeuten und Sozialarbeitern in Bethlehem kann es bei der Arbeit mit ihren Klienten sowohl zu Retraumatisierung (Triggerung von eigenen traumatischen Erfahrungen) als auch zu Sekundärtraumatisierung (Überflutung durch die Schilderung von Gewalterfahrungen der Klienten) kommen. CIPBS kann von Therapeuten und Sozialarbeitern zur Prävention von Re- und Sekundärtraumatisierung eingesetzt werden.

»Stress- und Traumareaktionen sind zunächst normale Reaktionen eines Menschen auf eine unnormale Situation.« (van der Kolk, 1996) Da sich die Psychotherapeuten und Sozialarbeiter in Bethlehem dieser »unnormalen Situation« nicht entziehen können, ist es wichtig, ihnen Strategien zur Bewältigung dieser Situation zu vermitteln. Das Imaginieren eines inneren Wohlfühlortes und das Malen dieses Ortes sowie das Verankern über Tappen eröffnete die Möglichkeit einer inneren Rückzugs- und Erholungsmöglichkeit und der Erfahrung, wenigstens an einem imaginierten Ort in Sicherheit sein zu können. CIPBS kann als Ressource in einer schwierigen Lebens- und Arbeitssituation eingesetzt werden. Die Bearbeitung von belastenden Situationen mit CIPBS kann zusätzlich auch zur Prävention vor Überforderung und von Burnout bei psychosozial Tätigen genutzt werden.

Eine Prävention von Retraumatisierungen und Sekundärtraumatisierungen ist die Voraussetzung dafür, dass Psychotherapeuten und Sozialarbeiter längerfristig in Krisengebieten arbeiten können. Die psychotherapeutische Arbeit mit traumatisierten Patienten in Palästina und Israel ist ein Beitrag zur Friedensarbeit. Es liegt die Chance darin, die Kette aus Gewalt und Gegengewalt durchbrechen zu können«.

Die Anwendung von CIPBS hat sich auch in anderen Ländern und besonders auch in der Arbeit mit Menschen aus anderen Kulturkreisen bewährt. So finden inzwischen regelmäßig CIPBS-Seminare in Italien in Zusammenarbeit mit einer sehr erfahrenen Psycho- und Traumatherapeutin statt. Das CIPBS-Seminar ist von dem italienischen Gesundheitsministerium als Teil der permanenten Ausbildung (ECM) anerkannt und zertifiziert.

Papier II

Papier ist Papier
aber es ist auch
ein Weg
zu den Sternen
zu Sinnbild und Sinn
blinden Geheimnissen
und
zu den Menschen

Rose Ausländer
© S. Fischer Verlag, Frankfurt a.M.

3. Kreative und imaginative Interventionen zur Stressbewältigung und Resilienzstärkung

> »Es ist immer Hoffnung da, dass dein Leben anders werden kann, denn du kannst jederzeit neue Erfahrungen machen und so Neues Lernen.« (Satir 2005, S. 36)

Dieses Kapitel gibt exemplarische Anregungen für ressourcenfokussierte Interventionen, die sich besonders für die Stabilisierungsphase eignen, aber auch im gesamten Therapieprozess immer wieder eingesetzt werden können. Ein elaboriertes Traumanetzwerk erschwert den Zugang zu anderen Sicht-, Erlebens- und Verhaltensweisen. Ich benutze gerne das etwas antiquierte Bild einer Schallplatte, die einen Sprung oder Kratzer hat, deshalb bleibt »die Musik« immer in der gleichen Rille hängen. Daher sind Interventionen erforderlich, die den Tonkopf aktiv in eine andere Rille setzen, damit die »Musik wieder weiterlaufen« kann. In diesem Sinne sind auch viele der nachfolgend aufgeführten Interventionen zu verstehen. Auch, um bewusst etwas anders zu machen, als die PatientInnen es erwarten oder gewohnt sind. Eine Möglichkeit, den PatientInnen dieses Vorgehen nahezubringen, ist das folgende Beispiel.

Interventionsbeispiel: Kurze Erklärung des Therapiekonzepts
Der psychotherapeutische Rahmen kann Sie darin unterstützen, wieder besser in Balance zu kommen. Dazu ist es ratsam, zunächst Ressourcen, also Kraftquellen, zu aktivieren und belastende Erfahrungen mithilfe bestimmter Techniken zunächst eher im Hintergrund zu halten. Angst engt die Wahrnehmung ein und macht unflexibel. Wenn Menschen aufgrund einer hohen Stressbelastung psychisch und körperlich sehr beansprucht sind, ist es gut, zunächst für eine emotionale Beruhigung zu sorgen, um möglichst kurzfristig wieder handlungs- und entscheidungsfähiger zu werden. Die Verarbeitung der Belastung kann dann eher ge-

lingen. Im Verlauf der psychotherapeutischen Behandlung werde ich Ihnen verschiedene Übungen und Techniken anbieten, die Ihnen dabei helfen können, Ihr »Stresssystem herunterzuregulieren«. Zur weiteren Veranschaulichung kann das RSB-Modell (Kap. 1.5) herangezogen werden oder auch die Metapher einer Waage, die nur dann im Gleichgewicht ist, wenn beide Seiten (Belastung versus Ressourcen) ausgewogen sind. Falls nicht, muss die Ressourcenseite aufgefüllt werden.

3.1 Glückserfahrungen rund ums Essen: »Essen und Trinken hält Leib und Seele zusammen!«

Schon in dieser Volksweisheit wird die umfassende Bedeutung angesprochen, die Essen für psychisches Wohlbefinden haben kann. Von Kindheit an macht jeder Mensch sehr persönliche Erfahrungen im Zusammenhang mit Essen, die mit der jeweiligen Kultur, dem Familiensystem und dem sozialen Umfeld verknüpft sind.

Geschmacks- und Riecherinnerungen und auch Emotionen im Zusammenhang mit Essen werden erlernt, sind veränderbar. Damit lassen sich auch nach Jahren noch ähnliche »states« aktivieren, die mit den jeweiligen Situationen verbunden waren. Der Körper merkt sich genau, welche Wirkungen durch Essen mit Wohlbefinden, aber selbstverständlich auch mit Unwohlsein oder mit belastenden Erfahrungen verbunden sind.

Im Kontext der Interventionen, die sich zur Stressregulation eignen, kam mir zunächst die Idee, FreundInnen, PatientInnen oder KollegInnen nach ihren ganz persönlichen Erinnerungen im Zusammenhang mit guten Essenserfahrungen zu befragen. Und sehr schnell wurde mir klar, dass dieser Interventionszugang vielfältige Türen zur individuellen Biografie der Menschen eröffnen kann.

Eine therapeutische Fragehaltung, die auf Glückserfahrungen rund ums Essen fokussiert, kann intensive Erinnerungselemente aktivieren und damit Zugänge zu stärkenden Ressourcen eröffnen. Es ist jedoch wichtig, bereits bei der Erklärung der Übung durch die Art und Weise der Instruktion darauf zu achten, dass wirklich nur angenehme Erfahrungen im Zusammenhang mit Essen thematisiert werden.

Es ist auch wichtig, besonders hoch belasteten PatientInnen den damit verbundenen selbstregulativen Mechanismus zu erklären, damit sie sich ernst genommen und geschätzt fühlen können. Doch habe ich stets gute Erfahrungen damit gemacht, wenn die PatientInnen die stressregulative Potenz einer solchen Intervention erfahren. Regelmäßig stellt sich die entlastende Wirkung unmittelbar ein. Besonders in akuten Krisensituationen ist die Aktivierung von guten Erfahrungen, die mit Essen, mit Düften oder Geschmack zu tun haben, sehr hilfreich. Es ist nicht erst ein mehrstündiges Entspannungsverfahren zu erlernen, um sich kurzfristig erleichtert oder wohler fühlen zu können. Auch hier greift die Arbeit mit positiven Gefühlen unmittelbar, und das hat nichts damit zu tun, dass Psychotherapie nicht in »die Tiefe« gehen soll, denn sobald dysregulierte Menschen wieder mehr situatives Kontrollgefühl erleben können, umso eher sind sie in der Lage, die traumatischen Erfahrungen zu ordnen, sie stufenweise zu verarbeiten, um sie dann integrieren zu können.

Welches ist Ihr Lieblingseis?

Ich habe gute Erfahrungen damit gemacht, wenn beispielsweise PatientInnen Angst vor einer medizinischen Behandlung oder Untersuchung haben, z. B. der nächsten Chemotherapie, die Frage nach dem Lieblingseis zu stellen. Ich frage danach und lasse mir genau den Geschmack beschreiben oder die Sorte: also nicht nur »Milcheis«, sondern ich lasse mir beschreiben, welches genau das Leckerste ist und von welcher Eisdiele etc.: »Schokolade, Nuss oder Vanille?« Zwei weitere Beispiele sollen veranschaulichen, wie wichtig eine freundliche und beharrliche Fragehaltung zur Herausarbeitung einer unmittelbar angenehmen Wirkung als Möglichkeit zur Selbstberuhigung haben kann.

Die Beschäftigung mit Erinnerungen an gutes Essen oder auch Trinken kann nicht nur das Wohlbefinden unmittelbar positiv beeinflussen, es kann auch frühere Erfahrungen mit wichtigen Bezugspersonen (Eltern, Großeltern, anderen Verwandten, FreundInnen, PartnerInnen etc.) stimulieren. Wenn die Intervention auf eine Ressourcenaktivierung zielt, ist es wichtig, darauf zu achten, dass belastende Erfahrungen mit dem Thema Essen registriert, aber nicht weiter vertieft werden. Der Fokus soll sein: erzählerisch und assoziativ durch Erinnerungen an persönliche und positive Geschichten rund ums Essen den »Geschmack am guten Leben« (Riedel 2004) (wieder) zu wecken.

Fallbeispiel: Mein Großvater saß immer am Kopfende des Tisches!
Frau G., eine 54-jährige Patientin, kannte ich seit fünf Jahren. Sie war an Brustkrebs erkrankt und kam, damals motiviert durch ihre Hausärztin, zur therapeutischen Behandlung. Sie hatte ihr empfohlen, die Ängste aufzuarbeiten, die sie aufgrund von fälschlicherweise diagnostizierten Lungenmetastasen hatte. Die damalige große Verunsicherung und der damit verbundene Ärger auf den Arzt, der diese Diagnose gestellt hatte, konnten erfolgreich bearbeitet werden. Im vergangenen Jahr wendete sich Frau G. erneut an mich, jetzt mit der Situation: Sie selbst hatte das Gefühl, dass der Knoten, den sie im Hals-/Schulterbereich getastet habe, bestimmt eine Metastase sei, die Ärzte aber meinten, das sei eher ein gutartiger Knoten. Leider bestätigte die differenzialdiagnostische Abklärung, dass es sich dieses Mal um Metastasen handelte. Frau G. war geschockt und konnte das alles nicht wahrhaben. Sie reagierte in den nachfolgenden Wochen vermehrt mit typischen Symptomen einer Posttraumatischen Belastungsstörung: Unruhe, vegetativer Übererregtheit, Schlafstörung, Albträumen und emotionaler Abstumpfung gegenüber ihrem Sohn und ihrem Ehemann.

Die psychoonkologische Psychotherapie zielte darauf, die unkontrollierbaren Situationen möglichst gering zu halten. Eine der Stress reduzierenden Stabilisierungsübungen war die Aktivierung von Assoziationen im Zusammenhang mit guten Erinnerungen rund um's Essen. Frau G. erinnerte sich zunächst an ihre »Lieblingsrouladen«, die am besten von ihrer Mutter zubereitet werden konnten. Im weiteren Verlauf erinnerte sie sich an ihren Großvater, der immer am Kopfende des Tisches gesessen habe: An ihn habe sie schon viele Jahre nicht mehr gedacht. Sie gestaltete die damit verbundenen Gefühle und Erinnerungen an ihren »sehr liebevollen Großvater« dann ganz anschaulich erzählenderweise aus. Währenddessen wurde ihr auf einmal klar, dass der Großvater genau an diesem Therapietag im Juni Geburtstag hatte. Sie empfand eine tiefe und tröstliche Verbundenheit mit ihm, obwohl sie über Jahre nicht mehr an ihn gedacht hatte. Diese Gefühlsäußerungen nutzte ich, um eine emotional-kognitive Brücke zu ihrer momentanen Lebenssituation anzuregen: »Sie müssen Ihrem Großvater bestimmt sehr verbunden gewesen sein, daher können Sie über seinen Tod hinaus Nähe und Verbundenheit spüren, die Sie jetzt stärkt.« Die Patientin konnte dann selbst die Brücke zu ihrer eigenen Situation schlagen: »So könnte es meiner Familie möglicherweise auch nach meinem Tod gehen.« Auch für mich war diese zufällige »Großvater-Geburtstagssitzung« sehr berührend. Der Fokus auf Ressourcen mithilfe von »guten Erfahrungen rund ums Essen« hatte eine unmittelbar stärkende und tröstende Wirkung. Dadurch wurden ihre eigenen Abschieds- und Trauerbewältigungsschritte thematisiert, die Ruhe und sehr viel Leichtigkeit, bezogen auf ihren eigenen Tod, mit sich brachten.

Übungsanleitung: Glückserfahrungen rund ums Essen

»Setzen Sie sich so bequem wie möglich hin und stellen Sie sich darauf ein, dass Sie jetzt ein wenig Zeit haben, sich zu entspannen... wenn möglich schließen Sie dabei Ihre Augen... und jetzt versuchen Sie mal, sich daran zu erinnern, welche angenehmen Erfahrungen Sie mit Essen in Ihrem Leben gemacht haben ... welche Glückserfahrungen rund ums Essen tauchen denn da bei Ihnen auf ... vielleicht tauchen eine oder mehrere Erinnerungen dazu auf... vielleicht sind diese Erinnerungen auch mit bestimmten Speisen oder Situationen verbunden... nehmen Sie sich Zeit dafür und stellen Sie sich diese Erinnerungen, die mit angenehmen Gefühlen verbunden sind, so anschaulich wie möglich mit allen Sinnen vor... genießen Sie das... vielleicht sind dabei auch bestimmte Gerüche, ein bestimmter Geschmack oder auch bestimmte Menschen bedeutsam... genießen Sie das und spüren Sie, wie angenehm sich das in Ihrem Körper anfühlt... wenn Sie möchten, können Sie sich auch für diese Glückserfahrungen bedanken... stellen Sie sich dann darauf ein, dass die Übung so allmählich zu Ende geht, nehmen Sie die Entspannung wieder zurück, indem Sie die Faust ballen, sich räkeln und strecken... dann öffnen Sie wieder Ihre Augen und sind mit Ihrer Aufmerksamkeit zurück in diesem Raum.«

Im Anschluss an diese Übung lasse ich mir die Erfahrungen schildern, die mittels der Imagination aufgetaucht sind. Diese Übung kann man auch sehr schön in Gruppen durchführen.

Manchmal frage ich auch einfach direkt danach, welche Erinnerungen an Essen Trost spenden oder Wohlbefinden auslösen könnten, ohne dazu eine imaginative Ausgestaltung im entspannten Zustand anzuregen.

Folgende Beispiele veranschaulichen, wie individuell die schönen Erinnerungen an Essen mit den dazugehörigen Assoziationen sein können:

- Immer Hühnerbein, schön knusprig gebraten, saftig, schön gar und lecker knusprig, die Konsistenz des Fleisches tut gut. Ich erinnere aus meiner Kindheit: Hühnerfrikassee gab es zur Konfirmation, das war was Feines, Hühnerbeine habe ich erst später kennengelernt, als ich schon kochen konnte, ich verbinde damit ein schönes Körpergefühl, und dieses Gefühl im Mund breitet sich über den ganzen Körper aus, jeglicher Frust verschwindet. Ich komme auf meinen Körper zurück, spüre meinen Körper über das Essen.
- Als Schulkind hat mir meine Mutter oft Milchreis gekocht, den sie dann im Topf zum Garen ins Bett gestellt hat. Wenn ich daran denke, läuft mir das Wasser im Mund zusammen und ich rieche den Zimt und schmecke den Zucker.
- Kartoffelpuffer esse ich immer, wenn ich in Berlin bin. Ankommen in Berlin und Atmosphäre genießen im Zusammenhang mit Vergangenheit. Bei uns zu Hause ging es immer sehr formell zu, auch beim Essen, es wurde immer im Esszimmer gespeist, und meist gab es Gespräche über Patienten beim Essen – aber bei meiner Tante wurde in der Küche gegessen, und wir Kinder standen neben dem Herd und rissen ihr förmlich die Kartoffelpuffer aus der Pfanne, … Kartoffelpuffer bringen mich »down to earth«, Kartoffeln kommen so saftig aus der Erde.
- Spaghetti mit Tomatensoße, am liebsten 'ne Packung Miracoli, mit 2–3 Leuten dabei. Maccaroni war in den 60er-Jahren die erste Nudel, das war dann schon mal was anderes als immer Kartoffeln – Miracoli, das ist eine sichere, regressive Ressource, heute sind auch Spaghetti mit Olivenöl und gutem schwarzen Pfeffer und ein bisschen Käse immer eine sichere Ressource.
- Ich erinnere mich an Hammelbraten mit grünen Bohnen und Kartoffeln. Das gab's bei meiner Kommunion und damals schon mit Knoblauch. Heute mag ich eher so spanische Kartoffeln aus dem Backofen, das Lamm eher am Stück, mit Tomaten und Rosmarin, das ist mein tröstliches Lieblingsgericht. Dazu schmeckt dann ein Glas grüner Veltiner, das ist ein ganz leichter Sommerwein.

Die imaginative Begegnung mit guten Essenserfahrungen wirkt stabilisierend und unterstützt die Selbstregulation, besonders auch dann, wenn der Transfer auf den Kontext der Auseinandersetzung mit der Krisen- und/oder traumatischen Lebenserfahrung hergestellt wird. »Geschmack am Leben zu haben bezieht sich keineswegs nur auf elementare Sinneswahrnehmungen, sondern ist auf all das übertragbar, was am Leben lebenswert erscheint, auf all das, was Lebensqualität besitzt. In diesem Sinne ist das Gewinnen des Geschmacks am Leben ein Zielwert der Therapie.« (Riedel 2004, S. 154) Dieses Statement von Ingrid Riedel zeigt sehr schön auf, wie die bewusste Aktivierung von Sinneserlebnissen umfassend für den therapeutischen Prozess genutzt werden kann.

Mithilfe des Aufspürens von ganz konkreten sinnlichen Erinnerungen an gute Essenserlebnisse kann auch gut das Hier-und-Jetzt-Erleben, das Gegenwartserleben unterstützt werden. Ich motiviere die PatientInnen dazu, einmal ganz bewusst auf dem Markt oder dort, wo sie ihre Lebensmittel einkaufen, auf Details zu achten, von denen sie sich angesprochen fühlen, die vielleicht auch mit früheren Erfahrungen verbunden sein können. Ich ermutige zu einem bewussten Leben in der Gegenwart. Oftmals lasse ich PatientInnen auch einmal in der Praxis an einem Apfel riechen, eine Nuss schmecken oder auch bewusst die erfrischende Wirkung von Wasser genießen. Oder ich ermuntere dazu, einmal innezuhalten und die Blumen, die passend zur Jahreszeit (z. B. Schneeglöckchen, Osterglocken, Flieder, Rosen, Sonnenblumen oder bunte Herbststräuße) in der Vase auf dem Tisch im Eingangsbereich meiner Praxis stehen, anzuschauen oder daran schnuppernd den Geruch der Blumen wahrzunehmen. Vielleicht spüren Sie es ja auch selbst beim Lesen, wie unmittelbar die Beschreibungen von sensorischen Erlebnissen insgesamt und besonders rund ums Essen den »Geschmack am guten Leben« schmackhaft machen können.

> »Eine gute Küche ist das Fundament allen Glücks.«
>
> *George Auguste Escoffier (1846–1935),*
> *französischer Küchenmeister, gilt als der Schöpfer*
> *der feinen modernen Kochkunst*

Zum Schluss noch ein Rezept für jeden neuen Tag:

Man nehme 12 Monate,
putze sie ganz sauber von Angst
und bitteren Gedanken.
Dann zerlegt man jeden Monat in 30 oder 31 Teile,
sodass ein Vorrat für ein ganzes Jahr reicht.
Nun wird jeder Tag einzeln angerichtet aus
einem Teil Arbeit und zwei Teilen
Frohsinn und Humor.
Danach füge man drei gehäufte Esslöffel
Optimismus hinzu,
einen Teelöffel Toleranz, ein Körnchen
Ironie und Takt.
Jetzt wird noch alles reichlich und
mit viel Liebe übergossen.
Das fertige Gericht empfiehlt sich
jetzt noch mit einem Sträußchen kleiner
Aufmerksamkeiten zu schmücken
und serviere es dann täglich mit
Heiterkeit und mit einer
guten, erquickenden Tasse Tee ...

Catharina Elisabeth Goethe (1731–1808),
die Mutter von Johann Wolfgang von Goethe

3.2 Alltagsnahe imaginative Interventionen: Kürbiskernhonigbrötchen mit Butter, Schlager, Kino, Bier, Vanilleeis und Birchermüsli

Alltagsnahe Erfahrungen bieten sich gut als Themen für imaginative Interventionen an. Über diesen Weg können hilfreiche Zugänge zu somatischen Ego-States geschaffen werden, wie z.B. die Fragen nach Schlager, Kino, beliebten Spielen, Sport, Hobbys, Badedüften, Biersorten, Vanilleeis, oder auch die Frage danach, wo es z.B. das beste Birchermüsli in der Stadt gibt, sind Beispiele dafür.

Fallbeispiel: Kürbiskernbrötchen mit Honig und Butter
Frau K., eine 47-jährige Patientin mit einer Brustkrebserkrankung, hat vor zwei Monaten erfahren, dass sich die schon seit Jahren nicht verändernden Knochenmetastasen jetzt im Ultraschall verändert darstellen. Daher soll bei einer weiteren Kontrolluntersuchung ein Knochenszintigramm gemacht werden, um die Metastasen weiter zu beobachten. Die Patientin hat große Angst vor dieser Untersuchung. Sie nutzt die von ihr während der Psychotherapie bereits gelernten Strategien zur Selbstberuhigung (z. B. Imagination von Wohlfühlort, Lichtstrom-Übung, Spaziergänge mit ihrem Partner), doch wenn sie an den Tag der Untersuchung denkt, dann ist ihr ganz mulmig zumute.

Daraufhin biete ich ihr die folgende hypnotherapeutische Übung (in Anlehnung an Maggie Phillips Vorgehen in der Arbeit mit somatischen Ego-States) an:

1. Zu Beginn soll sie darauf achten und mir beschreiben, wo in ihrem Körper sie die Belastung spürt, wenn sie an die bevorstehende Untersuchung denkt (Engegefühle in der Brust und Kopfdruck).
2. Im nächsten Schritt soll sie an eine Situation denken, die mit Wohlbefinden zu tun hat (auf dem Wasser liegen und sich treiben lassen).
3. Dann soll sie wieder an die belastende Situation, den Untersuchungstermin denken und spüren, wie sich ihr Körper jetzt anfühlt (das Engegefühl hat etwas nachgelassen).
4. Die Vorstellung, »ausgeliefert« auf dem Wasser zu liegen, empfindet Frau K. dann für diese Situation nicht so passend, daher frage ich nach »passenderen« Wohlfühlerfahrungen.
5. Frau K. erinnert sich an das schöne Gefühl, das entsteht, wenn sie ein Brötchen mit Butter und Honig zum Frühstück isst.
6. Ich bitte sie, sich dieses genüsslich auszumalen, und rege nach etwas Zeit des Auftankens wieder das Pendeln zu der belastenden Situation an.
7. »Jetzt ist es schon sehr viel weiter weg. Es ist besser, erst einmal die Untersuchung abzuwarten. Aufregen kann ich mich ja danach immer noch«, aber etwas mulmig sei ihr bei diesem Gedanken schon noch.

8. Zur intensiveren Aktivierung von Wohlbefinden frage ich nach weiteren Details, die ihr wichtig sind, um sich »richtig« wohlfühlen zu können, indem ich beispielsweise auch frage, ob es ein bestimmtes Brötchen sein müsse, um das schöne Gefühl auszulösen.
9. »Das ist mir eigentlich egal.«
10. »Aha, also wenn ich mir das so vorstelle, mir würde die Kombination Honig, Butter am besten mit einem knackigen Sonnenblumenbrötchen schmecken.«
11. Daraufhin sagt Frau K.: »Also, wenn ich mir das vorstelle, dann beiße ich doch am allerliebsten in ein knackiges Kürbiskernbrötchen mit Butter und Honig.«
12. Nach dieser Sequenz fühlte sich Frau K. sehr erleichtert und ohne Druckgefühle, weder im Kopf noch auf der Brust.
13. Zur Angstregulation soll Frau K. dieses Pendeln zwischen Belastungserleben und Wohlfühlerfahrung so oft wie möglich anwenden.

Protokoll zur hypnotherapeutischen Arbeit mit somatischen Ego-States (in Anlehnung an Maggie Phillips)

1. Fokussieren Sie zunächst auf die belastende Situation. »Was spüren Sie in Ihrem Körper, wenn Sie an das denken, was Sie belastet oder mit Angst verbunden ist? Wo genau spüren Sie diese Belastung? Wie stark ist die Belastung von 0 bis 10, wobei 0 = keine Belastung darstellt und 10 = maximale Belastung« (SUD-Wert = Subjective Units of Disturbance).
2. »Jetzt denken Sie bitte an eine Situation, die mit Wohlbefinden zu tun hat. Spüren Sie, wie sich das im Körper anfühlt, und beschreiben Sie das genau.«
3. »Danach denken Sie wieder an die belastende Situation und spüren Sie, wie sich Ihr Körper jetzt anfühlt.«
4. Meist ist das Belastungserleben hier schon deutlich reduziert. Falls nicht, fragen Sie nach weiteren, noch »passenderen« Wohlfühlerfahrungen und lassen Sie sich diese möglichst differenziert beschreiben.
5. Nach einiger Zeit des Auftankens regen Sie wieder das Pendeln zu der belastenden Situation an und überprüfen Sie, wie belastend die ursprüngliche Situation jetzt noch ist (SUD-Wert erfragen).

6. Gegebenenfalls zur weiteren intensiven Aktivierung von Wohlbefinden nach weiteren Details fragen, die wichtig sind, um sich »richtig« wohlfühlen zu können.
7. Zur Verankerung der Wohlfühlsituation als Ressource können einige Tapps (bilaterale Stimulierung mit den Händen auf den Oberschenkeln oder den Schultern) hinzugefügt werden.
8. Zur Angstregulation soll dieses bewusste Pendeln zwischen Belastungserleben und Wohlfühlerfahrung so oft wie möglich angewandt werden.

3.3 Biografien signifikanter angenehmer Ereignisse im Lebenszyklus

Verena Kast (1997) hat das Erheben der sogenannten Freudenbiografie empfohlen, um damit an Ressourcen aus unbelasteten Zeiten anzuknüpfen. Meine klinischen Erfahrungen zeigen, dass auch das gezielte, konkrete Erheben der Biografie signifikanter angenehmer Ereignisse im Lebenszyklus, z. B. der eigenen Autos/Fahrräder/Urlaubsreisen/Freundschaften/Kunstwerke/Sportereignisse/Lieblingsstädte/Vorbilder etc., einen emotionalen Zugang zur Aktivierung von Ressourcen ermöglicht. Solche Erinnerungen, z. B. an das erste eigene Auto, aktivieren innere Bilder und Geschichten mit den jeweils entsprechenden Ego-States und aktivieren gleichzeitig die dazugehörigen Körpererinnerungen. Diese Vorgehensweise führt in der Regel zu unmittelbarer Entspannung und eröffnet zuverlässig den Zugang zu individuellen Ressourcen.

3.4 Energiekuchen

Instruktion 1: ENERGIEKUCHEN – Wo geht meine Energie hin?
Bitte malen Sie einen Kreis/eine Torte auf das Blatt und teilen Sie durch Tortenstücke ein, in welche Bereiche Ihrer Arbeit und Ihres Privatlebens Ihre Energie geht. Beschriften Sie die Felder entsprechend durch kurze Stichworte.

Der Energiekuchen von Frau B. zeigt, dass nach ihrem Empfinden die Hälfte ihrer Energie von dem Bereich Arbeit beansprucht ist. Bei-

Abb.: Energiekuchen: Wo geht meine Energie hin? Frau B., 44 J.

spielsweise werden Zeiten für Schlafen, Körperpflege, Telefonieren, Einkaufen von ihr gar nicht berücksichtigt.

Instruktion 2 (wird zu Beginn noch nicht angekündigt):
ENERGIEKUCHEN – Was gibt mir Energie?
Bitte malen Sie jetzt noch einen Kreis/eine Torte auf das Blatt und teilen Sie durch Tortenstücke ein, welche Bereiche Ihrer Arbeit und Ihres Privatlebens Ihnen Energie geben, woraus Sie Ihre Energie schöpfen. Beschriften Sie die Felder entsprechend durch kurze Stichworte.

Dieser Energiekuchen mit der Überschrift »Was gibt mir Energie?« enthält ein leeres Feld, Frau B. kann (noch) nicht erleben, was ihr alles Energie gibt, bzw. geben kann. Es fällt auf, dass ihr Mann nur in dem Bereich »Wo geht meine Energie hin« erwähnt wird, auf solche unterschiedlichen Erfahrungen kann im nachfolgenden Gespräch sehr gut eingegangen werden. Diejenigen Bereiche, die in etwa gleich viel Energie verbrauchen und geben, werden als zufriedenstellend erlebt, wichtig ist es, auf »Energiefresser« oder »Energielöcher« zu achten, die in der Wahr-

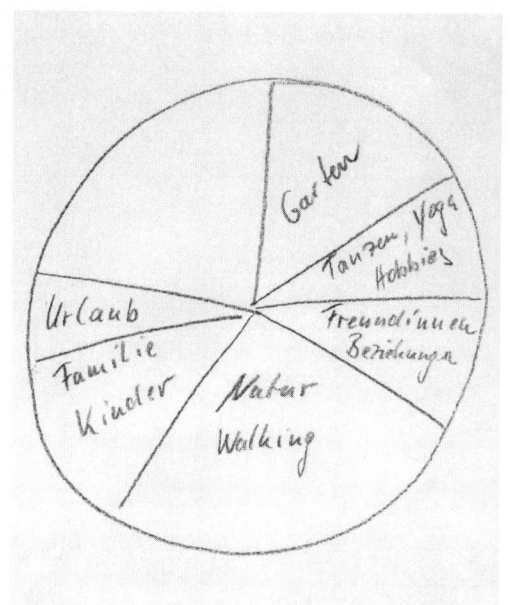

Abb.: Energiekuchen: Was gibt mir Energie? Frau B., 44 J.

nehmung nur Energie rauben. Manchmal ist es wichtig, hier kognitive Umstrukturierungen anzuregen. Beipielsweise konnte Frau B. erkennen: »Meine Arbeit ermöglicht mir durch mein Gehalt auch Freiheiten, und durch Erfolge im Beruf fühle ich mich anerkannt, das gibt mir auch Energie.« Die Bereiche, die mehr geben, als sie beanspruchen, werden durch diese Übung oftmals bewusst(er) wertgeschätzt und (noch) achtsamer wahrgenommen.

Man kann diese Übung auch modifizieren, indem man die Energie in einem mit Wasser gefüllten »vollen« Glas symbolisiert und dann für die Hauptbereiche des Lebens (z. B. Beruf, Familie, Freizeit, Freunde, Ich selbst) weitere Gläser aufstellt und dann die Patientin bittet, ihre Energie auf diese Bereiche zu verteilen. Dadurch wird sehr gut deutlich, welcher Bereich »zu kurz« kommt und welche Schritte erforderlich sind, um eine Umverteilung der eigenen Energie bewirken zu können. Nur durch aktive Umstrukturierungen kann die eigene »Lebensenergie« in der gewünschten Weise anders verteilt werden.

3.5 Die Lichtstrom-Übung

Diese vielseitig einzusetzende Übung wird am besten gleich zu Beginn jeder Therapie durchgeführt. Sie wird in der Traumatherapie unterschiedlich ausgestaltet, ich verwende eine sehr einfache, leicht zu praktizierende Instruktion:

> »Ich möchte Ihnen eine Übung vorstellen, die sich sehr gut zum Abschalten und zum Auftanken eignet… Setzen Sie sich so bequem wie möglich hin, schließen Sie am besten Ihre Augen… stellen Sie sich jetzt bitte irgendeine Farbe vor, die für Sie mit Heilung verbunden ist, es können auch mehrere Farben sein, die vor Ihrem inneren Auge auftauchen, lassen Sie bitte alles so zu, wie es erscheint, und genießen Sie es… spüren Sie, welche Farbe für Sie im Moment mit Heilung verbunden ist… und dann stellen Sie sich vor, dass ein Licht in dieser Farbe von oben durch Ihren Kopf in Sie hineinstrahlt und Ihren ganzen Körper durchströmt… Sie spüren, wie das Licht in dieser angenehmen Farbe, in der Farbe, die für Sie mit Heilung verbunden ist, Ihren ganzen Körper wunderbar durchströmt… wenn Sie möchten, können Sie sich auch vorstellen, das Licht ganz bewusst zu bestimmten Stellen in Ihrem Körper zu schicken… spüren Sie, wie angenehm sich das anfühlt … nehmen Sie sich Zeit dafür… manchmal ändern sich die Farben, manchmal aber auch nicht… genießen Sie es einfach … und je mehr Licht in dieser angenehmen, mit Heilung verbundenen Farbe Sie verbrauchen, umso mehr ist für Sie da… und dann stellen Sie sich langsam darauf ein, dass die Übung zu Ende geht, nehmen Sie die Entspannung wieder zurück, indem Sie die Hände zur Faust ballen, sich räkeln und strecken, dabei tief ein- und ausatmen, und dann kommen Sie mit Ihrer Aufmerksamkeit wieder zurück in diesen Raum, öffnen Ihre Augen und sind wieder ganz da.«

Es kann auch angeregt werden, Alltagsgegenstände (z. B. Tasse, Kugelschreiber) in dieser Farbe bewusst als Hinweisreize für heilsame Energieerfahrungen zu nutzen. Auch die Vorstellung, von einem Lichtkreis in dieser heilsamen Farbe umgeben zu sein, kann hilfreich sein.

3.6 Atmen und Lächeln

> »Thich Nhat Hanh weist gerne und oft darauf hin, dass bewusstes Atmen wie ein Laserstrahl ist. Man kann es nach Belieben auf die verschiedenen Körperteile lenken. Zum Beispiel auf die Augen: ›Ich atme ein und werde mir meiner Augen bewusst; Ich atme aus und lächle meinen Augen zu.‹« (Cartier und Cartier 2006, S. 94)

Die folgende Übung kann den liebevollen Umgang mit alltäglichen Erfahrungen schulen, sie eignet sich auch gut zur Stressregulation und auch als Einstieg für andere Visualisierungsübungen.

Instruktion

> »Setzen Sie sich so bequem wie möglich hin, schließen Sie, wenn es geht, Ihre Augen und genießen Sie es, dass Sie jetzt Zeit haben, sich zu entspannen. Wenn Sie möchten, richten Sie dann Ihre Aufmerksamkeit auf Ihren Atem… spüren Sie, wie sich beim Einatmen Ihre Bauchdecke hebt und beim Ausatmen wieder senkt, achten Sie einfach einige Male auf diesen Wechsel von Einatmen und Ausatmen… wenn Sie möchten, können Sie sich beim Einatmen das kleine Wort… ›ein‹… vorstellen und beim Ausatmen das Wort… ›aus‹. Tun Sie dies einige Male und genießen Sie das, so wie es im Moment ist… einfach beim Einatmen… ›ein‹… denken und beim Ausatmen… ›aus‹. – Und dann versuchen Sie mal sich zu erinnern, worüber Sie sich heute schon gefreut haben… das kann irgendeine Kleinigkeit sein, vielleicht die zufällige Beobachtung eines Vogels oder die Freude am Frühstück, ein bestimmter Duft oder irgendetwas anderes… und wenn Sie daran denken, dann lassen Sie beim Ausatmen das kleinstmögliche Lächeln auf Ihren Lippen entstehen… genießen Sie das einige Momente… und spüren Sie, wie angenehm sich das anfühlt… und dann
>
> (entweder hier eine weitere Imaginationsübung einleiten oder zum Abschluss hinführen)

... stellen Sie sich darauf ein, dass Sie die Übung beenden, und kommen Sie mit einem kleinen Lächeln auf den Lippen und Ihrer Aufmerksamkeit wieder zurück in diesen Raum ... öffnen Sie die Augen und dann sind Sie wieder ganz da.«

3.7 Die Innere-Helfer-Übung – Begegnung mit einem hilfreichen, freundlichen Wesen, einem inneren Helfer oder einer inneren Helferin

Es hat sich bewährt, diese Übung mit einer kurzen Entspannungsübung einzuleiten. Hierzu bietet sich z. B. ein Musikstück und der Anfang der Achtsamkeitsübung von der CD von Luise Reddemann (2003) an. Meist nehme ich danach das Grundmotiv der Wiese aus der Katathym-Imaginativen Psychotherapie nach Leuner (1982) als Einstiegsmotiv für diese Übung:

»Stellen Sie sich irgendeine Wiese vor, aber auch alles andere, was auftaucht, ist recht ... und wenn ein Bild da ist, dann beschreiben Sie es mir bitte«, eventuell auch auf Jahreszeit oder Tageszeit fokussieren ... lassen Sie einige Details beschreiben, wenn eine emotionale Resonanz spürbar wird, dann gehen Sie mit folgender Instruktion weiter:

»Stellen Sie sich vor, dass ein hilfreiches, freundliches Wesen, ein Tier oder ein Mensch oder auch ein Symbol in der Ferne oder in der Nähe auftaucht ... Lassen Sie alles auf die Art, in der es erscheint, kommen und akzeptieren Sie es, wie es ist. ... Indem Sie die Augen weiter geschlossen halten, beschreiben Sie bitte, was Sie wahrnehmen.

Jetzt können Sie ihr/ihm in Ihrer Vorstellung von Ihrer momentanen Lebenssituation erzählen ... wenn Sie möchten stellen Sie Fragen zu dieser Situation ... und achten Sie dann sorgfältig auf die Antwort Ihres inneren Helfers ... Sie stellen sich vielleicht vor, sie/er (innerer Helfer, Tier) redet mit Ihnen oder Sie haben einfach ein direktes Gefühl zu der ›Botschaft‹ über eine andere Bedeutungsebene ... erlauben Sie ihr/ihm, es auszudrücken, auf welchem Weg auch

> immer... Wenn Sie sich unsicher sind über die Bedeutung des Ratschlages oder wenn Sie andere Fragen haben, setzen Sie die ›Unterhaltung‹ fort, bis Sie fühlen, dass Sie alles erfahren haben, was Sie augenblicklich erfahren können...«
>
> Nach einer längeren Pause fragen Sie die Patientin, was passiert. Bei angenehmen Gefühlen ist es auch möglich, die Erfahrung mit dem Tapping (bilaterale, taktile Stimulation, z.B. durch abwechselndes Berühren der Knie oder der Oberarme [Butterfly Hug] mit den Händen, ca. 8- bis 10-mal; vgl. Kap.1.3.3 und 2.1.1) zu verankern.
>
> »Wenn Sie das betrachten, was Ihr innerer Helfer Ihnen erzählt hat, stellen Sie sich vor, wie Ihr Leben wäre, wenn Sie den Ratschlag annähmen, den Sie bekommen haben... Wenn Sie mehr Fragen haben, setzen Sie die Unterhaltung fort oder verabreden Sie sich zu einem neuen Treffen.
>
> Wenn Sie möchten, bedanken Sie sich bei Ihrem inneren Helfer (oder dem Tier oder je nachdem, was aufgetaucht ist) für dieses Treffen und fragen Sie sie/ihn nach der leichtesten, sichersten Methode, wieder mit ihm Verbindung aufzunehmen... denken Sie daran, dass Sie ein neues Treffen haben können, wann immer Sie die Notwendigkeit für einen Ratschlag oder eine Unterstützung sehen... verabschieden Sie sich nun auf die Ihnen geeignet erscheinende Weise und kommen Sie dann mit Ihrer Aufmerksamkeit zurück in diesen Raum... nehmen Sie die Entspannung zurück, indem Sie sich räkeln und strecken, noch einmal tief ein- und ausatmen, dann öffnen Sie wieder die Augen und sind dann mit Ihrer Aufmerksamkeit wieder zurück in diesem Raum.«

Hier einige von mir gesammelte Beispiele zu der Übung:

Tiere:
LÖWE: vermittelt Souveränität
DACKEL: der lässt sich nicht unterkriegen, das fühlt sich sehr gut an
MISTKÄFER: ich sorge für alles
ELCH: der zieht ruhig und bedächtig seine Runden und lässt sich nicht stressen
EINHORN: verbreitet Helligkeit, hat ein Licht angezündet

HIRSCHLEIN: vermittelt Freude und Vertrauen ins Wachsen
KATZENFISCH: aus einem kleinen See im Wald tauchte der Katzenfisch auf und hat mir einen roten, runden Energiestein geschenkt

Symbole:
GUTE FEE: die beschützt mich und zeigt mir den richtigen Weg
GOLDENES SCHUTZSCHILD: Schutz vor Kränkungen
KLEINER WICHT: sagt zu mir: du wirst dich schon behaupten
TAUSENDSASSA: ich putze deine Metastasen weg
OLIVENBAUM: in dir steckt ganz viel Lebenskraft

3.8 Der Wohlfühlort

Der sogenannte »sichere innere Ort« zählt zu den klassischen Stabilisierungsübungen in der Traumatherapie. Das Wort »sicher« wirkt jedoch häufig als Trigger. Aufgrund meiner Erfahrungen in der psychoonkologischen Arbeit, in der ja die PatientInnen »sicher wissen, dass eben nichts sicher ist«, benutze ich inzwischen ausschließlich den Begriff »Wohlfühlort« für diese Stabilisierungsübung.

Instruktion

»… Setzen Sie sich ganz bequem hin, schließen Sie die Augen, spüren Sie, wie Ihr Körper Kontakt (… mit dem Sessel, dem Stuhl, der Unterlage) hat… wie Ihre Füße den Boden berühren… nehmen Sie sich einfach etwas Zeit zum Entspannen… nehmen Sie wahr, wie Ihr Atem ganz natürlich ein- und ausströmt, mit jedem Ausatmen entspannen Sie sich noch mehr… lassen Sie jetzt einen Ort oder eine Situation auftauchen, wo Sie sich vollkommen wohl und entspannt fühlen… Das kann eine Situation aus dem Alltag oder eine Urlaubssituation oder auch eine Fantasievorstellung sein… lassen Sie ein inneres Bild entstehen, in dem alles nur angenehm ist… spüren Sie mit allen Sinnen, was Sie brauchen, um sich vollkommen wohl zu fühlen, spüren Sie, welche Sinneserfahrungen Ihnen dabei wichtig sind, vielleicht sind es bestimmte Farben oder Düfte…, vielleicht ein bestimmter Geschmack, bestimmte Geräusche… oder Klänge… oder eine bestimmte Jahres zeit oder Temperatur... spüren Sie, was Sie brauchen, um sich richtig gut zu fühlen... Sie können sich alles so ausmalen, wie es für Sie angenehm ist... genießen Sie diesen Zustand von Wohlbefinden und spüren Sie, wie sich dieses Wohlgefühl in Ihrem Körper ausbreitet... genießen Sie diesen Zustand vollkommenen Wohlbefindens, wenn Sie möchten, lächeln Sie dabei... spüren Sie, in welchen Bereichen Ihres Körpers es sich besonders gut anfühlt... Wenn Sie möchten, geben Sie diesem Zustand des Wohlbefindens einen Namen oder ein Motto... Stellen Sie sich jetzt darauf ein, ganz allmählich wieder mit Ihrer Aufmerksamkeit zurück in diesen Raum zu kommen, nehmen Sie die Entspannung zurück, indem Sie sich räkeln und strecken und dann wieder die Augen öffnen und wieder ganz hier sind.«

3.9 Sensorische Achtsamkeit entwickeln mit der 5-4-3-2-1-Technik

Die 5-4-3-2-1-Technik ist eine Art strukturierte Selbsthypnosetechnik zur achtsamen Wahrnehmung des sensorischen Hier-und-Jetzt-Erlebens. Sie wurde von Yvonne Dolan als Abwandlung der »Betty-Erickson-Technik« weiterentwickelt (Dolan 1991). »Steffen Bambach hat diese Methode in Deutschland weiter verbreitet und die vorliegende Anleitung formuliert. Das Besondere dieser Methode besteht darin, dass keine inneren Bilder, sondern konkrete Wahrnehmungen im Hier und Jetzt beschrieben werden. Yvonne Dolan entwickelte die Übung speziell als Hilfe für Überlebende von sexuellem Missbrauch.« (Schubbe 2004, S. 248)

Anleitung zur außenorientierten 5-4-3-2-1-Übung nach Yvonne Dolan
»Sagen Sie sich laut oder in Gedanken, was Sie mit Ihren Sinnen im Moment gerade wahrnehmen!

5-mal: **Ich sehe** ...! > 5-mal: **Ich höre** ...! > 5-mal: **Ich spüre** ...! >
4-mal: **Ich sehe** ...! > 4-mal: **Ich höre** ...! > 4-mal: **Ich spüre** ...! >
3-mal: **Ich sehe** ...! > 3-mal: **Ich höre** ...! > 3-mal: **Ich spüre** ...! >
2-mal: **Ich sehe** ...! > 2-mal: **Ich höre** ...! > 2-mal: **Ich spüre** ...! >

Zuletzt, einige Zeit lang mehrmals: 1-mal: Ich **sehe** …! > 1-mal: Ich **höre** …! >1-mal: Ich **spüre** …!

Hinweise, damit es funktioniert:

1. Es ist in Ordnung, immer wieder dieselben Wahrnehmungen zu benennen!
2. Wenn zum Beispiel während der Phase des Sehens Geräusche stören, wechseln Sie einfach zum Hören und integrieren Sie die Geräusche auf diese Weise in Ihre Wahrnehmung.
3. Wenn Sie mit der Abfolge der Übung durcheinandergeraten, ist dies ein Zeichen, dass Sie es gut machen und besonders schnell entspannen, Sie können dann entweder in diesem Zustand verweilen oder ›raten‹, wo Sie waren, und fortfahren.
4. Wenn Sie während der Übung merken, wie sich die Augen schließen wollen, lassen Sie die Augen sich schließen! Sie können entweder die konkreten Wahrnehmungen der geschlossenen Augen beschreiben oder nur noch hören und spüren.
5. Bei manchen verstärkt es den positiven Effekt der Übung, wenn sie die Wahrnehmung laut aussprechen und dabei die eigene Stimme hören!« (Schubbe 2004, S. 252–253)

Variation: Manchmal gebe ich auch die Instruktion: Welche 5 blauen Dinge sehen Sie im Moment; oder welche 5 unterschiedliche Materialien können Sie spüren: wie fühlt sich Ihr Hemd, Ihre Hose, Ihr Haar, Ihre Haut, die Sessellehne etc. an?

Diese Übung ist sehr gut zur Reorientierung in der Gegenwart und zur Unterbrechung von akuten Angst- und Panikzuständen geeignet. Mithilfe der Übung kann das sensorische Gewahrsein im Hier und Jetzt geschult und unterstützt werden. Die Beschäftigung mit ganz realen Wahrnehmungen, bezogen auf die unmittelbare Umgebung, wirkt entspannend und erhöht gleichzeitig das Gefühl des Kontakts mit dem, was da ist. Das ist für viele PatientInnen sehr angenehm, da sie sich oftmals, durch Trauma- oder Krisenerfahrungen hervorgerufen, nicht im Kontakt mit sich und der Gegenwart fühlen. Diese Übung erleichtert häufig auch den Zugang zu anderen Achtsamkeitsübungen, wie z.B. Meditation im Gehen, Meditation der Liebenden Güte, die Landschaft des Jetzt (Kabat-Zinn 2006) oder das beobachtende Selbst (Beck 1998).

3.10 BERLIN-Ressourcen-Checkliste

Augenblicke

Augenblicke
Wenn ich mein Leben
noch einmal leben könnte, im nächsten Leben
würde ich versuchen, mehr Fehler zu machen.
Ich würde nicht so perfekt sein wollen, ich würde mich mehr entspannen.
Ich wäre ein bisschen verrückter als ich gewesen bin,
ich würde viel weniger Dinge so ernst nehmen.
Ich würde nicht so gesund leben.
Ich würde mehr riskieren, würde mehr reisen,
Sonnenuntergänge betrachten,
mehr bergsteigen, mehr in Flüssen schwimmen.

Ich war einer dieser klugen Menschen,
die jede Minute ihres Lebens fruchtbar verbrachten;
freilich hatte ich auch Momente der Freude,
aber wenn ich noch einmal anfangen könnte,
würde ich versuchen, nur mehr gute Augenblicke zu haben.

Falls Du es noch nicht weißt,
aus diesen besteht nämlich das Leben;
nur aus Augenblicken, vergiß nicht den jetzigen!

Wenn ich noch einmal leben könnte,
würde ich von Frühlingsbeginn an bis in den Spätherbst hinein barfuß gehen.
Und ich würde mehr mit Kindern spielen,
wenn ich das Leben noch vor mir hätte.

Aber sehen Sie ... ich bin 85 Jahre alt und weiß,
dass ich bald sterben werde.

Jorge Luis Borges   © 2004 Carl Hanser Verlag, München

Traumatisierten Menschen fällt es häufig schwer, den Zugang zu ihren vorhandenen Ressourcen zu finden. Besonders in Krisensituationen versagen häufig die Versuche, auf die neu erlernten imaginativen und ressourcenaktivierenden Techniken (z. B. Wohlfühlort, Lichtstromtechnik) zurückzugreifen. Daher habe ich eine Vorgehensweise entwickelt, mit deren Hilfe die PatientInnen ein weites, leicht zugängliches Netzwerk an Ressourcen aktivieren können, indem sie an das Wort BERLIN denken. Mithilfe der vorgegebenen Struktur der Buchstaben BERLIN, die jeweils die verschiedenen Erfahrungs-/Ressourcenebenen von: Body, Emotionen, Ressourcen, Liebe, Imagination und Natur repräsentieren, werden die individuellen Kraftquellen im Laufe der Therapie mit der sogenannten BERLIN-Ressourcen-Checkliste gefunden und benannt. In Krisensituationen oder in Situationen, die emotional überflutend erlebt werden, kann allein der Gedanke an das Wort BERLIN als Anker-Erfahrung die unterschiedlichen Erfahrungsebenen aktivieren und assoziative Zugänge anregen. BERLIN wird so möglicherweise auch zu einem Hinweisreiz im Sinne der »somatischen Marker« (Damasio 2005). Nach einiger Übungszeit können sich die PatientInnen mithilfe der individuell erstellten Ressourcen-Checkliste gut stabilisieren und reorientieren.

Zum Einstieg gebe ich meist einige Stichworte vor, die unterschiedliche Ressourcen-, Kraft- oder Energiequellen, beispielhaft für die sechs Ressourcen-Bereiche, aufzeigen. Die folgende Ressourcenübersicht einer 28-jährigen Patientin, die an einem Non-Hodgkin-Lymphom erkrankt und in der Zeit nach der medizinischen Behandlungsphase sehr verunsichert war, zeigt ein praktisches Beispiel.

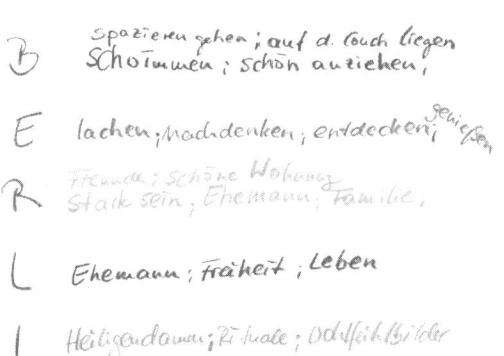

Abb.: Frau A.: BERLIN-Ressourcen-Checkliste (mit verschiedenfarbigen Wachsmalstiften geschrieben)

Die BERLIN-Ressourcen-Checkliste kann auch gut zur Ressourcenanalyse eingesetzt werden. Die halbstrukturierte Form eignet sich auch, um Stärken und auch Defizite zu veranschaulichen. Oftmals werden hierdurch noch nicht bewältigte Themen aktiviert, wie z. B. Zukunftsängste oder die Trauer um die verlorene Gesundheit. Es werden aber auch bisher nicht gelebte Anteile spürbarer, z. B. Dankbarkeit, Wertschätzung bestimmter Personen, spirituelle Verankerung, Lebensziele, Reisewünsche. Diese Themen können dann in weiteren Therapiesitzungen bearbeitet werden.

Einen anderen Weg zum effektiven Selbst-Management in überwältigenden Stress-Situationen bietet das TEK-Training Emotionaler Kompetenzen an (Berking 2006). Dabei geht es darum, via Internet an einem TEK-Kurs zum Erwerb spezifischer Kompetenzen teilzunehmen, das Programm wird beispielsweise auf Wunsch mit täglichen SMS-Übungsvorschlägen begleitet.

3.11 Das ABC des Wohlbefindens

Je öfter das Gehirn lernt, Aspekte des Wohlbefindens zu registrieren, um so eher wird die Wahrnehmung von Ressourcen gebahnt. Diese Technik lädt auf spielerische Weise dazu ein. Wählen Sie einen Buchstaben zufällig aus dem Alphabet aus, z. B. »D«. Überlegen Sie sich dann dazu spielerisch jeden Abend oder jeden Morgen drei bis fünf Dinge oder Erfahrungen, die Ihnen gut tun oder über die Sie sich freuen. Zu dem Buchstaben »D« könnte das beispielsweise folgendes sein: duschen, Durchblick, Döner, schöne Düfte, Documenta. Das ABC des Wohlbefindens kann man auch gut in der Gruppe anwenden. Empfehlenswert ist beispielsweise auch, ein »Vokabelheft« zu führen, um so ein individuelles Ressourcen-ABC zusammenzustellen.

4. Visionen imaginieren und malen: Interventionen mit der VIM-Technik

4.1 Ablaufschema für das praktische Vorgehen mit der VIM-Technik

Meine klinischen Erfahrungen in der Arbeit mit Imaginationen, Ressourcenzuständen und dem Malen innerer Prozesse haben mich (auch schon bevor ich die bilaterale Stimulation von EMDR kannte) oft motiviert, PatientInnen ihre Bilder »weitermalen« zu lassen. Beispielsweise legte ich einfach ein neues Blatt an das bereits gemalte und gab dann die Instruktion, diesen neuen Freiraum weiter auszugestalten. Durch das Hinzufügen der bilateralen Stimulierung durch Tappen machte ich jedoch die Erfahrung, dass eine Weiterentwicklung im neuen Erfahrungs- und Bildgestaltungsraum noch zuverlässiger möglich wurde. Daraufhin testete ich diesen Effekt auch in Situationen, in denen PatientInnen bereits subjektiv das Gefühl hatten, dass der erlebte und gemalte Zustand bereits »optimal« war. Erstaunlicherweise entwickeln sich nach der Aufforderung, das erste Blatt zur Seite zu legen, die Augen zu schließen, zu tappen und dann ein neues Bild entstehen zu lassen, das sich noch angenehmer und noch stimmiger anfühlt, fast immer noch tiefere und teilweise für die PatientInnen auch überraschende Erfahrungen. Ich habe diese Technik deshalb »Visionen imaginieren und malen« (VIM-Technik) genannt. Die Anwendung dieses Vorgehens hat sich bislang besonders in Verbindung mit dem Body-Scan bewährt, kann aber auch bei anderen Techniken (z. B. Familie in Tieren, Baumübung, Wohlfühlort) angewandt werden. Es scheint so zu sein, dass durch die intensive Beschäftigung beim Malen des ersten Ressourcenbildes bereits ein positiver State aktiviert ist und dass dieser dann die Voraussetzung schafft für den Zugang zu noch intensiveren, vorher nicht denkbaren und erlebbaren Erfahrungen.

4.2 Body-Scans: symbolhafte Konfrontation mit Ego-States

> »In den Achtzigerjahren gab es im Rahmen der Gestalttherapie eine Übung mit der Bezeichnung ›body chart‹. Die Person wurde hier aufgefordert, sich auf ein großes Papier zu legen, um dann den realen Körperumriss von einer weiteren Person abzeichnen zu lassen. Im nächsten Schritt sollte dann die Körperinnenfläche gestaltet werden.
>
> Die von mir eingesetzte Vorgehensweise bezeichne ich als ›Body-Scan‹, da die Patientinnen quasi ihren Körper in der Vorstellung ›scannen‹ sollen. Das betrifft sowohl den Körperumriss als auch die Körperinnenfläche. Durch die Anwendung des VIM-Prinzips wird explizit die Erlaubnis gegeben, eine erwünschte, angenehme Vorstellung des eigenen Körpers zu entwickeln, und Vertrauen in die Weisheit der eigenen Wahrnehmung vermittelt. Die Patientinnen erfahren von der zweiten Stufe jedoch erst im Laufe der Übung.« (Diegelmann 2006c, S. 295)

Übungsanleitung: »Body-Scan« nach dem VIM-Prinzip
Folgende Übung kann Ihnen dabei helfen, wieder neue Ideen oder einen hilfreichen Fokus zu bekommen.
(Psychoedukation: kurze Erklärung einer möglichen »Stressverarbeitungsstörung« durch neue psychische Anpassungserfordernisse aufgrund der aktuellen Lebenssituation geben)
Zeichenblock, Stifte, Wachsmalkreide bereitlegen

> Die Übung erfolgt in mehreren Schritten:
> »Zuerst beginnen Sie bitte damit, Ihren Körperumriss auf einem Zeichenblockblatt zu malen. Dadurch entstehen eine Körperinnenfläche und eine Außenfläche. Im nächsten Schritt sollen Sie dann diese Innenfläche gestalten. Sie können dazu einfach Farben, Symbole oder auch ganz realistisch Organe darstellen oder z. B. auch Störfelder, Belastungen oder Schmerzen.«

Die Therapeutin begleitet diesen Gestaltungs-/Malprozess aufmerksam und gibt ggf. ermutigende Unterstützung: »Es soll ja nur darum gehen, dass Sie selbst und ich wissen, um was es da geht.« Oftmals besteht eine große Scheu oder Angst davor, »nicht richtig malen« zu können.

Nach dieser Ausgestaltung der Körperinnenfläche kann die Übung unterschiedlich weitergeführt werden:

Die erste Fassung des sogenannten Body-Scans kann man auf den Boden legen, und TherapeutIn und PatientIn betrachten das Bild und tauschen sich darüber aus, was dargestellt wurde. Hierbei ist zu beachten, dass alle Aussagen über das gemalte Bild bzw. den dargestellten Körper als symbolhafte Selbstaussagen anzusehen sind, also Vorsicht – hier liegt auch schnell die Gefahr der Kränkung, es sollten keine Bewertungen oder Interpretationen vorgenommen werden, die mit Kritik verbunden sind. Als TherapeutIn frage ich z. B.: »Was wäre denn für diesen Menschen, diesen Körper gut oder hilfreich, was braucht diese Person?« Diese Fragehaltung richtet die Aufmerksamkeit auf die Reflexion der Bedürfnisse, auf verborgene Wünsche. Es ist auch gut möglich, die Übung hier zu beenden. In der Praxis hat sich jedoch gezeigt, dass in diesem Zustand des Angeregtseins über Bilder emotionale Erfahrungen gemacht werden, der Zugang zu neuen Erfahrungen bereits eingeleitet ist. Daher empfehle ich, diesen Zustand zu nutzen, um den »abgespaltenen« Lebensthemen über neue bildhafte, also distanzierte Erfahrungen symbolhaft neue Wege zu eröffnen, um Schritte ins Bewusstsein machen zu können.

Ich leite unmittelbar zum nächsten Schritt in der Arbeit mit dem Body-Scan über:

»Bitte geben Sie mir Ihren Body-Scan, ich lege Ihr Bild umgekehrt zur Seite, sodass Sie nicht ›abgucken‹ können, und gebe Ihnen erneut ein Blatt Papier und bitte Sie nun, die Übung fortzusetzen, jetzt aber mit einem neuen Fokus. »Lehnen Sie sich bitte bequem zurück, schließen Sie möglichst Ihre Augen und beginnen Sie zu tappen, dabei lassen Sie bitte eine Vorstellung aufkommen, die für Sie noch angenehmer wäre, welche Vision(en) tauchen auf, die für Sie mit Wohlbefinden zu tun haben (z. B. ohne Schmerzen, ohne Störfelder, freier und unbelasteter Körper etc.).

> Welche Vorstellung taucht dabei von Ihrem Körper auf – es kann auch wieder ein Körperumriss sein, aber auch alles andere, was auftaucht, ist recht… und dann stellen Sie das bitte auf dem Zeichenblockblatt dar und gestalten dann auch die Innenfläche Ihres Körpers so, wie Sie Ihnen angenehm ist und Ihnen besonders gut gefällt oder Ihnen besonders guttut.«

Es ist erstaunlich, wie viel Hoffnungs- und Handlungs- und Heilungspotenzial mithilfe des VIM-Prinzips in diesen zweiten Body-Scans wahrnehmbar wird. Es scheint so zu sein, dass durch den strukturierten Malprozess, also auch die explizite Aufforderung, äußern zu dürfen, ja zu sollen, was »gut« oder »angenehmer« ist, eine entspanntere, bildhafte Auseinandersetzung mit dem »beschädigten« oder dem dysregulierten Körper möglich wird. Es offenbaren sich, oft auch noch symbolhaft, unmittelbar Hinweise, die dann im therapeutischen Gespräch auf der Grundlage der Bilder Handlungsimpulse für die nächste Zeit entstehen lassen. Es bietet sich auch sehr gut an, mit Papier einige Stellen des Körpers/Body-Scans abzudecken, um so andere hervorzuheben und Assoziationen dazu anzuregen. Oftmals entstehen Erfahrungsräume, die erstmals ins Bewusstsein kommen dürfen und die dann unmittelbar als Zuwachs an Lebensqualität erlebt werden, trotz Erkrankung, trotz bevorstehendem Lebensende oder trotz Traumatisierung oder Krisenerfahrung.

4.2.1 Frau D., 47 J.: Konfrontation mit Transsexualität des Partners

PsychotherapeutInnen sollten offen sein, gesellschaftliche Veränderungsprozesse auch hinsichtlich Sex (biologisches Geschlecht) und Gender (soziales Geschlecht) wahrzunehmen und die Wirkung auf persönliche Normvorstellungen zu kennen und zu reflektieren. In meiner Generation war es beispielsweise noch ein emanzipatorischer Kraftakt, als Mädchen eine Hose oder gar eine Jeans zu tragen, und das liegt gerade einmal 45 Jahre zurück. Eine Jeans kann heute jeder und jede anhaben, man kann daran nicht mehr erkennen, welches Geschlecht oder welche Haltung zum Geschlecht jemand hat. Auch die Normvorstellungen bezüglich der Altersunterschiede in Partnerschaften haben sich verändert. Heute gehört es schon zum postfeministischen Image, dass eine alte Frau einen jungen Liebhaber an ihrer Seite hat. Es gibt Statistiken, die sagen, dass etwa 1–5% aller Männer Transgender sind (das angeborene biologische Geschlecht wird als nicht »richtig« erlebt). Die Vielfalt dessen, was zum (Geschlechts-)Identitätsgefühl der PatientInnen und der TherapeutInnen dazugehört, bekommt noch viel zu wenig nicht pathologisierende Aufmerksamkeit in der Psychotherapie. Das betrifft auch die Beachtung, von welchem biologischen Geschlecht ausgehend die Geschlechtsveränderung erfolgt.

Das Thema Transsexualität, oder treffender Transidentität/Transgender, hat selbstverständlich auch Auswirkungen auf die Angehörigen und Systeme (Ehefrau/Ehemann, Kinder, Arbeitsleben, Vereine, Verwandte, FreundInnen) der Menschen, die eine neue Geschlechtsrolle ausleben (möchten). Doch dieser Situation wird noch weniger Aufmerksamkeit geschenkt.

Homosexualität und Transsexualität wird immer noch in weiten Teilen der Gesellschaft als moralisch verwerflich bewertet. Solche diskriminierenden Lebenserfahrungen korrelieren mit stressbezogenen Gesundheitsproblemen, mit einer verminderten Nutzung von Maßnahmen der Gesundheitsversorgung, mit finanziellen und rechtlichen Herausforderungen, besonders für Menschen mit Kindern. In den vergangenen drei Jahren haben die American Psychiatric Association, die American Psychological Association und die American Psychoanalytic Association die derzeit vorliegende Forschung über sexuelle Orientierung und Identität überprüft. Alle drei Fachgesellschaften haben übereinstimmend keine Korrelation zwischen sexueller Orientierung und psychischer Erkrankung oder »immorality« gefunden (O'hanlan 2006).

Das Leben von Frau D. war von einem auf den anderen Tag verändert. Ihr war der bisher gewohnte Boden buchstäblich unter ihren Füßen weggebrochen, nachdem sich ihr Mann ihr gegenüber während eines gemeinsamen Sommerurlaubs geoutet hatte. Sowohl sie (Apothekerin) als auch ihr Mann (Rechtsanwalt) haben berufsbedingt mit sehr vielen Menschen zu tun. Das Ehepaar lebt gemeinsam mit den drei Söhnen (21, 14, 11) in einer mittelgroßen Stadt in Südhessen. Zu Beginn der Therapie war die Lebenssituation von Frau D. ähnlich der nach einem Trauma. Sie befand sich von einem zum anderen Tag in einer Lebenskrise, von der sie vorher nichts geahnt hatte. Sie wolle nicht aus Mitleid die Beziehung aufrechterhalten. Ihr Welt- und Selbstbild war buchstäblich auf den Kopf gestellt. »Will mein Mann mich jetzt als ›lesbische‹ Partnerin, oder ›wie lebe ich jetzt meine Sexualität weiter‹, oder ›ich weiß gar nicht mehr, wie mein Leben weitergehen wird, wie verhalten wir uns gegenüber unseren Kindern‹ solche und unzählige weitere Fragen prägten die Anfangsphase des Nichtverstehens, der Scham, des Aufschreis und des Entsetzens über diese neue Situation. Sie begehrte und schätzte ihren Ehemann weiter in der gewohnten Weise, mit Ausnahme der aktiven sexuellen Begegnung. Obwohl also objektiv keine Lebensgefahr bestand, realisierte Frau D., dass ihr bisheriges Leben in akuter Gefahr war. Die erste Phase der Therapie fokussierte vor allem auf Elemente der Stabilisierung (Wohlfühlort, Innere Helfer, Imagination von verschiedenen Lebensaltersstufen, innere Konferenz, Gedankenmanagement, Reframing: »Ihr Mann liebt Sie wirklich, daher kann er sich Ihnen endlich wirklich anvertrauen«, Arbeit mit positiven Gefühlen zur Regulation des unkontrollierbar erlebten Stresses) mit der Vereinbarung, in dieser Krisensituation zunächst keine weitreichenden Entscheidungen zu treffen, die langfristige Konsequenzen haben. Dieser Gedanke »ich muss mich nicht entscheiden« wirkte enorm entlastend für die Patientin. Nach dieser anfänglichen Krisenintervention folgte ein Jahr mit niederfrequenten Therapiesitzungen. Hier fanden Klärungs-, Abschieds- und Anpassungsprozesse an diese neue Lebenssituation statt. Ihr Mann lebte zunehmend seine Lebensvorstellungen, die für ihn mit weiblichen Identitätsattributen verbunden waren, aus, wollte aber weiter in der Familie mit ihr zusammenleben (er trug z. B. an anderen Orten Frauenkleider, lackierte sich die Fingernägel, schminkte sich, durch die hormonelle Umstellung wuchsen seine Brüste). Es ergaben sich für Frau D. zwischenzeitlich bizarre Situationen, teilweise seien »lawinenartig« neue Erfahrungen über sie hinweggerollt, doch insgesamt habe sie zunehmend erlebt, dass vieles offener geworden sei, was auch dazu geführt habe, dass viele Tabus gebrochen werden konnten. So berichtet Frau D. beispielsweise davon, dass eine befreundete Nachbarin die Frauenkleider ihres Mannes, die zum Lüften auf der Terrasse hingen, in das offen stehende Schlafzimmer gehängt habe, um die Kleider vor dem plötzlich einsetzenden Regen zu retten. Das habe zunächst »Panik« bei ihr ausgelöst und Fragen aufgeworfen: »Was sagen wir ihr denn jetzt?« Ihr Mann habe daraufhin gesagt, er wolle der Nachbarin im Vertrauen von seiner Transsexualität erzählen. Nach seiner Rückkehr habe er erzählt, die Nachbarin habe ihm auch anvertraut, dass sie selbst lesbisch orientiert sei, habe ihn jedoch darum gebeten, ihrem Mann wiederum nichts davon zu erzählen. Alte Existenzängste, die mit ihrer Herkunftsfamilie verknüpft sind, wurden zwischenzeitlich auch aktiviert. Frau D. hatte die Befürchtung, wenn die Transsexualität ihres Mannes in der Stadt bekannt würde, dann würde sie das Kunden in ihrer Apotheke kosten und er würde einen drastischen Mandantenschwund erleiden. Eine gemeinsame Reise nach Paris hatte für beide eine stabilisierende Funktion. Fernab von den alltäglichen Erfordernissen habe sie von den »Erfahrungen dieser alten Stadt« Vertrauen und Sicherheit für sich und ihre Familie auftanken können. Sie lebe ein »dosiertes Trauern« im Wechsel mit viel Wut und immer mehr dem Gefühl, bei sich selbst anzukommen. Von den Söhnen wisse bisher nur der 21-Jährige von der neuen Situation, den beiden anderen Söhnen (11 und 14 Jahre alt) hatten sie noch nichts Konkretes erzählt. Sie fühle sich zwar immer wieder auch im Schwebezustand, doch das ermögliche ihr auch manchmal eine andere Perspektive. Sie erinnere sich daran, dass ihre eigene Mutter mit 74 Jahren noch einmal heiraten wollte; sie habe nie den Mut verloren, das tue ihr sehr gut, sich jetzt daran zu erinnern. Der Wunsch, mehr mit sich selbst in Kontakt zu sein, wurde mit Hilfe von imaginativen Interventionen immer spürbarer für Frau D., sie realisiere dadurch auch zunehmend. »Ich renn ihm hinterher und krieg es oft nicht hin, mich auf mich selbst zu beziehen.« Dieses Gefühl wurde im Rahmen einer CIPBS-Sitzung bearbeitet. Anfangs fühlte sich Frau D. »wie an eine Kette gebunden«, damit waren starke Gefühle von Hilflosigkeit verbunden. Der Prozess endete mit der gespürten Erkenntnis: »Wenn ich mich verliere, dann bin ich abhängig von ihm«, sie konnte erstmals spüren: »Ich weiß, dass ich heterosexuell bin und ich will meine Kraft nicht mehr damit verbrauchen, indem ich dir hinterherhechele.« Nach dieser Sitzung habe sie auch den Mut gehabt, ihrem Mann gegenüber zu äußern: »Und du bringst dich nicht um, das ist jetzt eine klare Absprache.« Nach dieser Sitzung habe sie sich sehr viel geschützter gefühlt: »Ich war sattelfest«, sie habe gespürt: »Ich bin mein eigener Baumeister meines Lebens.« Im gemeinsamen Sommerurlaub am Meer habe sie beispielsweise bemerkt, wie ihr Mann angestarrt worden sei, inzwischen habe sie auf solche

Situationen »von oben drauf geguckt« und gedacht: »Ja, dann bau dir doch dein Leben anders, wenn dich das stört« – ab diesem Zeitpunkt habe sie ihn so akzeptieren können, wie er aussieht, sie habe dann auch angefangen, zurückzugucken am Strand, und es sei o. k gewesen, als wenn eine Blockade weg gewesen sei. Sie habe für sich entschieden: »Ich werde die Kinder in dieser Familie bis zum Ende der Schulzeit begleiten, und wenn ich mich trennen sollte, dann nicht wegen der Transsexualität, sondern dann, wenn mein Mann mehr und öfter wegen Alkohol zynisch und abwertend wird.« Sie spüre immer deutlicher, sie habe sich von ihm als Mann verabschiedet, könne ihm dennoch nah sein. Sie fühle sich sicherer und könne es auch akzeptieren, ihn als Mensch mit Frauenkörper zu akzeptieren. Sie habe beispielsweise letztens einen Tanga-Slip für sich gekauft und einen für ihn/sie in der passenden Größe. Wenn sie selbst jedoch angespannt sei, reagiere sie mit Rückenschmerzen, das sei ihre Schwachstelle. Ich bot Frau D. zu diesem Zeitpunkt an, den Zusammenhang von Schmerzen und Überforderung mit dem »Body-Scan« zu bearbeiten.

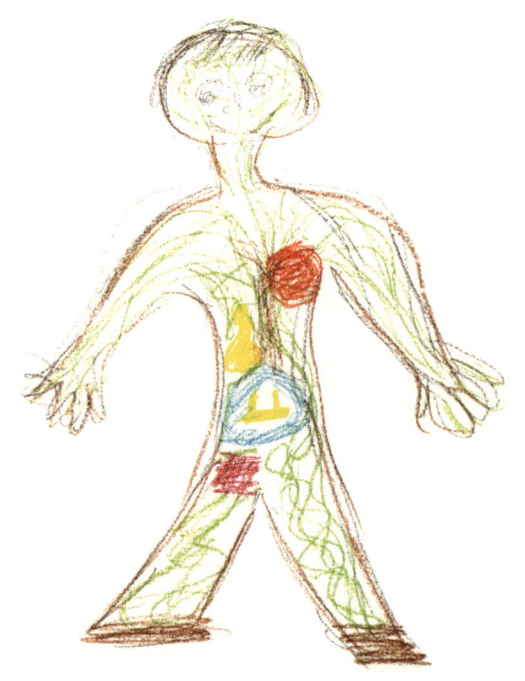

Abb.: Frau D.: Body-Scan 1

Frau D. äußerte dazu: »So ist das im Moment, ich habe die Konturen nachgemalt, das find ich interessant, lassen wir das mal so stehen. Als Erstes habe ich mein vorgeburtliches Ich gemalt, das ist wichtig, danach meine Schwachstelle, das Rote habe ich anerkannt als Zeichen dafür, dass ich mich zurechtrücken muss, um richtig auftreten zu können, das darf auch sein. In mir wächst etwas an Lebensenergie, wie ein Baum, der wächst, so fühle ich mich momentan, der ganze Körper gewinnt an Energie, die strahlt bis in den Kopf. Die Standhaftigkeit und mein Herz sind mir auch noch sehr wichtig. Es fühlt sich an wie eine große reife Frucht, aber es ist auch etwas, was immer wächst und im Fluss ist.«

Abb.: Frau D.: Body-Scan 2

Nachdem ich Frau D. den zweiten Teil der Instruktion zum Body-Scan gegeben hatte, bemerkte ich, dass sie offensichtlich tief versunken mit neuen Erfahrungen beschäftigt war. Ich fragte daraufhin: »Was erleben Sie jetzt?«

Frau D. sagte: »Ich deute das jetzt mal nur an, alles fühlt sich klarer und stabiler an, meine Schaukel (Wohlfühlbild) ist mir ganz wichtig, ich hab ganz wild geschaukelt und habe warmes Wasser fließen gespürt, es gab ganz viel Sauerstoff und eine Klarheit. Ich saß hier oben und hab runtergeguckt auf meinen Körper, ich hab mir gewünscht, noch freier zu werden, noch freier, nicht so eng, und deshalb lass ich das mal frei, das war frei, ich habe gespürt, es wird insgesamt noch viel Platz für Flexibilität geben. Ich werde das mal von oben zeichnen« (beginnt damit, vom Kopf aus gesehen den Körper zu malen).

Im Nachgespräch betonte Frau D.: »Die Bilder haben viel gemacht, ich nehme die Kontur an, so wie sie ist, und nicht so, wie ich sie will, mir helfen solche Bilder. Ich spüre, was ich mir jetzt erarbeitet habe, wird Bestand haben, das ist ein Teil von mir, ich wusste die ganzen Jahre, dass es das gibt – es brauchte die Zeit, um mich genussvoll darin bewegen zu können: das ist mein Gewachsenes. Es darf auch anders sein, irgendwie hat sich was gedreht.«

Wenn Sie das Buch mal auf den Kopf stellen bzw. umdrehen, können Sie bestimmt auch spüren: Diesen Menschen wird so schnell nichts aus der Balance bringen können, der Standpunkt ist zwar noch nicht eindeutig, sie hat noch keinen konkreten Boden unter den Füßen, aber das Balance-Gefühl »stimmt« wieder, sie beginnt, ihr Leben wieder als stimmig zu erleben, auch mit einem Lebenspartner, der transsexuell ist.

4.2.2 Frau E., 65 J.: Tod des Ehemannes / Beinamputation in der Kindheit

Frau E. kam auf Anraten einer Freundin zur Psychotherapie. Sie berichtete von starker körperlicher Erschöpfung, von depressivem Rückzugsverhalten und von Problemen mit ihrem Magen. Diese Symptome seien vor allem nach dem Tod des 95-jährigen Ehemannes aufgetreten, den sie zuvor etwa 5 Jahre lang (Folgen eines Schlaganfalls) gepflegt und versorgt habe, das habe sie total ausgelaugt. Frau E. hat eine Beinpro-

Abb.: Frau E.: Body-Scan 1

these, von der selbst gute Bekannte nichts wissen und die sie gut verbergen kann.

Schriftlicher Bericht der Patientin vier Wochen nach dieser Therapiesitzung:

»Mit 12 Jahren habe ich durch einen Unfall auf der Eisenbahn mein rechtes Bein unterhalb des Knies verloren. Dass ich überhaupt eine Beinprothese tragen konnte, verlangte viel ärztliche Kunst und viele Krankenhausaufenthalte. Die Beinprothesen wuchsen mit mir und ermöglichten mir modische Schuhe, Gehen, Tanzen und wandern, ohne dass die Allgemeinheit dieses Manko bemerkte. Jetzt, mit 65 Jahren, fordert mich meine Therapeutin auf, mich selbst zu zeichnen. Ich zeichne mich also, wie ich mich sehe bzw. gesehen werden möchte, komplett mit allen Gliedmaßen. Das Ergebnis wird besprochen, Hintergründe und Entwicklung, gute und schlechte Erfahrungen diskutiert. Zum Schluss

Abb.: Frau E.: Body-Scan 2 / Abschluss mit »Wegpacken«

der Therapiestunde fordert mich meine Therapeutin auf, erneut eine Zeichnung von mir zu machen.

Ich spüre dabei einen so großen Widerstand in mir, dass ich nicht bereit bin, mich mit dem amputierten Bein zu sehen oder gar als Gliederpuppe zu Papier zu bringen. Die Therapeutin schlägt vor, das Problem einzupacken, was ich erleichtert in Form eines Paketes mit Verschnüren und Schleife sofort erledige. Jetzt taucht dieses Paket in Verbindung mit meiner Amputation vor meinem geistigen Auge auf und tröstet mich.«

Inzwischen kann Frau E. entscheiden, wann und in welcher Form sie sich in der Therapie mit diesem jahrelang tabuisierten Thema beschäftigt.

4.2.3   Frau M., 37 J.: Innere Leere / Inneres Kind

Das folgende Fallbeispiel veranschaulicht, wie durch die Symbolisierung mithilfe des Body-Scans unbewusste Problemlöseressourcen deutlich werden können. Die 37-jährige Patientin war dabei, sich nach der Trennung vom Ehemann (der weiterhin in Südafrika lebte) als alleinerziehende Mutter von vier Kindern ein neues Leben in Deutschland aufzubauen. Berufstätigkeit, Trauer um ihren verlorenen Lebensentwurf und die Bewältigung der Versorgung ihrer vier Kinder einschließlich der Scheidungsformalitäten beanspruchten Frau M. sehr. Sie drohte vor Erschöpfung zu dekompensieren. In der Anamnese kam auch ein früher Verlust ihres 18-jährigen Bruders zur Sprache, der bei einem un-

Abb.: Frau M.:
Body-Scan 1: Innere Leere

Abb.: Frau M.:
Body-Scan 2: Inneres Kind

verschuldeten Autounfall ums Leben gekommen war. Die therapeutische Behandlung begann mit stabilisierenden Maßnahmen zur Krisenintervention (innere Bilder zur Entspannung und Affektregulation entwickeln, Schutzschild imaginieren, Tagesstruktur, Wochenpläne, Differenzieren von kurz-, mittel- und langfristigen Zielen etc.). Bei alldem wurde deutlich, dass Frau M. nach außen alle Anforderungen fast zwanghaft genau erledigte, dabei aber selbst ausbrannte. Diese Situation bearbeiteten wir mit dem Body-Scan.

Mit der »Schöpfung« dieser Vision (Body-Scan 2) wollte Frau M. eine erotische, attraktive Frau darstellen, das Bild »zeigte« ihr jedoch, wie angemessen und erforderlich zunächst die Fürsorge für ihr eigenes inneres Kind ist. Diese gefühlte Notwendigkeit konnte von der Patientin im weiteren Therapieprozess dann schrittweise umgesetzt werden.

4.2.4 Frau S., 54 J.: Belastung durch Tinnitus

Frau S. war auf Anraten ihrer HNO-Ärztin zur Behandlung gekommen. Vorausgegangen war eine mehrwöchige stationäre Behandlung in einer Tinnitusklinik. Die Patientin war zu Beginn nur in Begleitung ihres Ehemannes in der Lage, in die Praxis zu kommen, aus Angst, die Symptomatik könnte sich weiter verschlimmern, wenn sie ihre sichere Umgebung verlässt. Die Stimmung war depressiv mit suizidalen Impulsen. In der Anamnese wurde deutlich, dass ihre Symptomatik im Zusammenhang mit Mobbing durch ihren neuen Chef aufgetreten war und dass sie deshalb nach über 20-jähriger Tätigkeit ihre Stelle als Chefsekretärin selbst gekündigt hatte.

Der erste Body-Scan zeigt die Stellen im Körper, die durch Tinnitus und Schmerzen belastet erlebt werden, es fällt auf, dass darüber hinaus sonst nichts dargestellt wird. Der Körper wird nur hinsichtlich der aktuellen Belastung wahrgenommen. Dies entspricht auch der aktuellen Aufmerksamkeit, die Frau S. auf sich bezogen wahrnimmt. Als therapeutisches Ziel stand zunächst die Stabilisierung und Kriseninterven-

Abb.: Frau S.: Body-Scan 1   **Abb.:** Frau S.: Body-Scan 2

tion im Vordergrund mit dem Fernziel, »Selbstfürsorge ohne Symptome« zu erlernen.

Durch die Darstellung des zweiten Body-Scans wurde Frau S. deutlich, wie viel sie sich in ihrem Leben »aufgeladen« hatte und dass sie sich stets durch Leistung reguliert habe. Für ihre Bedürfnisse habe sie eigentlich gar keine Wahrnehmung entwickelt und infolgedessen auch nicht gelernt, etwas nur für sich zu tun bzw. sich von Forderungen anderer abzugrenzen. Dieser Zusammenhang in Bezug zu ihren körperlichen Symptomen war ein erster Schritt zu mehr »Selbstfürsorge«. Das hatte ganz praktische Konsequenzen: Mut zu haben, allein einkaufen zu gehen. Z. B. mochte Frau S. ganz spezielle Strumpfmarken, die sie sich nun wieder kaufen konnte. Oder: In einem Schuhgeschäft hatte sich eine Kundin, die neu in den Laden gekommen war, auf der Sitzbank »breitgemacht«, auf der eigentlich Frau S. saß, die selbst nur kurz zum Schuhregal gegangen war, um sich noch ein paar neue Schuhe zu holen. Frau S.: »Entweder Sie rücken ein bisschen zur Seite, oder Sie stehen ganz auf, denn das hier ist mein Platz, die Sachen hier gehören zu mir.« Voller Stolz berichtete Frau S. von diesem »Erfolgserlebnis«: »Ich hatte danach das Gefühl, ich sei mindestens 3,60 m groß. Früher wäre ich selbst aufgestanden und hätte wahrscheinlich mit einer fadenscheinigen Begründung sogar den Laden verlassen und gesagt, ›ich komme später noch einmal wieder‹, was ich dann aber nicht gemacht hätte.«

In einem späteren CIPBS-Prozess zeigte sich, wie schwirig für Frau S. die Wahrnehmung und Durchsetzung eigener Interessen war. Es wurde deutlich, dass sie bereits seit früher Kindheit versucht hatte, die Aufmerksamkeit ihrer Mutter durch angepasstes Verhalten und durch Leistungsstreben zu erlangen. Obwohl die Mutter bereits seit Jahren verstorben ist, wirkten deren herabwürdigenden »Maßregelungen« immer noch. Die Patientin hetzte z. B. von einer Verpflichtung (Einkäufe, Arztbesuche) zur anderen, statt »in Ruhe« ihre eigenen Wege zu gehen. Nachdem sie im CIPBS-Prozess ihre »Hotspots« in einer schwarzen Kiste im Meer versenkt hatte, tauchte ein neuer Weg auf, den sie einschlagen konnte. Im Nachgespräch kommentierte sie diese Erfahrung folgendermaßen: »Das gibt mir eine neue Richtung: Du kannst auch anders; jahrzehntelang bin ich zum Frisör gegangen und habe mir schöne Klamotten gekauft, aber das waren nicht meine innersten Bedürfnisse. An der Achtsamkeit für mich selbst hat's wirklich gefehlt.«

4.2.5 Body-Scans im Rahmen der Supervision

Die Anwendung von Body-Scans mit der VIM-Technik zur Klärung von Supervisionsfragen zeigen ebenfalls interessante Möglichkeiten auf. Ich lasse in diesen Fällen die TherapeutInnen Body-Scans ihrer PatientInnen malen.

Das folgende Beispiel zeigt einen 42-jährigen Patienten mit depressiver Symptomatik. Die Therapeutin berichtet, dass die Therapie »irgendwie blockiert« sei, der Patient greife die in der Therapie erarbeiteten Strategien zur Veränderung seines depressogenen Verhaltens einfach nicht auf. Er habe weiterhin keinen Antrieb, berichte von stechenden Schmerzen in der Brust und davon, dass ihm alles über den Kopf wachse.

Abb.: Herr E.: Body-Scan 1   **Abb.:** Herr E.: Body-Scan 2

Kommentar der Therapeutin zu Body-Scan 1: »Das feurige Brennen in der Brust ist ein zentrales Körpergefühl, von dem aus breitet sich die Leere aus, nix is da, aber der Rest des Körpers ist ja eigentlich fit und trainiert.«

Therapeutin zu Body-Scan 2: »Der Kopf ist kühl und klar, alles ist klar und befreit, er kann die Energie wieder nutzen und aktiv am Leben teilnehmen oder auch mal in der Hängematte liegen und genießen.«

Im Gespräch über die beiden Bilder fällt die maskenhafte Wirkung des Body-Scans 2 auf. Ich fragte die Kollegin, welche Wirkung der zweite Body-Scan auf sie habe. Die Kollegin äußert, sie würde gerne mal unter die maskenartige Kapuze gucken. Ich forderte sie dazu auf, dies in ihrer Vorstellung zu tun. Sie sagte: »Ich sehe ein vernarbtes, verbranntes Gesicht.« Das war sehr erstaunlich für die anderen Supervisionsteilnehmer, die darunter eher ein interessiertes Jungengesicht sahen. In der Supervision konnte daraufhin der Bezug zu einem Lebensereignis des Patienten hergestellt werden, dem im bisherigen Therapieverlauf keine intensive Beachtung geschenkt worden war: Der Patient sei als 5-Jähriger fast in einer Garage verbrannt, sei jedoch dank der Hilfe seiner älteren Geschwister gerettet worden. Dieses Ereignis bekam jetzt eine völlig neue Bedeutung und wurde daraufhin in der Therapie neu gewichtet. Die Kollegin war nach dieser Arbeit auch wieder »offener« und motivierter für die Behandlung des depressiven Patienten.

4.3 Frau H., 60 J.: Affektdifferenzierung als Hilfe, »trocken« zu bleiben

Frau H. hatte es geschafft, nach langjähriger Alkoholerkrankung abstinent zu sein. Sie kam aus eigener Initiative zur Psychotherapie, um aufzuarbeiten, weshalb sie fast hätte sterben müssen (Suizidversuch), um ein Leben »ohne Alkohol« leben zu können. Sie hatte sehr viele Schuld- und Schamgefühle, besonders gegenüber ihren vier inzwischen erwachsenen Kindern, und war am Anfang der Therapie noch eine »Meisterin im Aufopfern« für andere. Während einer niederfrequenten Psychotherapie erarbeiteten wir gemeinsam »Verhaltensalternativen«, die vor allem darauf zielten, ihr Selbstwertgefühl zu stärken. Die folgenden beiden Bilder entstanden während der Psychotherapie vor etwa acht Jah-

Abb.: Frau H.: Ein neuer Weg eröffnet sich für mich

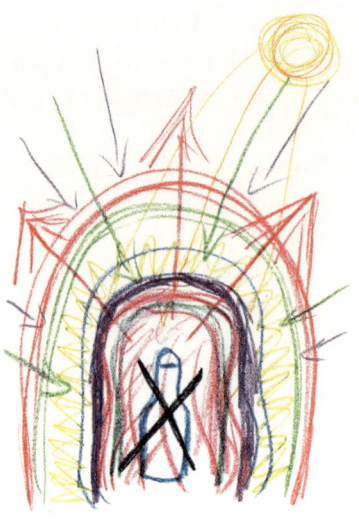

Abb.: Frau H.: Juhu, ich bin wieder da

ren. Das erste Bild zeigt, wie sie sich zu diesem Zeitpunkt gefühlt hat: Im Inneren spürt sie die Gewissheit »ich trinke nicht mehr«, »ich brauche den Alkohol nicht mehr zum Schutz, ich übernehme jetzt Verantwortung für mein Leben« und »ich brauche vor lauter Schuldgefühlen nicht mehr fast unterm Teppich zu gehen«.

Nach diesem ersten Bild, welches ihre momentanen Gefühle darstellt, bat ich Frau H. darum, jetzt eine weitere Vorstellung entstehen zu lassen, welche noch angenehmer ist und noch eher ausdrückt, welche Wünsche sie für ihr zukünftiges Leben hat.

Diese zweite, unmittelbar nach dem ersten Bild gemalte Zukunftsvision repräsentierte und weckte zugleich Gefühle von Lebensfreude und Lebenskraft. Ihr wurde deutlich: »Der Alkohol hat so viel abgetötet, ich bin ganz stark, wenn ich bei mir bin, mit dem Alkohol, da war ich immer nur weg.« Zur Unterstützung dieses Lebensgefühls imaginierte sie einen »blauen Schutzmantel«. Heute, acht Jahre nach Ende der Therapie, sagt Frau H., zu den Bildern von damals befragt: »Ich kann inzwischen Geborgenheit im Leben und in Freundschaften finden und habe oft das Gefühl: Lass dich ruhig treiben, dein Ziel findet dich. Damals waren das eher noch Gefühle, die ich mir gewünscht habe, heute habe ich ein Selbstgefühl, ich spüre, wann ich aufpassen muss, dass ich nicht nur gebe, sondern heute kann ich dankbar für das sein, was ich bekomme – ohne immer etwas dafür leisten zu müssen.«

4.4 Die Baumübung: Das Motiv des Baumes als Übung zum Auftanken von Lebenskraft

> »Bäume sind Gedichte, die die Erde in den Himmel schreibt.«
> Khalil Gibran (1883–1931)

Manchmal lasse ich nach der Baumübung den Baum spontan auf ein Zeichenblockblatt malen. Dadurch können sich die angenehmen Gefühle, die mit der Imaginationsübung verbunden sind, noch intensivieren. Auch wenn diese gemalten Bilder nicht die reale Erfahrung der imaginativen Arbeit abbilden, so kann eine ermutigende, unterstützende Haltung des Therapeuten dazu beitragen, dass sich durch das Malen die erlebten Gefühle um das »Baum-Gefühl« noch verstärken lassen. Die verblüffenden Erfahrungen, die ich mit PatientInnen erlebe, die sich in aktiviertem »Ressourcen-State« befinden, brachten mich auf die Idee, diese kreative Energie bewusst zu nutzen. Ich begann damit, die PatientInnen zu bitten, die bereits durchgeführte Übung noch weiter fortzusetzen und noch ein weiteres Bild zu malen. Ich habe diese Vorgehensweise als »VIM-Prinzip« benannt: Visionen imaginieren und malen (Diegelmann 2006c).

Im Kontakt mit den PatientInnen vermittle ich diesen weiteren Interventionsschritt so, als sei dies der selbstverständliche Teil 2 der Intervention. Bei der Baumübung würde die Instruktion hierzu etwa wie folgt lauten: »Legen Sie bitte das gemalte Bild von Ihrem Baum zur Seite, am besten Sie drehen das Bild um, sodass Sie nicht mehr sehen können, was Sie gemalt haben ... dann lehnen Sie sich erneut zurück, schließen Ihre Augen, beginnen zu tappen (wechselseitiges leichtes Klopfen mit den Händen auf die Knie oder mit überkreuzten Armen auf die Schultern) und achten einmal darauf, welche noch angenehmere Vorstellung von einem Baum vor Ihren inneren Augen auftaucht ... lassen Sie alles kommen, was kommt, ohne es zu bewerten.« Es ist erstaunlich, zu welchen spontanen Einfällen die PatientInnen aus ihren vorher aktivierten Ressourcen-States dann finden. Zur Verdichtung dieser Erfahrungen lasse ich diese zweiten Bilder auch malen. Im einzeltherapeutischen Setting ergeben sich oftmals spontan assoziative Brücken zu bislang noch unbewussten Themenbereichen, die manchmal auch erst in späteren Sitzungen aufgegriffen werden.

Zur Veranschaulichung möchte ich Ihnen hier ein Beispiel aus der Praxis geben. Während der Zeit der Chemotherapie bot ich der 52-jährigen, an Brustkrebs erkrankten Patientin die Baumübung als ein Element zur Stressbewältigung an.

Die Baumübung, mit der VIM-Technik weitergeführt, brachte als zweites Bild eine symbolische Darstellung ihrer Erfahrung von ihrer inneren Mitte (gelber Kreis), ihrer Weiblichkeit (dunkelroter Kreis) und ihrer Sexualität (roter Kreis) hervor. Diese Erfahrung war für Frau D.

Abb.: Frau D.: Baumübung 1: Kirschbaum

Abb.: Frau D.: Baumübung 2: Innere Mitte, Weiblichkeit und Sexualität

sehr berührend, da sie seit der Amputation ihrer Brust in ihrer Rolle als Frau sehr verunsichert war. Diese symbolhafte Darstellung eröffnete ihr einen neuen Bezug auf einer Metaebene zu ihrer Körperlichkeit, bei der die reale Verletzung eine untergeordnete Bedeutung hatte. Vielmehr empfand sie einen Zuwachs an Vitalität.

Linguistik

Du musst mit dem Obstbaum reden.
Erfinde eine neue Sprache,
die Kirschblütensprache,
Apfelblütenworte,
rosa und weiße Worte,
die der Wind
lautlos
davonträgt.

Vertraue dich dem Obstbaum an
Wenn dir ein Unrecht geschieht.

Lerne zu schweigen
in der rosa
und weißen Sprache.

Hilde Domin
© S. Fischer Verlag, Frankfurt a.M.

Ihren Kirschbaum nutzte Frau D. regelmäßig als Möglichkeit zur Entspannung während der Chemotherapie, sie beschreibt dies folgendermaßen:

»Ich liege im weichen, warmen Gras unter einem blühenden Kirschbaum. Es ist angenehm warm, genau richtig. Über mir summen leise und geschäftig viele Bienen. Die Kirschblüten duften angenehm zart. Ganz in der Ferne liegt ein Dorf im Tal … in der Mitte steht eine Kirche … die Glocken läuten. Ich habe unendlich Zeit, räkle mich wohlig im Gras und genieße mein Nichtstun.«

Variation: »Schwester Petra (= sehr nette, hilfreiche Krankenschwester, die Nachtschwester während meines Krankenhausaufenthaltes war) kommt einen Pfad den Berg herauf … und ich weiß, sie hilft mir, mir kann nichts passieren … denn sie hat das Wundermittel gegen Übelkeit.«

Die »Baumübung« ist mittlerweile zu einer etablierten Imaginationsübung in der Traumatherapie geworden. Es geht dabei immer um die Themenbereiche Auftanken, Unterstützung durch die Kräfte der Natur empfangen, Lebenskraft spüren und – wie ich finde – Vertrauen in Wachstumsprozesse gewinnen und das Bewusstsein für den Wechsel von Jahreszeiten und für andere äußere Einflüsse stärken. Dies gelingt nicht jeder Patientin auf Anhieb, da oftmals mit diesen Themenbereichen große Schwierigkeiten der Lebensbewältigung verknüpft sind. Daher ist es wichtig, in therapeutischen Prozessen das Themenfeld Baum, ähnlich wie etwa das Motiv der Blume in der Katathym-Imaginativen Psychotherapie (KIP), zu verstehen. In der KIP kommt das Baummotiv nicht als Standardmotiv vor. Das Blumenmotiv wird bei der KIP als Einstieg für die Arbeit mit Tagträumen, für die imaginative Arbeit an sich gewählt. Leuner (1982) nannte das den »Blumentest«. Oftmals zeigen diese ersten katathymen Bilder eine Art Behandlungsprognose für die gesamte Therapie auf. »Das Motiv der Blume ... vermag das Selbsterleben der Patientinnen und Patienten einschließlich ihrer körperlichen und seelischen Verletzungen gut zu symbolisieren. Es vermittelt uns in seiner symbolischen Verdichtung bedeutsame Aspekte der Selbst-, Objekt-, und Interaktionsrepräsentanzen der Patientin, gibt Auskunft über ihr bewusstes, vor- und unbewusstes Selbsterleben und rückt die bevorzugten Abwehrmechanismen, die immer auch Schutzmechanismen darstellen, sowie Konflikte um das Selbst anschaulich in den Vordergrund« (Steiner u. Krippner 2006, S. 115). Für die Anwendung des Blumenmotivs bei chronischer Traumatisierung betonen Steiner und Krippner die Notwendigkeit der Modifikation des Blumenmotivs. Bei der Motivvorgabe wird explizit die Instruktion gegeben, sich eine Blume vorzustellen, die an einem sicheren, geschützten Ort steht und die alles hat, was sie zum Gedeihen braucht. Bei akuter Traumatisierung sollte vollkommen auf das Blumenmotiv verzichtet werden. Auch beim Baummotiv kann die Ausgestaltung des Bildes diagnostische Hinweise auf Störungen der Selbstregulation geben. Beispiele hierfür sind:

- Bäume, die abgestorbene, vertrocknete Äste haben
- Bäume, die durch abgehackte Baumstümpfe symbolisiert werden
- Bäume, die von Asphalt umgeben sind
- Bäume, die in der Luft schweben

- Umgefallene Bäume
- Bäume mit zerrupfter Baumkrone
- Bäume, die keinen Raum zur Entfaltung haben, die zu eng gepflanzt sind
- Bäume, die von Umweltgiften angegriffen sind
- Künstliche Plastikbäume oder Baumskulpturen aus Stahl
- Bäume als Motiv auf Gemälden oder Postkarten

Die Analytische Psychologie Carl Gustav Jungs vertraut auf die anregende, heilsame Symbolkraft innerer Bilder, die eine hilfreiche Orientierung für den je eigenen Individuationsprozess anbieten. Diese Wirkungen passen sehr gut zu der Baum-Symbolik. »Das Therapiekonzept Jungs baut auf die natürliche Entfaltungstendenz eines jeden Lebewesens, auf die Entelechie. Es setzt auf die Fähigkeit, zu wachsen, sich zu entwickeln, auf die Fähigkeit zum Überwachsen der Probleme durch eine immer differenziertere Entfaltung der besonderen Gestalt, auf die eine jede und ein jeder von uns angelegt ist. Eines der großen Symbole, in denen auch Jung diesen Prozess immer wieder darstellt, ist der Baum. So wie ein Baum die Wunden seiner Rinde, die im Sturm verlorengegangenen Äste oder die, um die er beschnitten wurde, überwächst, so versucht auch der Mensch, die Psyche, die in ihr angelegte Gestalt optimal zu verwirklichen, was immer sich dem entgegenstemmen mag.« (Riedel 1992, S. 14) In dem wunderbaren Buch »Malen, um zu überleben« zeigen Christa Henzler und Ingrid Riedel sehr differenziert und anschaulich die Möglichkeiten des spontanen Malens zur Krisen- und Trauerbewältigung auf. »Durch das Malen vermochten sie die Trennung überhaupt erst einmal zu überstehen, um sie allmählich auch bestehen zu lernen.« (Henzler u. Riedel 2003, im Vorwort) In dem Buch wird auch anhand unterschiedlicher Bilderserien das Symbolisierungspotenzial (z. B. als Lebensbaum, Stammbaum, Weltenbaum, Persönlichkeits- und Individuationssymbol) des Baum-Motivs deutlich.

Mittlerweile verwende ich das Baummotiv bewusst zur Ressourcenstärkung und verwende daher auch in der Instruktion eine bewusste Aktivierung eines Ressourcen-Baumbildes. Die Symbolkraft eines Baumes, der guttut, der alles hat, was er braucht, initiiert Ich-Stärke, Entwicklungspotenzial, Heilkraft, Lebensenergie und weckt Vertrauen in Prinzipien der emotionalen Stabilisierung. Das Konstrukt der »Inneren

Weisheit«, das davon ausgeht, dass bei allen PatientInnen auch ein intuitives Potenzial in Bezug auf die jeweilige Lebenssituation vorhanden ist, kann man mit dem Ressourcen-Baumbild sehr passend praktisch anwenden. Linehan beschreibt dieses Prinzip des »wise mind« sehr treffend mit der Metapher »die Eichel ist der Baum« (Linehan 1996a, S. 25).

Der Künstler Joseph Beuys hat seinen »Erweiterten Kunstbegriff« mit der Hauptthese »Jeder Mensch ist ein Künstler« in dem Kunstprojekt »7000 Eichen« anlässlich der Weltausstellung für Zeitgenössische Kunst, der documenta 7 in Kassel, weitergeführt. In einem Interview äußerte sich Beuys folgendermaßen zu seiner Baum-Idee: »Es lag ja nichts näher, als etwas ganz Einfaches zu tun, nämlich auf die allerprimitivste ökologische Notwendigkeit hinzuarbeiten, die Naturgrundlage zu erhalten. Also, da ist es, das elementarste Bild, ganz besonders für die Menschen, ein Gebilde der Natur zu nehmen, was mit den Menschen ja sehr viel zu tun hat, allein schon durch seine aufrechte Gestalt. Ich glaube wenn der Mensch an Natur denkt und er einen Begriff fassen muss, dass, wenn man ihn schnell zwingt zu sagen: Denke an Natur, lass dir einen Begriff einfallen – er wird zu 90 % immer ›Baum‹ sagen, weil das das Bild ist, was ihm in der Pflanzenwelt am nächsten liegt. Es hat oben so ein hauptartiges Gebilde, es steht mit den Füßen auf der Erde, natürlich in der Erde, also es hat so eine Parallelität zur menschlichen Gestalt, wenn auch natürlich alles umgekehrt ist, denn was beim Menschen der Kopf ist, ist bei der Pflanze die Wurzel, und was die Fortpflanzungsorgane sind bei der Pflanze, die beim Menschen unten sind, ist bei der Pflanze oben. Aufgrund dieser ganzen Logik habe ich mich entschlossen, das Baumprojekt zu machen.« (Beuys in: Loers u. Witzmann 1993, S. 253) Der letzte Baum der Baumpflanzaktion »7000 Eichen« in Kassel wurde etwa eineinhalb Jahre nach dem Tod von Beuys zur Eröffnung der Documenta 8 am 12. Juni 1987 von seinem Sohn Wenzel Beuys neben den ersten Baum gepflanzt.

Die Kulturgeschichte des Baumes ergäbe noch unendlich viele Beispiele, um die Bedeutung, auch die assoziativen Bilder zum Wesen des Baumes aufzuzeigen. Mich hat die Beschäftigung mit dem Baummotiv sehr inspiriert, das Thema weiter zu beachten. Auch im Qi Gong ist die Metapher »stehen wie ein Baum« ein bildhafter Fokus zur Stärkung der

Lebensenergie. Im allgemeinen Sprachgebrauch finden sich Aussprüche, wie: mich kann nichts umhauen, fest verwurzelt sein, oder aber: sich fühlen wie eine gefällte Eiche. Die Bedeutung von Metaphern, Analogien, Bildern und Symbolen kann für die Aktivierung von psychischen Ressourcen in der Psychotherapie nicht hoch genug eingeschätzt werden. »Vielleicht ist es dieses ›geheime Leben‹, das in einem sichtbaren Bild ist, das Unsichtbare im Sichtbaren, das das Unsichtbare in der eigenen Psyche berührt und zum Schwingen bringt.« (Kast 2006, S. 34) Neue, körperlich spürbare Erfahrungen im Umgang mit traumatischen Lebenserfahrungen zu initiieren ist ein Ziel, das durch die Verwendung von zunächst nonverbalen Interventionstechniken sehr gut zu erreichen ist. Die klinische Erfahrung bestätigt, dass der Einsatz von imaginativen und kreativen Interventionen entängstigende Wirkungen auf die PatientInnen ausübt. Dadurch kommt es oft zu neuen Interpretationen der subjektiv wahrgenommenen Lebenssituation.

> *»Hast du einen Baum lächeln gesehen*
>
> Hast du einen Baum lächeln gesehen
> Das stillvergnügte Aufgehen seiner Blätter?
> Hast du seine anmutige Verneigung gesehen
> Sein schüchternes Murmeln gehört
> Wenn der majestätische Wind vorbeischlendert?
> Ach, mein Freund, wenn du dies nur
> Wahrnehmen könntest,
> Du würdest den Himmel auf Erden finden.«
>
> *Susan Kiguli* © *Alexander Verlag, Berlin*

Übungsanleitung: Die Baumübung:
Sich erden, sich frei fühlen, verwurzelt sein, Himmel und Erde genießen

> Ich möchte Ihnen eine Übung vorstellen, die zur Entspannung und Stärkung Ihrer Ressourcen beitragen soll, es ist eine Übung zum Auftanken.
> Machen Sie es sich so bequem wie möglich und genießen Sie es, jetzt ein wenig Zeit für diese Übung zu haben... Sie müssen jetzt nichts

tun, nichts leisten, genießen Sie es einfach, soweit Ihnen das im Moment möglich ist, sich zu entspannen. Schließen Sie am besten Ihre Augen dabei und lenken Sie Ihre Aufmerksamkeit nach innen… stellen Sie sich jetzt eine für Sie angenehme Landschaft vor… schauen Sie sich ein wenig um, ob dort ein Baum ist, der Ihnen gefällt… stellen Sie sich einen Baum vor, der alles hat, was er braucht… nehmen Sie sich etwas Zeit dazu… Wenn Sie möchten, können Sie mir, indem Sie Ihre Augen geschlossen lassen, davon erzählen, was vor Ihrem inneren Auge auftaucht, Sie können das aber auch ganz für sich in Ihrer Vorstellung belassen. Wenn Sie möchten, nehmen Sie mit allen Ihren Sinnen Kontakt auf zu dem Baum. Sie betrachten den Baum… achten Sie dabei auf alle Details, die Ihnen etwas bedeuten… vielleicht ist Ihnen dabei auch die Jahreszeit wichtig, oder auch die Tageszeit… spüren Sie, was für Sie von Bedeutung ist, wenn Sie sich mit diesem, Ihrem, Baum beschäftigen… vielleicht hören Sie auch etwas, z. B. den Wind in den Ästen und Zweigen oder irgendetwas anderes, das für Sie angenehm ist… Sie können sich alles so ausmalen, dass es für Sie vollkommen schön und angenehm ist… Vielleicht nehmen Sie auch bestimmte angenehme Gerüche wahr, etwa von Holz oder Harz oder Rinde oder Erde oder von etwas anderem, das Ihnen angenehm ist. Wenn Sie möchten, nehmen Sie Kontakt zu dem Baum auf. Sie ertasten den Baumstamm oder ganz speziell die Rinde. Wenn Sie möchten, können Sie sich jetzt auch vorstellen, sich an den Baum anzulehnen, oder Sie stellen sich vor, dass Sie ganz mit dem Baum eins sind, dass Sie der Baum sind… Sie spüren die Wurzeln des Baumes in der Erde… Sie spüren den Baumstamm… Sie nehmen die Äste und Zweige im Licht und in der Luft wahr und genießen die Gefühle von Weite und Freiheit, die damit verbunden sein können… wenn Sie möchten, spüren Sie Gefühle von zärtlicher Leichtigkeit und Beschwingtheit von den Ästen oder den Blättern im Wind… atmen Sie tief ein und aus und achten Sie dabei gleichzeitig darauf, wie es ist, sich verwurzelt zu fühlen… wie angenehm es sein kann, Halt zu spüren durch die verzweigten Wurzeln in der Erde… oder Sie spüren, wie gut es tun kann, Kraft aufzutanken durch das Sonnenlicht… jetzt können Sie einmal ganz bewusst darauf achten, welche Nahrung Sie jetzt brauchen, was Ihnen fehlt – und all das nehmen Sie ganz achtsam auf, über die Energie der Wurzeln und die Energie des Sonnenlichts. Sie genießen, wie viel Kraft und Lebensenergie aus der Erde für Sie da ist, und lassen diese in Ihren Körper strömen... Sie spüren auch, wie Sie durch die Energie der Sonne und der Luft auftanken, und spüren, wie gut es ist, dafür nichts tun zu müssen, je mehr Energie Sie brauchen, umso mehr ist für Sie da. Wenn Sie möchten, können Sie dabei auch Ihre Arme ausstrecken und diese wie Äste nach oben halten, um so noch mehr Energie aufzutanken... wenn Sie das Gefühl haben, genug aufgetankt zu haben, stellen Sie sich darauf ein, dass Sie sich von Ihrem Baum, von dieser Übung wieder verabschieden, begleiten Sie dies mit einem kleinen Lächeln auf Ihren Lippen... und treten Sie dann wieder in Ihrer Vorstellung aus dem Baum heraus, oder wenn Sie sich angelehnt hatten, entfernen Sie sich innerlich ein paar Schritte von Ihrem Baum. Wenn Sie möchten, können Sie sich auch bei Ihrem Baum bedanken in dem Wissen, dass Sie jederzeit wieder zu ihm Kontakt aufnehmen können. Dann nehmen Sie noch einmal den Baum aus der Distanz wahr, und wenn Sie möchten, können Sie auch die umgebende Landschaft noch einmal betrachten, und verabschieden Sie sich dann in Ihrem persönlichen Rhythmus von dieser Imaginationsübung... lenken dann Ihre Aufmerksamkeit wieder nach außen, nehmen die Entspannung zurück, indem Sie sich räkeln und strecken, öffnen Sie dann wieder Ihre Augen, und dann sind Sie wieder mit Ihrer Aufmerksamkeit zurück in diesem Raum.«

Nach der Übung frage ich nach, ob die PatientInnen, die während der Imaginationsübung geschwiegen haben (oder die Übung wurde in der Gruppe durchgeführt), mir von ihrem Erleben berichten möchten. Wenn ja, höre ich interessiert zu, ohne bewertende Kommentare abzugeben.

Wurde die Baumübung in der Gruppe durchgeführt, ist oft ein emotional intensiver, nicht deutender, aber empathischer Austausch über die mit der Baumübung verbundenen Erfahrungen eine gute Möglichkeit, symbolhaft Gefühle und Wünsche auszudrücken. Oftmals entstehen dabei sehr abwechslungsreiche Baum-Nachbarschaften, einige typische Baummotive sind: Ahorn, Apfelbaum, Birke, Buche, Eiche, Esche, Feigenbaum, Fichte, Ginkgo, Kastanie, Kiefer, Kirschbaum, Lärche, Linde, Mandelbaum, Olivenbaum, Palme, Pinie, Rotbuche, Tannenbaum, Trauerweide, Ulme, Zeder.

4.5 Familie oder Selbstrepräsentanz in Tieren: Identifikation und Modifikation von Ego-States

4.5.1 Frau G., 66 J.: Identität als Chefin: Schafherde und Giraffe

Frau G. hatte überraschend einen Knoten in ihrer linken Brust ertastet, wurde daraufhin brusterhaltend operiert, hatte eine gute Prognose und war infolge dieser Krebserkrankung damit beschäftigt, ihren eigenen Betrieb mit etwa 18 Angestellten zu verkaufen, um mehr Zeit für sich zu haben. Ihr Mann war vor zwei Jahren überraschend gestorben. Er habe vorher den Betrieb »nach außen hin als Chef geführt«, doch in Wirklichkeit habe sie die Verantwortung für alles getragen. Sie merke, wie wenig sie in der Lage sei, für sich selbst zu sorgen. Obwohl sie keinerlei existenzielle Einschränkungen habe, könne sie sich ihr Leben nicht ohne ihre Arbeit vorstellen.

In einer der Sitzungen machte ich Frau G. den Vorschlag, ihre momentane Lebenssituation, ihren Betrieb (»ihre Familie«) in Form von Tieren darzustellen.

Abb.: Frau G.: Selbstrepräsentanz in Tieren 1: Schafherde

Abb.: Frau G.: Selbstrepräsentanz in Tieren 2: Giraffe

Kommentar der Patientin zu dem Bild: »Ich sehe mich selbst inmitten von vielen anderen Schafen, ich fühle mich wohl in dieser Herde und habe aber auch Angst davor, nicht mehr mittendrin zu sein.«

Im nächsten Schritt (VIM-Technik) lud ich Frau G. ein, zu spüren, welche andere Vorstellung für sie angenehmer sei, um sich in der Lage zu fühlen, ihren Betrieb zu übergeben.

Erstaunlich für die Patientin tauchte das Bild einer Giraffe auf. Sie meinte dazu: »Die sind schnell, haben einen guten Überblick und werden vor allem auch nicht so schnell übersehen.« Die Vorstellung, als Chefin mit diesen Eigenschaften aufzutreten, war zunächst völliges Neuland für Frau G. Sehr vorsichtig gelang es ihr jedoch, Schritt für Schritt (innerhalb eines Jahres) ihren Betrieb an eine kompetente Nachfolgerin zu verkaufen. Die Bilder waren ihr dabei eine strukturierende Hilfe, um zu lernen, mit ihren Schuldgefühlen zurechtzukommen. Inzwischen könne sie sogar ihr »Leben ohne Verpflichtung« genießen, und sie »fange an, auch ein wenig stolz auf das zu sein, was ich in meinem Leben bislang bewältigt habe«.

4.5.2 Frau W., 81 J.: Die zweite Abnabelung: Familie in Tieren

Frau W. hatte mehrere Brustkrebsoperationen hinter sich gebracht. Ein Jahr zuvor war ihr 94-jähriger Ehemann, den sie über Jahre betreut und gepflegt hatte, verstorben. Dies alles habe ihr »die Kraft genommen«. Zum Familiensystem der 81-jährigen Patientin zählen gute Kontakte zu Verwandten, zu ihren drei Kindern und inzwischen auch zu fünf Enkelkindern. Sie selbst leide jedoch immer wieder darunter, die Beziehung zu ihrer Tochter nicht »durchblicken« zu können. Sie leide oft so stark darunter, dass sich ihre Tochter keine oder zu wenig Zeit für sie nehme. Sie reagiere dann mit Verdauungsproblemen und depressiver Niedergeschlagenheit und könne sich selbst nur schwer »aufrappeln«, ihre eigenen Interessen zu verfolgen. Vom Kopf her denke sie, ihre Tochter sei erwachsen, habe ihre eigenen Verpflichtungen und sie sei nicht für das Wohlergehen ihrer Mutter zuständig, aber vom Gefühl her würde sie ganz anders empfinden.

Die Imaginationsübung »Familie in Tieren« sollte der Patientin einen bisher ungewohnten Blick auf ihre Familie ermöglichen. Die Instruktion dazu lautet: »Nehmen Sie sich einmal einen Moment Zeit und stellen Sie sich Ihre Familie einmal in Tieren vor. Suchen Sie für jede Person ein passend erscheinendes Tier aus und malen es dann spontan auf ein Zeichenblockblatt.«

Frau W. hatte sehr schnell eine Vorstellung davon, dass ihre inzwischen 44-jährige Tochter »ein Kuscheltier, ein kleines Kätzchen« sei, und da ja Katzen bekanntermaßen kommen und gehen, wann sie wollen, »die haben ihr Eigenleben«. Ihre Söhne stellte sie folgendermaßen dar: den Ältesten (54) als majestätischen großen Vogel, als Adler, als König der Lüfte, den mittleren Sohn (49) als ganz treuen und liebvollen Schäferhund und sich selbst als Wölfin, die Rom gegründet hat, als immer noch säugende Mutter, die sich verausgabt, aber auch viel zurückbekommt. Diese symbolische Verfremdung wirkte spontan sehr klärend für die Patientin. Sie konnte sofort allein am Größenverhältnis der gemalten Tiere erkennen, wie sie ihre Tochter immer noch als »Lütte« dargestellt habe. Im nächsten Schritt bat ich dann Frau W., sich zurückzulehnen, die Augen zu schließen, ein wenig zu tappen und zu spüren, welche Vorstellung zu ihrer Familie jetzt auftaucht, wenn sie sich erlaubt, eine angenehmere Vorstellung entwickeln zu können.

Daraufhin tauchte ihre Tochter als Mensch auf, als elegante, sympathische und schöne Frau. Die Söhne blieben die vorherigen Tiere, und sie selbst sah sich als »Wunderwollknäuel« mit Überraschungen. Sie erinnerte sich daran, schon als Kind solche Wollknäuel lieber »aufgepuhlt« als »abgestrickt« zu haben. Sie meinte, »wenn man das ablebt, dann kann das manchmal lange dauern«. Zum Abschluss dieser Sitzung meinte Frau W: »Ich lasse sich mal alles entwickeln.« In den folgenden Sitzungen berichtete die Patientin, dass ihr diese Symbolisierungsübung mit den Tieren die Augen geöffnet hätte für ihre wohl doch noch nicht vollzogene »zweite Abnabelung« von ihrer Tochter. Das habe ihr sehr geholfen, und erstaunlicherweise habe ihre Tochter sie auch ohne »Anmeldung« überraschenderweise besucht.

Dieses Beispiel zeigt, wie durch den gezielten Einsatz von Metaphern oder Symbolen unbewusste Veränderungsressourcen aktiviert werden können und wie schnell Gefühle von Hilflosigkeit und Ausgeliefertsein auch kurzfristig in Gefühle von Respekt und Selbstvertrauen zu verwandeln sind.

5. Psychotherapie mit TRUST – ressourcenorientierte Elemente aus verschiedenen Therapieverfahren

In diesem Kapitel stelle ich aus verschiedenen Therapieverfahren und Behandlungskonzepten einige Bestandteile vor, die mir zur Psychotherapie mit »TRUST« geeignet erscheinen. Diese exemplarische Auswahl ist an meinen klinischen Erfahrungen orientiert und von daher als subjektiv und als »work in progress« zu verstehen.

Bei allen Ansätzen wird davon ausgegangen, dass posttraumatische Symptome die Folge einer nicht erfolgreichen Verarbeitung und Integration der traumatischen Erfahrung sind. Entsprechend sollen die jeweiligen Interventionen die Verarbeitung und Integration fördern und damit die Symptome mindern. Dabei sind die zunächst sehr unterschiedlich erscheinenden Zugangswege und Interventionen bei näherer Betrachtung gar nicht so sehr verschieden. In der Regel beinhalten die meisten Ansätze die klassischen drei Phasen: Stabilisierung, (ggf.) Traumakonfrontation und Integration. Allgemein ist eine zunehmende Bedeutung stabilisierender und ressourcenstärkender Interventionen in den neueren Ansätzen und Modifikationen der etablierten Ansätze zu verzeichnen. Diese wurden besonders anhand der Erfahrungen mit komplex traumatisierten Menschen entwickelt, bewähren sich jedoch inzwischen auch immer mehr in der generellen traumatherapeutischen Arbeit und zur Krisenintervention.

Auch bei den etablierten, hoch strukturierten verhaltenstherapeutischen Ansätzen und bei EMDR ist dieser Trend sowie eine Bevorzugung »schonenderer« Traumakonfrontation zu beobachten.

Bei hypnotherapeutischen und Ego-State-Ansätzen, sowie PITT und KIP standen schon immer die Ich-Stärkung mit Hilfe kreativer, achtsamer, selbstberuhigender Ressourcen, die Differenzierung und Integration der dissoziierten Erlebnisanteile, die Sicherheit durch unterstützende, hilfreiche imaginäre Gestalten, das Vertrauen in die Selbstheilungskräfte sowie Kontrolle und Selbstbestimmung der PatientInnen im Vordergrund. Viele, speziell imaginative Interventionen, die in anderen Ansätzen benutzt oder jetzt eingeführt werden, stammen aus diesen Bereichen. Auch die in den körperorientierten Ansätzen zur Senkung des Arousals und zur Stärkung des Selbstkontrollerlebens eingesetzten Techniken finden immer mehr Eingang in andere Ansätze.

Ein weiterer Trend ist die Einbeziehung möglichst vieler – nicht nur verbaler – Zugänge: visuelle, kognitive, emotionale, somatosensorische, an den Alltagserfahrungen der PatientInnen ansetzend etc. Hier differieren die Ansätze mit ihren unterschiedlichen Schwerpunkten und Gewichtungen.

Letztlich geht es – mit dem Resilienz-Stress-Bewältigungs (RSB)-Modell gesprochen – lediglich um die beiden Mechanismen der Senkung bzw. individuellen Kontrolle des Arousals und dem Schutz vor Überflutung sowie um die Stärkung der individuellen Widerstandsfähigkeit, die Entwicklung und Stärkung der individuellen Kraftquellen, um eine Traumabewältigung zu ermöglichen, mit oder zunehmend auch ohne intensive Konfrontation bzw. mit »schonenderer« Traumakonfrontation. Diese Vorgehensweisen können vielen PatientInnen auch in der therapeutischen Situation häufig noch ein schmerzvolles und belastendes Widererleben der traumatischen Erfahrungen ersparen. Die therapeutische Arbeit im Zustand einer optimalen Erregungszone, von Daniel Siegel (1999) als »window of tolerance« bezeichnet, ermöglicht überhaupt erst, dass Traumaerfahrungen einer kognitiven Verarbeitung zugänglich werden.

Auch aus der Perspektive der Hirnforschung macht dieser Trend Sinn. Eine möglichst intensive und häufige Aktivierung des Traumanetzwerks ist nicht unbedingt hilfreich. Es geht stattdessen darum, möglichst intensiv alternative Bahnungen zu schaffen und permanent zu stärken. Dazu ist es hilfreich, möglichst an positiven (Alltags-) Erfahrungen der PatientInnen anzuknüpfen, möglichst viele Erlebens-Ebenen einzubeziehen, dies möglichst anschaulich und konkret und mit emotionaler Beteiligung und individueller Sinngebung zu gestalten.

Wichtig ist es zu diesem Zeitpunkt, die Wirksamkeit der neueren Ansätze wissenschaftlich zu belegen. In der Metaanalyse von van Etten & Taylor (1998) wurden die Kognitive Verhaltenstherapie und EMDR als wirksamste Verfahren im Bereich der Behandlung von PTBS eingestuft.

Es wird jedoch interessant sein, die differentiellen Wirkprinzipien von explizit ressourcenfokussierten Behandlungsansätzen in zukünftigen Therapiestudien weiter herauszuarbeiten. Reddemann (2004a), Sack et al. (2005) Young et al. (2005), Nijenhuis et al. (2004) und auch andere berichten über klinische Evidenz und zeigen bereits Kriterien für den zu erwartenden Erfolg einer auf Ressourcen ausgerichteten Traumatherapie auf.

5.1 Psychodynamisch Imaginative Traumatherapie (PITT®)

PITT® ist ein innovativer Therapieansatz, der von Luise Reddemann zur Behandlung von Traumafolgestörungen entwickelt wurde. Besonders in der Behandlung von komplexen Posttraumatischen Belastungsstörungen, dissoziativen Störungen und Persönlichkeitsstörungen hat sich PITT klinisch bewährt. Leitend ist das Konzept der Selbstregulation und Selbstheilung. PITT orientiert sich an dem auf Janet zurückgehenden klassischen Drei-Phasen-Modell der Traumabearbeitung. Insbesondere werden in allen drei Phasen imaginative und ressourcenaktivierende Interventionen angewandt. In der PITT-Stabilisierungsphase sind das besonders das Erlernen von Affekt- und Dissoziationskontrolle durch Achtsamkeits- und Imaginationsarbeit. Die Arbeit auf der »inneren Bühne« mit Ego-State-orientierter Innere-Kind-Arbeit und die Handhabung von Täterintrojekten sind weitere Schwerpunkte der Phase I, in der es hauptsächlich um Ich-Stärkung und Ressourcenaktivierung geht. Die PITT-Phase II beinhaltet die Traumakonfrontation mittels Beobachter- und Bildschirmtechnik, und in der PITT-Phase III zielen die Interventionen auf die Themenfelder Integration, Trauern und Neuorientierung.

In allen drei Phasen geht es darum, die Belastbarkeitsgrenzen der PatientInnen nicht zu übergehen, denn »Überflutung führt zu neuen Hilflosigkeitserfahrungen, diese sind ungünstig« (Reddemann 2004a, S. 175). »Bei Traumata, die sich gleichen, reicht es oft, das erste, das schlimmste und das letzte Trauma zu bearbeiten (wenn möglich in dieser Reihenfolge, mit dem schlimmsten zu beginnen, empfiehlt sich nicht).« (Reddemann 2004a, S. 171)

Bei der Traumakonfrontation mit der Beobachtertechnik (Phase II) wird erstens die Fähigkeit zur Distanzierung genutzt, indem bewusst das Dissoziieren angeregt wird, und zum anderen wird durch die Unterscheidung von »erleben und beobachten« die Spaltung als Regieprinzip für die Traumabearbeitung genutzt. Zunächst werden alle beteiligten »jüngeren Ichs« oder auch »traumatisierten Ichs« oder auch »der erlebende Teil des heutigen Ichs« an den sicheren inneren Ort in Sicherheit gebracht. Diese Vorgehensweise wirkt unmittelbar stärkend und gibt Raum für eine behutsame Traumakonfrontation mithilfe des beobachtenden Teiles. Während der Bearbeitung sollte immer wieder darauf geachtet werden, zwischen traumaassoziierten und traumabearbeitenden Gefühlen zu differenzieren. Die Metapher »das ist ein alter Film« kann hierbei hilfreich bei der Unterscheidung zwischen dem Hier und Jetzt und dem Dort und Damals sein. Nach dem Abschluss des Traumaberichts sollte stets sehr viel Aufmerksamkeit auf das Befinden der jeweiligen Ego-States gerichtet werden (Trost-Selbstberuhigung, Zeit zur Reorientierung in der Gegenwart, Annehmen von Trauer und Schmerz, konkrete Fürsorge für die Jüngeren und das erwachsene Ich). Es sollte auch geklärt werden, ob es noch Erfahrungsanteile gibt, die noch nicht integriert sind. Diese können z. B. auch mit EMDR durchgearbeitet werden oder auch z. B. sorgfältig in Zeitlupe mit der Beobachtertechnik. Auch die Kombination mit der Bildschirmtechnik (Sachsse 1998) ist manchmal hilfreich. Hier hilft die Vorstellung, eine imaginäre Fernbedienung während der Traumabearbeitung zur Verfügung zu haben, mit deren Hilfe der innere Film schneller oder langsamer oder in schwarz-weiß auf einem Bildschirm mit Abstand betrachtet und variiert werden kann.

5.2 Tiefenpsychologisch-imaginative Behandlung von traumatisierten Patienten mit der Katathym-Imaginativen Psychotherapie (KIP)

Die traumazentrierte Anwendung der KIP hat zum Ziel, die durch eine Traumatisierung oftmals dissoziierten Erlebnisanteile auf allen Ebenen (sensomotorische, bildhafte und verbale Ebene) zu integrieren. Hierzu beschreiben Steiner und Krippner (2006) ein differenziertes tiefenpsychologisches Behandlungskonzept, das vor allem auf die Behandlung von PatientInnen zielt, die in der Kindheit und Jugend chronisch traumatisiert wurden. Das schöpferische Potenzial der imaginativen Symbolisierung soll hierbei eine schonende, dem Ich-Struktur-Niveau der PatientInnen entsprechende Traumabearbeitung und Integration dieser Erlebnisse in die Lebensgeschichte ermöglichen. »Mithilfe von Fantasie und Imagination wird versucht, dem Schöpferischen einen Weg zu öffnen, um in einer übergreifenden Synthese dem Unerträglichen Worte zu geben. So kann ein Prozess in Gang gesetzt werden, bei dem langsam psychisch repräsentiert, kontrolliert und allmählich integriert werden kann. In einem länger dauernden Prozess der Behandlung werden mittels induzierter Tagträume verinnerlichte Traumata, die Bestandteil der inneren Struktur im Sinne der Introjektion geworden sind und sich in stetiger Selbsterniedrigung und -bestrafung äußern, imaginativ und sprachlich symbolisiert, im ›Als-ob-Modus‹ der Fantasie langsam modifiziert und so be- und durchgearbeitet.« (Steiner und Krippner 2006, S. XVII–XVIII) Steiner und Krippner empfehlen, ihren Ansatz auch im Rahmen von Kriseninterventionen bei akuter Traumatisierung anzuwenden.

Die psychotherapeutischen Interventionsschritte orientieren sich an dem Drei-Phasen-Modell von 1. Beziehungsherstellung/Stabilisierung, 2. Konfrontation / Durcharbeiten und 3. Trauern und Abschlussphase / Integration / Neuorientierung.

In der praktischen Arbeit gehören dazu beispielsweise: die Arbeit mit dem »inneren unverletzten Kind«, dem »inneren Kind« und dem »verletzten inneren Kind«. Bei der imaginativen Auseinandersetzung mit dem traumatischen Geschehen werden speziell Sicherheit vermittelnde, Halt gebende oder auch tröstende Erfahrungen aktiviert. Die klassischen Motive der KIP werden entsprechend der zu bearbeitenden Traumatisierung dabei modifiziert. Bei der Symbolkonfrontation beziehen sich Steiner und Krippner auf das von Leuner empfohlene konfrontative Vorgehen mit den angsterzeugenden Introjekten, doch modifizieren sie das Vorgehen derart, dass die PatientInnen im Tagtraum immer wieder durchgehend Gefühle von Sicherheit und Getragensein durch die Unterstützung von hilfreichen, imaginativen Gestalten aktivieren sollen. Die Konfrontation pendelt also zwischen aktiviertem Angstschutz, durch positive Introjekte repräsentiert (z. B. Tiere, Fabelwesen als Innere

Helfer und der Konfrontation mit ängstigenden Introjekten, um eine Affektüberflutung zu vermeiden und zu neuen korrigierenden Erfahrungen zu kommen.

In meiner Arbeit mit der KIP mache ich auch gute Erfahrungen damit, die PatientInnen aufzufordern, die Ausgestaltung ihrer geleiteten Tagträume entweder im eigenen Rhythmus zeitweise tappend (= bilaterale taktile Stimulation) zu begleiten. Sie können auch stattdessen die kleinen elektronischen Geräte (mit Rechts-links-Vibrationen) in den Händen halten und die Intensität und Geschwindigkeit der taktilen Stimulation bestimmen, während sie beschreiben, was sie gerade erleben (siehe Kap. 2.1.1). Nach meiner Einschätzung wirkt sich diese bilaterale Stimulation beruhigend, ermutigend und unterstützend auf die Ausgestaltung der inneren Bilder und auf den Prozess der Neuorientierung aus. »Serien bilateraler Stimulation könnten die Aktivierung beider Hemisphären erzwingen und dadurch die Integration autobiografischer und semantischer Repräsentationen traumatischer Ereignisse ermöglichen.« (Siegel 2003, S. 147) Das katathyme Erleben kommt hierbei eher in Fluss, ohne überflutend zu wirken, wenn man die Prinzipien der affektregulierenden Wirkung von imaginativen Einwebungen mit anwendet.

5.3 Kreative Modifikationen von EMDR

5.3.1 Resource Development and Installation (RDI) – Protokoll und Absorptionstechnik

Ein spezifisches Protokoll, eigens für die Stabilisierungsphase als Vorbereitung auf die EMDR-Phase 4 (Desensibilisierung), ist das von Korn und Leeds (2002) entwickelte »Resource-Development-and-Installation (RDI)-Protokoll. Die AutorInnen zeigen anhand von zwei Therapieverläufen von PatientInnen mit komplexer PTSD auf, dass die Anwendung von RDI bei komplextraumatisierten PatientInnen dazu beiträgt, den kognitiven und emotionalen Distress bezogen auf traumabezogene Trigger zu senken, und dass die Aktivierung von Ressourcen zur Ich-Stärkung der PatientInnen führt. Im Unterschied zum Standardvorgehen mit EMDR empfehlen Korn & Leeds die Anwendung von kürzeren Sets (sechs bis zwölf Bewegungen in beide Richtungen pro Set) der bilateralen Stimulation, um keine traumaassoziierten Netzwerke zu aktivieren. RDI soll den Erfordernissen der jeweiligen PatientInnen entsprechend kreativ angewandt und evtl. modifiziert werden.

Das »Basic EMDR RDI Protocol« sieht sieben Schritte vor:

1. Die benötigten Ressourcen (Fähigkeiten) identifizieren:
Eigenschaften: sich stärker, selbstsicherer, hoffnungsvoller fühlen zu können, couragierter zu sein, sich liebenswerter zu fühlen etc.

2. Ressourcen-Entwicklung:
verschiedene Typen von Ressourcen explorieren
Bei diesem Schritt soll entweder auf frühere Bewältigungserfahrungen fokussiert werden, z. B. Erfahrungen oder Bilder bestimmter Fähigkeiten: Frühere Situationen, in denen Selbstbewusstsein, Stärke erlebt wurden, alternativ kann auch auf Beziehungsressourcen wie Rollenmodelle, unterstützende Figuren, Freunde, Lehrer, Stars, Sportler etc. Bezug genommen werden. Als dritte Möglichkeit können Metaphern oder symbolische Ressourcen identifiziert werden, die ein Gefühl von Selbstvertrauen, Kraft, oder was immer zur Unterstützung benötigt wird, vermitteln.

3. Ressourcenentwicklung:
die Ressource mit mehr Informationen über verschiedene Sinnesqualitäten anreichern

4. Die Ressourcen »checken«:
»Wenn Sie an … denken, wie fühlen Sie sich?«

5. Ressourceninstallation durchführen:
auf die Ressource fokussieren, mit Bild, dazugehörigen Emotionen und Körperempfindungen und bilaterale Stimulation hinzufügen (ca. sechs bis zwölf Rechts-links-Stimulationen). Nach jedem dieser Sets wird das Befinden erfragt.

6. Die Ressourcen stärken, indem verbale oder sensorische Qualitäten aktiviert werden:
die Ressource wird mit einem Schlüsselwort oder Satz verbunden. Per Imagination Nähe und eine Art des »Verschmelzens« mit der Ressourcenperson, -situation, -figur etc. anregen und dies im Körper wahrnehmen.

7. *Eine Zukunftsvorstellung mit der Ressource etablieren:*
Imaginieren, über diese Ressource bei der Konfrontation mit der belastenden Situation zu verfügen. Diese Vorstellung wird nochmals mit bilateraler Stimulation verankert.

Absorptionstechnik
Die Absorptionstechnik ist eine ähnliche Form der Ressourcenarbeit. Sie zielt darauf, den Umgang mit gegenwärtigen Belastungen durch die gezielte Aktivierung von dazu passenden Eigenschaften, die mit Stärke verbunden sind, zu erleichtern. Nachdem eine gegenwärtige Belastung dargestellt und der SUD-Wert erhoben wurde, soll die Patientin drei Eigenschaften beschreiben, die passend erscheinen, um die Belastung zu reduzieren. Danach soll die Patientin beschreiben, in welchen Situationen diese Eigenschaft in der jüngeren Vergangenheit (etwa der letzten zwei Jahre) erfolgreich eingesetzt wurde. Diese Erinnerungen können auch mithilfe von bilateraler Stimulation verankert werden. Dieses Vorgehen wird mit allen drei Eigenschaften durchgeführt, bevor zum Schluss noch einmal an die Anfangsbelastung gedacht werden soll und eine erneute Einschätzung des SUD-Wertes erfolgt. Oft ist der SUD-Wert danach sehr reduziert, eine weitere Bearbeitung kann mit gestärkter Affekttoleranz deutlich weniger anstrengend sein oder ist teilweise gar nicht mehr erforderlich (Ebner und Rost 2006, Hofmann 2006).

Viele EMDR-TherapeutInnen setzen inzwischen das RDI-Protokoll oder die Absorptionstechnik bei komplexer PTSD ein, um eine Traumabearbeitung überhaupt zu ermöglichen oder um eine Überflutung durch die Aktivierung von Traumanetzwerken zu verhindern. Diese Ressourcenarbeit ist der scheinbar langsamere, aber letztlich der schnellere Weg, um das individuelle Erfahrungswissen ordnen zu können. Denn ohne Ressourcenarbeit führt EMDR »dabei häufig trotz des Versuches eines kognitiven Einwebens zur Überschwemmung mit teilweise vorher nicht erinnertem traumatischen Material und zum Kollaps des Selbstsystems. Das Ergebnis ist ein mehr oder weniger länger andauernder affektiver dysfunktionaler Zustand, der von Suizidalität, selbstverletzendem Verhalten, Depression, stuporösen und/oder katatonen dissoziativen Zuständen, Flashbacks und anderen begleitet werden kann. Die Patienten werden schnell instabil und haben mehr Traumaerinnerungen, die sie quälen, und mehr Symptome. Die Restabilisierung braucht dann viel Zeit und Energie.« (Ebner und Rost 2006, S. 211)

5.3.2 Das Essential-EMDR-Protokoll

Das Essential-EMDR-Protokoll wurde von Parnell (2006) entwickelt. Es beschreibt die elementaren Elemente, die jede Arbeit mit EMDR enthält. Laurel Parnell arbeitet bereits seit 1991 mit EMDR, inzwischen verfügt sie seit mehr als 10 Jahren als EMDR-Trainerin und -Supervisorin über einen reichen Schatz an Erfahrungen mit EMDR. Seit Anfang 2000 lehrt sie auch regelmäßig in Deutschland und bietet für das ID-Institut EMDR-Ausbildungsseminare an (www.idinstitut.de).

Elemente, die nicht klinisch sinnvoll sind, können einen empathischen Bruch in der therapeutischen Beziehung schaffen, andere Netzwerke aktivieren als diejenigen, die im Fokus der Behandlung stehen, die PatientInnen verwirren und das Erinnerungsnetzwerk deaktivieren. Beispielsweise wurde in der EMDR-Arbeit mit Feuerwehrmännern in New York nach dem 11. September regelmäßig die negative Kognition nicht erhoben. Diese Männer zu zwingen, zu sagen, »ich bin hilflos«, hätte die therapeutische Beziehung in Frage gestellt.

Nach Parnell kann EMDR in vier essenzielle Elemente »destilliert« werden, »Essential-EMDR-Protokoll« genannt. Dieses Vorgehen erlaubt eine maximale Adaptation an die Bedürfnisse und Voraussetzungen der PatientInnen.

Das »Essential-EMDR-Protokoll«, »The Essential EMDR Protocol«:
1. Schaffen Sie Sicherheit (Create Safety):
Therapeutische Beziehung, Stabilisierung, bezogen auf emotionale Belastung, Suizidalität, Substanzmissbrauch, medizinische Einschränkung, Installation von Ressourcen zur Ich-Stärkung etc.; dies kann bei manchen KlientInnen extrem kurze Zeit erfordern, bei anderen Monate oder gar Jahre.

**2. Stimulieren Sie das Erinnerungsnetzwerk
(Stimulate the Memory Network):**
Das Erinnerungsnetzwerk kann unterschiedlich stimuliert werden, im EMDR-Standardvorgehen wird es durch Bild, Kognitionen, Emotionen

und Körperempfindungen stimuliert, andere Möglichkeiten der Stimulation des Erinnerungsnetzwerkes können sein: ein Bild des Konflikts oder Problems zu malen, manchmal kann ein Geruch, Geräusch etc. das Netzwerk stimulieren oder auch eine Körperempfindung.

3. Stimulieren Sie bilateral und reprozessieren Sie (Add Bilateral Stimulation and Process):
Es gibt eine große Bandbreite bilateraler Stimulationen, die neben den ursprünglichen Augenbewegungen angewandt werden: das alternierende Tapping (Tippen) (vgl. Kap. 1.3.3) auf Hände, Knie, Schulter oder Rücken, der Gebrauch von Geräten mit alternierenden Vibrationen, bilaterale auditive Stimuli über Kopfhörer, Trommeln, Stampfen etc. Mit der bilateralen Stimulation wird die belastende Erfahrung reprozessiert. Dies kann sehr schnell gehen, speziell bei kleinen Kindern, es kann aber auch eine längere Bearbeitung erforderlich sein.

4. Enden Sie mit Sicherheit (End with Safety):
Jede EMDR-Sitzung muss mit dem subjektiven Gefühl von Sicherheit beendet werden. Nach dem EMDR-Standard-Vorgehen beinhaltet dies die Installation der positiven Kognition, den Körpertest und den Abschluss. Für manche PatientInnen ist das Standard-Vorgehen nicht angemessen, z.B. bei kleinen Kindern ist das Spielen nach der Sitzung eine angemessene Form des Abschlusses.

5.3.3 EMDR und Butterfly Hug

Lucina (Lucy) Artigas entwickelte das Tappen mit gekreuzten Armen auf die Oberarme/Schultern, den sog. »Butterfly Hug«, während der Arbeit mit Kindern, die nach dem Hurrican Paulina in Acapulco, Mexico, im Jahr 1997 therapeutisch betreut wurden. Im Jahr 2000 wurde sie auf der EMDRIA-Jahrestagung dafür mit dem »Creative Innovation Award« ausgezeichnet. Diese Form des Tappens kann möglicherweise zusätzlich ein Gefühl von Trost oder »Selbstumarmung« erzeugen.

Judith Boel, eine kanadische Kollegin, entwickelte damals in Mexico eine Vorgehensweise, in der sie den Butterfly Hug in Verbindung mit Malen bei Kindern nutzte. Da es in dieser akuten Krisensituation nicht genügend Papier gab und weil auch einige ältere Kinder schamhaft ihre Bilder verbergen wollten, wurden die Blätter zweimal gefaltet, wodurch vier Felder entstanden. Die Kinder konnten in der Gruppe ihr traumatisches Erleben in das erste Feld malen, dann selbst Butterfly Hugs nutzen, das nächste Bild malen usw. Mittlerweile benutzt Judith Boel in ihrer Therapie jeweils ein ganzes Zeichenblatt und hat ein eigenes Protokoll dazu entwickelt (persönliche Mitteilung von Judith Boel).

In dem von mir CIPBS genannten Verfahren (Kap. 2) nutze ich dieses von Judith Boel aus der Not geborene doppelte Knicken des Zeichenblatts bewusst auch in der Einzeltherapie mit Erwachsenen. Es hat sich gezeigt, dass durch die Begrenzung des Malprozesses auf die sehr kleine Fläche eine zusätzliche Distanzierung, raschere Prozesse und durch das enge Nebeneinander von Belastung hin zu Entlastung auf einem Papier die Affektregulierung unterstützt wird.

5.3.4 Ressourcenfokussiertes EMDR-Protokoll für körperliche Erkrankungen

Durch eine (lebensbedrohliche) körperliche Erkrankung verändert sich das Zeitfenster, das festlegt, wann das Trauma vorbei ist. Oftmals sind psychotherapeutische Interventionen zur Unterstützung der Krankheitsverarbeitung noch zu Zeiten der körperlichen Behandlung erforderlich oder auch, um eine medizinische Behandlung überhaupt zu ermöglichen.

In der Einleitung habe ich dargelegt, dass bei sehr vielen KrebspatientInnen eine Posttraumatische Belastungsstörung diagnostiziert werden kann und dass über die Hälfte von ihnen erhebliche Einzelsymptome der PTBS zeigt. Die in der Regel »überfallartige« Diagnose, das Gefühl von Hilflosigkeit und Ausgeliefertsein, der Mangel an erlernten Bewältigungsstrategien für diese Situation und der subjektive und objektive Kontrollverlust kennzeichnen die Situation dieser PatientInnen. Nach unserer jahrelangen psychoonkologischen Erfahrung ist die Anwendung traumatherapeutischer Konzepte und Interventionen in der psychotherapeutischen Behandlung von KrebspatientInnen und PatientInnen mit anderen (schweren) körperlichen Erkrankungen sehr hilfreich und – wie ich meine – unbedingt erforderlich (Isermann 2006b). Ebenso erforderlich ist es jedoch, die traumatherapeutischen Interventionen an diese Klientel anzupassen.

Hier sind TRUST-bezogene, also ressourcenfokussierte und »schonende«, der individuellen Situation angepasste Interventionen zielführend, ähnlich wie bei früh und schwer traumatisierten Menschen, aber aus ganz anderen Gründen. Anders als früh und komplex traumatisierte Menschen verfügen Menschen mit lebensbedrohlichen Erkrankungen in der Regel über »normale« Ressourcen, Resilienz und Ich-Stärke. Andererseits ist ihr Trauma nicht »vorbei«, d.h., die Lebensbedrohung ist weiterhin real präsent. Es gibt wenig Möglichkeit, »Triggersituationen« wie Nachuntersuchungsterminen, ärztlichen Behandlungen, Medikamenteneinnahme etc. aus dem Weg zu gehen. Die Gründe der Ängste liegen nicht in der Vergangenheit, sondern eher in der Gegenwart und noch mehr in der Zukunft. Hinzu kommen in vielen Fällen parallel zur Psychotherapie sehr eingreifende medizinische Behandlungen, etwa Chemotherapie, Bestrahlung oder Hormontherapie. Entsprechend intensiv müssen die aktuelle Stabilisierung, die Aktivierung individueller Ressourcen und Selbstwirksamkeitserfahrungen sein und entsprechend schonend muss die Traumakonfrontation vorgehen. Voraussetzung für eine Arbeit mit diesem Klientel ist auch eine hohe organisatorische Flexibilität der PsychotherapeutInnen: Einerseits sind den PatientInnen keine langen Wartezeiten zuzumuten, d.h., es muss ihnen manchmal innerhalb weniger Tage ein Therapieplatz angeboten werden, andererseits kommen durch notwendige medizinische Behandlungen oder durch den körperlichen Zustand häufig Terminabsagen vor. Allerdings können die Termine häufig auch problemlos in größeren Abständen, etwa in zwei- bis dreiwöchigem Rhythmus, stattfinden.

Ich habe für die psychoonkologische Arbeit ein vierstufiges Modell der Ressourcenorientierten Psychoonkologischen Psychotherapie vorgestellt (ROPP, Diegelmann 2006a), bei dem der Schwerpunkt auf der Phase 1: Stabilisierung, Krisenintervention und Ressourcenstärkung, liegt. Diese beinhaltet u.a. die Herstellung einer vertrauensvollen therapeutischen Beziehung, Psychoedukation, Ressourcenidentifikation und -stärkung, Arbeit mit positiven Gefühlen, das Erlernen von Distanzierungstechniken, Entspannungs- und Stabilisierungsübungen, wie sie auch in diesem Buch vorgestellt werden. Die Phase 2 beinhaltet die Problembearbeitung bzw. Traumakonfrontation, die Phase 3 die Integration der Krankheitserfahrung und die erforderliche Neuorientierung, die Phase 4 die bei dieser Klientel sich häufig entwickelnde neue Selbst- und Weltsicht sowie die spirituelle Verortung.

In diesem Abschnitt werde ich mich speziell auf die Traumakonfrontation mit EMDR bei schweren körperlichen Erkrankungen wie Krebs beziehen. Die Traumakonfrontation mit EMDR hat sich bei dieser Klientel besonders bei PatientInnen bewährt, die unter Intrusionen leiden, etwa Albträumen, starken Körperreaktionen oder Wiedererleben von Diagnose- bzw. Behandlungssituationen sowie bei verschiedenen Formen von Vermeidungsverhalten. Neben EMDR wende ich zur Traumakonfrontation u. a. auch CIPBS, Body-Scan und kognitive Techniken an.

Das EMDR-Protokoll für lebensbedrohliche körperliche Erkrankungen:
Margarete Isermann und ich haben auf dem Hintergrund unserer Erfahrungen mit Brust- und anderen KrebspatientInnen für die EMDR-Behandlung von Menschen mit körperlichen Erkrankungen ein spezifisches Protokoll entwickelt. Oft reicht jedoch bereits die Aufklärung über die trauma- und stresstheoretischen Zusammenhänge und das Erlernen entsprechender stressregulierender und ressourcenstärkender Techniken aus, um PatientInnen in die Lage zu versetzen, eigene Lösungen zu finden und wieder besser ins Gleichgewicht zu kommen. Dadurch wird eine Traumakonfrontation in vielen Fällen überflüssig. Falls doch erforderlich, empfehlen wir folgendes Vorgehen:

Unser Spezial-EMDR-Protokoll orientiert sich an den klassischen acht EMDR-Behandlungsphasen:

1. Anamnese und Behandlungsplanung

Im Unterschied zu anderen Therapien kann die Anamnese in der Regel relativ kurz sein. Dabei wird immer gleichzeitig die Ressourcenanamnese erhoben. Oftmals genügt lediglich ein Anamnese-Diagramm, das auf einem Blatt Papier skizziert wird. Auf der Zeitachse werden 10-Jahres-Abschnitte von der Geburt bis zum jetzigen Alter eingeteilt. Auf der Y-Achse werden oberhalb der Zeitachse jeweils die positiven Lebenserfahrungen und unterhalb die belastenden Erfahrungen von der Patientin mit Punkten und Stichworten entsprechend der subjektiven Wertigkeit markiert, während sie/er über diese positiven und negativen Erfahrungen berichtet.

Dabei wird besonders auf frühere Erfahrungen mit Krankheit und Tod und deren Bewältigung geachtet. Die (traumatische) Krankheitsgeschichte sollte nur sehr pauschal, ohne Details geschildert werden,

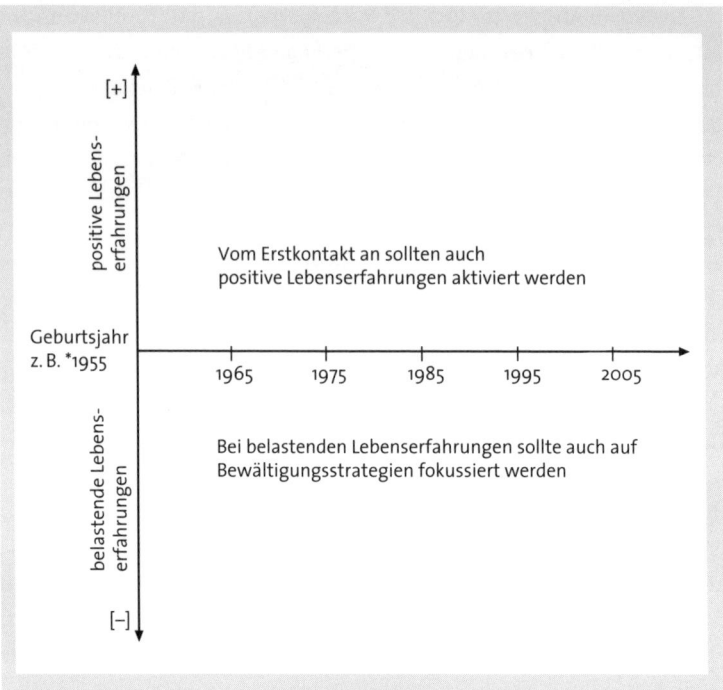

```
        [+]
         │
positive │
Lebens-  │
erfahr-  │         Vom Erstkontakt an sollten auch
ungen    │         positive Lebenserfahrungen aktiviert werden
         │
Geburtsjahr
z. B. *1955──┼────┼────┼────┼────┼────►
         │  1965  1975  1985  1995  2005
         │
belast-  │         Bei belastenden Lebenserfahrungen sollte auch auf
ende     │         Bewältigungsstrategien fokussiert werden
Lebens-  │
erfahr-  │
ungen    │
        [−]
```

Abb.: Anamnesediagramm (Diegelmann 2007)

um eine emotionale Überflutung zu vermeiden. Oftmals ist die Anwendung zusätzlicher Distanzierungstechniken (etwa: Rede in der »dritten Person«) bereits zu diesem Zeitpunkt hilfreich. Die PatientIn wird über die traumatherapeutischen Hintergründe dieser Vorgehensweise informiert. Dies erhöht das Kontrollgefühl, hilft, die selbst wahrgenommenen Symptome zu verstehen, und verhindert, dass das Vorgehen als Desinteresse an der Krankheit erlebt wird.

2. Vorbereitung

Die Psychoedukation, besonders die Erklärung der traumaspezifischen Stress-Symptome, hilft den PatientInnen, eine nicht pathologisierende Sichtweise ihrer psychischen Symptomatik als »normale« Stressreaktionen zu erhalten. In den meisten Fällen schildern daraufhin die PatientInnen selbst wahrgenommene PTBS-Symptome, etwa Panik, extreme Übelkeit beim Anblick von Flüssigkeiten in der Farbe der

Infusionen der Chemotherapie oder extreme Konzentrationsstörungen, »Blackouts«, Vergesslichkeit und Fehlleistungen. Diese Symptome werden oft als Progredienz der Erkrankung, etwa Hirnmetastasen, gedeutet und schamhaft verschwiegen, aus Angst, für »verrückt« gehalten zu werden.

Die Stabilisierungstechniken, entsprechend der ROPP-Phase 1, stehen von der ersten Therapiestunde an im Vordergrund, besonders vor oder während belastender medizinischer Behandlungen oder Untersuchungen oder nach der Mitteilung belastender Befunde. Aus diesen Gründen ist oftmals bereits jetzt eine Krisenintervention erforderlich, zu der sich die in diesem Buch dargestellten Methoden eignen. Vor einer Traumakonfrontation ist bei dieser Klientel zusätzlich auf ausreichende körperliche Stabilität zu achten.

3. Bewertung

Als Fokus für die EMDR-Verarbeitung (Reprozessierung bzw. Prozessierung) wird die jeweilige traumatische Situation gewählt. Dabei ist es wichtig, genau darauf zu achten, was konkret als traumatisch erlebt wurde, und nicht von vornherein die Diagnose selbst als das eigentliche Trauma anzusehen. Das »eigentliche« Trauma ist in diesen Fällen meist nicht so eindeutig klar wie bei anderen Traumata, etwa bei Unfällen oder Vergewaltigungen. Es kann individuell sehr unterschiedlich sein, etwa die Reaktion des Partners, einer Kollegin, eine als traumatisch erlebte Behandlungssituation oder der Anblick der eigenen Haare in der Dusche, die eines Morgens infolge der Chemotherapie plötzlich büschelweise ausgehen. Im Falle der körperlichen Erkrankungen werden häufig auch Symptome und Körperempfindungen als Fokus bearbeitet. Im Gegensatz zu anderen Traumata spielen hier jedoch meist auf die Zukunft gerichtete Ängste die größere Rolle. Für die Prozessierung der Angst vor Hilflosigkeit, Sterben und Tod muss der Therapeut vorher einschätzen können, ob es zu erwarten ist, dass genügend »positive« Netzwerke vorhanden sind, die dann im Prozess eine adaptive Lösung ermöglichen. Gegebenenfalls muss ein anderes in diesem Buch vorgestelltes Verfahren vorher oder auch alternativ eingesetzt werden.

Bei körperlich schwer erkrankten PatientInnen sollte der Prozess sehr eng an dem als Fokus gewählten Thema bleiben. Falls andere

Traumata auftauchen, etwa aus der Kindheit, sollte dies notiert und der Patient wieder zum ursprünglichen Fokus zurückgeführt werden. Falls die gegenwärtige Symptomatik mit diesen früheren Situationen zusammenhängt, können diese eventuell in gesonderten Sitzungen behandelt werden. Das Öffnen zu vieler Traumanetzwerke ist für diese PatientInnen zu belastend und überflutend, besonders angesichts aktueller körperlicher Belastungen. Es ist dabei wichtig, derartige Situationen mit den PatientInnen zu besprechen, um diese Begrenzungen durchschaubar zu machen. Es hat sich gezeigt, dass in den meisten Fällen die Bearbeitung der traumatischen Krankheitserfahrung ausreicht, ohne die ja diese PatientInnen wahrscheinlich nie Symptome entwickelt oder eine Psychotherapie benötigt hätten.

Wie beim EMDR-Standard-Vorgehen wird ein Bild eingestellt, das den schlimmsten Teil oder Aspekt der traumatischen Situation repräsentiert, etwa: »Als ich aus der Narkose aufwachte, den Verband sah und mir klar wurde, dass sie meine Brust doch amputiert hatten.« In der Regel wird dann die »negative Kognition« erhoben, etwa »Ich bin keine wirkliche Frau mehr«. Gegebenenfalls wird dann die positive Kognition erhoben, wenn dies einfach und hilfreich ist, etwa »Ich kann lernen, damit zu leben«. Auf die Einschätzung dieser Kognition auf der VoC (Validity of Cognition)-Skala wird verzichtet. Bei den hier häufig vorkommenden positiven Kognitionen wie »Ich kann das überleben« oder »Ich schaffe es« wäre dies völlig unangebracht. Die Emotionen und der SUD-Wert (Subjective Units of Disturbance, Skala von 0 bis 10) sowie die Lokalisation der Körperempfindungen werden in der üblichen Weise erhoben, allerdings wird bei offensichtlich starker Belastung (z. B. Weinen) auf die Erhebung des SUD-Wertes verzichtet, ggf. wird dieser nur verbal erhoben, wenn der Patient etwa sagt, es sei »extrem belastend«, und die Frage nach der Zahl störend wäre.

4. Desensibilisierung
Diese Phase entspricht weitgehend dem »normalen« Vorgehen mit EMDR. Im Gegensatz zur Phase 3 wird hier am Schluss immer der SUD-Wert erhoben, um einzuschätzen, ob noch unverarbeitete Elemente bestehen. Allerdings wird bei lebensbedrohlichen Erkrankungen häufig kein SUD-Wert von null erreicht, da die Bedrohung durch die Erkrankung fortbesteht.

5. Verankerung
Im Gegensatz zur »künstlichen« Konstruktion einer positiven Kognition in der Phase 3 entsteht aus dem Prozess heraus zum Schluss praktisch immer eine »natürliche« positive Kognition. Diese wird in gewohnter Art verankert, allerdings nur in Ausnahmefällen auf der VoC-Skala (Validity-of-Cognition-Skala) eingeschätzt.

6., 7. und 8. Körpertest, Abschluss und Überprüfung
Diese werden in der üblichen Form durchgeführt. Zusätzlich empfehlen wir, beim Abschluss noch einmal bewusst auf gegenwärtig aktivierbare Ressourcen zu lenken, etwa: »Was habe ich heute schon getan / Was kann ich heute noch tun, um mich gut zu fühlen?«

Francine Shapiro (2001) empfiehlt folgendes Spezial-EMDR-Protokoll für körperliche Erkrankungen. Es enthält die acht Elemente:

1. Entwickeln Sie einen Handlungsplan, um reale Bedürfnisse zu berücksichtigen.
2. Identifizieren und reprozessieren Sie relevante Erinnerungen, gegenwärtige Situationen und Zukunftsängste, bezogen auf
    a) persönliche oder körperliche Einschränkungen
    b) soziale Aspekte
    c) medizinische Erfahrungen.
3. Visualisieren Sie ein Video der nächsten ein bis fünf Jahre.
4. Nutzen Sie Simonton-Visualisierungsübungen mit angemessener kognitiver Arbeit.
5. Identifizieren Sie eine geeignete positive Kognition.
6. Verbinden Sie das Bild mit der positiven Kognition.
7. Verschreiben Sie »Hausaufgaben« zur Selbstanwendung.
8. Den PatientInnen wird empfohlen, ein Tagebuch zu führen und Selbstfürsorge zu betreiben.

Wie zu erkennen ist, weicht unser Protokoll sehr von diesem ab. Im Gegensatz zu Shapiro verwenden wir praktisch auch niemals die 5-Jahres-Vision. Dies hat sich für PatientInnen mit einer objektiv ungewissen Zukunft als nicht hilfreich erwiesen. Ebenfalls verzichten wir in den meisten Fällen auf die bekannten Simonton-Imaginationen. Sie sind in manchen Fällen hilfreich, können aber insbesondere beim Auftreten von Rezidiven oder Metastasen zu erheblichen Problemen führen, etwa dem Gefühl, versagt zu haben.

5.4 Hypnotherapie und Techniken der Ego-State-Therapie

5.4.1 Somatische Ego-States als Zugang zu Ressourcen

Eine Pionierin der Anwendung der Hypnotherapie bei posttraumatischen und dissoziativen Störungen ist Maggie Phillips. Ihr Ansatz impliziert stets die bewusste Ich-Stärkung mithilfe kreativer, achtsamer, selbstberuhigender Ressourcen. Phillips nutzt die Hypnose zur Ich-Stärkung, zum Zugang zu Ressourcen, zum Zweck der Reassoziierung und damit zur Auflösung von traumatischen Erfahrungen und schließlich zur Integration und Entwicklung eines neuen Identitätserlebens. Bei der konkreten Umsetzung verwendet sie die Prinzipien der Ego-State-Therapie (Watkins 1971, 2001, Watkins u. Watkins 2003) und hat dazu einen eigenen Schwerpunkt entwickelt, der besonders die Arbeit mit somatischen Ego-States betrifft. Maggie Phillips (2006) berichtete auf dem Ego-State-Kongress in Südafrika, wie sie die Arbeit mit somatischen Ego-States systematisch nutzt, um nonverbale und präverbale Ego-States als »stille Partner« einzubinden. Sie nutzt sie in der Arbeit als innere und therapeutische Verbündete, die eine Brücke zu ideodynamischen Heilungserfahrungen für die gesamte Persönlichkeit ermöglichen. Ein Anwendungsbeispiel habe ich unter 3.2 beschrieben. Phillips hat auch ein spezifisches hypnotherapeutisches Vorgehen mit Ego-States für die Behandlung von Schmerzen entwickelt. Informationen dazu findet man auf ihrer Homepage: www.maggiephillipsphd.com.

5.4.2 Frasers Dissociative Table Technique

Die »Dissociative Table Technique« nach Fraser (2003) ist eine schonende hypnotherapeutische Vorgehensweise, um PatientInnen damit vertraut zu machen, dass alle Ego-States erwünscht bzw. gehört und befragt werden. Alle Ego-States sind willkommen und können sich an einem Tisch treffen und darüber austauschen, welcher Teil was zum jetzigen Zeitpunkt braucht. Spiel-(Tisch-)Regeln gewährleisten, dass alle Teile in Sicherheit sind und Rederecht haben, wenn die Einladende dies erlaubt. Ansonsten gibt es auch imaginäre Nebenräume oder Türen, die Zugang zu »Wartebereichen« für bestimmte Ego-States symbolisieren, die zur Zeit (noch) nicht erwünscht sind. Seine Table-Technik bietet den PatientInnen einen Rahmen an, innerhalb dessen sich bedeutende »Ego-States«/Ich-Anteile an »einem sicheren Ort«, dem Tisch, begegnen können.

Instruktion: »Imaginieren Sie einen Tisch, ein Platz/ein Stuhl ist dort für Sie reserviert, und für jeden wichtigen Teil von Ihnen gibt es weitere Sitzplätze/Stühle..., es gibt eine offene Tür, und jede/jeder ist eingeladen, den Raum zu betreten... Sie bestimmen, wer zum jetzigen Zeitpunkt an den Tisch gebeten wird und wer beispielsweise (noch) im Nebenzimmer zu warten hat... es gibt Gelegenheit, sich gegenseitig zuzuhören, alle Teile sind gleichberechtigt... zum Abschluss des Treffens sitzen alle im Kreis und verabschieden sich, können sich an der Hand halten und besprechen, wie sie als Team in Zukunft miteinander umgehen wollen.«

Die klare Struktur dieser Anweisung bringt oftmals sehr erstaunliche »Themen auf den Tisch«. »Die Table-Technik ist bestimmt auch gut zur Bearbeitung und Differenzierung von verschiedenen Ego-States bei Krebskranken, indem man beispielsweise die verschiedenen krebsbezogenen Ego-States bewusst an den Tisch einladen kann« (pers. Empfehlung von George Fraser 2006). Ich habe daraufhin sehr verblüffende Reaktionen einzelner Ego-States erleben können, wenn diese sich am imaginierten Tisch miteinander austauschen. Beispielsweise konnte eine Patientin nach einer schweren Unterleibsoperation (Wertheim-OP) mit nachfolgender lebensbedrohlicher Sepsis wieder Vertrauen zu ihren Organen aufbauen, indem sie ihre Vagina an den Tisch einlud und ihr »zuhörte«, was sie ihr zu sagen hatte. Während dieser »Gesprächsrunde« konnte sie die Dialoge mit ihrer Wut und ihrer Angst interessiert verfolgen. Die Patientin war sehr berührt, von ihrer Vagina zu hören: »ich gehöre immer zu dir und bleibe dir verbunden.« Dadurch wurde ein angstfreier, liebevoller Kontakt zu diesem »zerstörten« inneren Anteil ihrer Weiblichkeit wieder möglich, was ohne diese imaginative Begegnung vorher nicht gelang. Interessante Informationen bietet auch die Website von George Fraser: www.anxietyandtraumaclinic.com.

5.4.3 Hypnosystemische Therapie und Beratung

Das hypnosystemische Modell von Gunther Schmidt (2005) hat sich seit den 80er-Jahren zu einem umfassenden Modell entwickelt, welches in klinischen und nicht klinischen Settings flexibel den jeweiligen Kultur- und KlientInnensystemen angepasst werden kann. Schmidt verbindet systemische Ansätze (Coaching, Teamentwicklung, Organisationsentwicklung) mit den Modellen der Erickson'schen Hypnotherapie und integriert darüber hinaus Aspekte aus anderen humanistischen Verfahren (z.B. Psychodrama, Körpertherapie). Dabei sind bestimmte kooperative Grundhaltungen aufseiten der TherapeutInnen oder BeraterInnen erforderlich. Die Kommunikation sollte beispielsweise stets die Ressourcen, die Kompetenzen und die Ziele der KlientInnen fokussieren, statt das Problemerleben zu verstärken.

Einige Beispiele können diese Herangehensweise veranschaulichen. Die bewusste Anwendung von Pacingstrategien empfiehlt Schmidt als Möglichkeit für die Ausgestaltung eines »maßgeschneiderten Beratungssystems«, in dem die Therapeutin beispielsweise ähnliche Sprachmuster benutzt oder empathisch wörtlich wiederholt oder durch nonverbales Spiegeln der Körperhaltung den Rapport verbessern kann. Auf der Grundlage von Wertschätzung und Bestätigung der Lebenswelt der KlientInnen werden aktiv vielfältige, zielfokussierte Interventionen angewandt. Dabei werden alle Reaktionen der KlientInnen als wichtige Informationsquellen für Wege aus der Problemerlebniswahrnehmung, der sogenannten »Problemtrance«, mit einbezogen. Es sollen »Such- und Findeprozesse« für eine hilfreiche, neue »Musterorganisation« bei den KlientInnen angeregt werden, z.B. durch bestimmte Fragehaltungen, die auch als Einladungen für Imaginationen wirken können. »Nehmen wir an, ich würde Sie fragen, ob Sie in letzter Zeit einmal eine Situation erlebt haben, in der Sie gespürt haben, dass Sie einfach so sein durften, wie es Ihnen gerade ums Herz war, und es einfach so gut war; und Sie würden sich erinnern, wie Sie sich dabei fühlten, wie sich dies auf Ihre Atmung auswirkte und wie Sie sich dann verhalten haben: Welche Aspekte der Erinnerung würden als Erste auftauchen? Würden Sie es eher körperlich merken, oder würde zunächst erst einmal ein Erinnerungsbild aufsteigen? Und was antworten Sie, wenn ich Sie frage, ob dieses Erleben damals sich auf Ihr Verhalten anderen Menschen gegenüber ausgewirkt hat und, wenn ja, wie? ...« (Schmidt 2005, S. 87) Eine andere Standardintervention ist die »Entwicklung nächster kleiner Schritte«, um Gefühle von Kompetenz und Selbstwirksamkeit zu aktivieren oder die Fokussierung auf intuitives Wissen, auf intuitive Stimmigkeit. Die hypnosystemische Interventionshaltung ist im Unterschied zur traditionellen Erickson'schen oder auch ursprünglichen systemischen Vorgehensweise gekennzeichnet durch maximale Transparenz und Kontrolle. Das bedeutet, dass die KlientInnen als kompetente Gegenüber in die Gestaltung der therapeutischen Schritte aktiv mit einbezogen werden. Nichts geschieht ohne oder gar gegen den Willen der KlientInnen, das bedeutet, dass Aufklärung und Wahlmöglichkeiten zwei elementare Bausteine dieses Vorgehens sind. Es werden Fragen zur Ziel- und Aufmerksamkeits- und Änderungsfokussierung gestellt: »Was könnten Sie im Moment gebrauchen, um wieder mehr Kraft zu spüren, um diese Themen einmal mit etwas Abstand, mit etwas Schutz und Zuversicht anzugehen? ... Wie nahe an sich dran erleben Sie denn gerade das Problem, wenn Sie sich so bedrängt davon fühlen; und wohin in Ihrer Wahrnehmung, sozusagen wohin im Raum [Dissoziationstechnik] müssten Sie es schieben, stellen etc., damit Sie es ruhig und mit Kraft und Flexibilität anschauen könnten? Welche Ideen würden Ihnen denn dann eher kommen?« (Schmidt 2005, S. 95 f.)

5.4.4 Impact-Techniken

»Das Gedächtnis versteht mehr als nur Worte!« (Beaulieu 2005, S. 9) Die Impact-Therapie wurde von Ed Jacobs, Professor an der Universität von West Virginia, entwickelt und integriert Elemente moderner psychotherapeutischer Modelle, vor allem der Erickson'schen Hypnose, der Gestalttherapie, des NLP, der Rational-Emotiven Therapie nach Ellis, der Transaktionsanalyse und anderer Modelle. Kennzeichnend ist die Grundidee, dass der Einsatz von Erinnerungstechniken (Mnemotechniken) unter Einbezug möglichst aller Sinnesmodalitäten zu nachhaltigen therapeutischen Erfahrungen führt. Danie Beaulieu, eine kanadische Psychotherapeutin, kombiniert in sehr kreativer und engagierter Weise die acht mnemotechnischen Grundprinzipien. Darüber hinaus nutzt sie ähnlich wie Erickson jede Minute, um sich handelnd in den therapeutischen Prozess einzubringen. Ihre Vorgehensweise beschreibt sie folgendermaßen: »Milton Erickson ... hielt es für sehr wichtig, Klienten so schnell wie möglich in Aktion zu bringen. Er forderte sie oft auf, vor der ersten Sitzung auf den Squaw Peak, einen hohen Berg in Arizona, zu steigen. Sie sollten etwas Konkretes tun, etwas, das man *sehen* und *fühlen* kann. Wenn bei der Impact-Therapie Objekte oder Übungen eingesetzt werden, dann wird damit eine implizite, aber deutliche Botschaft vermittelt: Der Klient muss sich körperlich einbringen, muss handeln, muss sich bewegen oder eine Geste machen, und das führt zu bemerkenswerten Ergebnissen. ... Wer etwas verändern will, muss anders handeln. Die hier vorgestellten Techniken führen zu einer anderen Kommunikationsform, zu anderen Interventionen. Sie nutzen verstärkt die Fähigkeit, sich zu bewegen und zu spüren, und weniger die Logik und das Verbale.« (Beaulieu 2005, S. 28 f.)

Zur Veranschaulichung hier die acht mnemotechnischen Prinzipien (Beaulieu 2005):

1. Multisensorisches Lernen: Die Aktivierung möglichst vieler Sinneskanäle verspricht wirksamere Lernerfahrungen. Die Tatsache, dass über 60% der Erfahrungen visuell aufgenommen werden, sollte PsychotherapeutInnen veranlassen, andere Erfahrungswege zu nutzen, als rein verbale Interventionen in der Therapie anzuwenden.
2. Abstrakte Konzepte konkret machen: Symbole können Abstraktes konkretisieren, z. B. vermag ein Puzzle Kindern das Prinzip der Solidarität veranschaulichen – jedes Teil ist wichtig und jedes hat seinen Platz.
3. Nutzen der bereits bekannten Information: Empfohlen wird, am Alltagsgeschehen der KlientInnen anzuknüpfen.
4. Emotionen auslösen: Bedeutsame Gegenstände aus der Lebenswelt eines Menschen nutzen, z. B. einen Kasten Bier auf den Stuhl stellen, um den Alkoholismus eines Elternteils zu symbolisieren, in der Therapie affektive Codes entwickeln.
5. Interesse wecken durch Interventionen.
6. Lust und Spaß in der Therapie.
7. Einfach ist einfacher!
8. Wiederholen, wiederholen...doch ohne Zwang! »Auch eine Fremdsprache ist nicht in einem einmaligen Versuch zu erlernen.«

Balieu unterscheidet:
Impact-Techniken mit Objekten: u. a. Gummibänder, Kartenspiel, Pepsi-Flasche, Audio-Videokassetten, Überraschungstopf, Schwamm. Beispiel Pepsi-Flasche: je mehr sie »durchgeschüttelt« ist, umso sorgsamer muss man sie beim Öffnen handhaben, damit nichts umherspritzt, wird z. B. als Aufforderung zu mehr Achtsamkeit im Umgang mit sich und anderen genutzt. Beispiel Schwamm: ein vollgesogener Schwamm kann auch nichts (Neues) mehr aufnehmen.

Impact-Techniken unter Einsatz von Stühlen: u. a. verschiedene Ich-Anteile auf verschiedenen Stühlen symbolisch positionieren, zur Entscheidungsfindung verschiedene »Stühle ausprobieren«, pendeln, die Realität von Fantasien unterscheiden, Angst vor Veränderung, Distanzverhältnisse mit Stühlen darstellen.

Impact-Techniken mit Bewegung: u. a. Skulpturen stellen, ein Kräfteverhältnis klären, in der Ecke / vor einer Wand stehen und spüren, was passiert, wenn sich der Körper umdreht und von dort aus wieder dem offenen Raum zuwendet.

5.5 Die Station als Ressource in der Traumatherapie

Mittlerweile gibt es für traumatisierte PatientInnen spezielle stationäre Behandlungsangebote, die sich von den psychiatrischen Akutkliniken konzeptionell unterscheiden. Den Anfang einer traumaspezifischen stationären Behandlung machten Mitte der 80er-Jahre die Kliniken unter Leitung von Luise Reddemann in Bielefeld und von Ingrid Olbrich in Bad Wildungen. Seit etwa 1996 gibt es auch in Göttingen unter der Leitung von Ulrich Sachsse eine Spezialstation, die für die Behandlung traumatisierter Frauen eingerichtet wurde. *»Die Mitarbeiterinnen und Mitarbeiter der Station 9 behandeln Patientinnen überwiegend mit intrusiven, aber auch mit konstriktiven Symptomen der chronifizierten, komplexen Posttraumatischen Belastungsstörung (PTBS) mit dem Ziel, dass belastende Lebenserfahrungen ohne Symptombildungen oder mit deutlich verminderter Symptombildung besser als bisher erinnerbar werden.«* (Sachsse 2003a, S. 187) Das therapeutische Konzept betont dabei die Wichtigkeit der Eigenmotivation der Patientinnen für die Behandlung.

Die Station hat mit 18 Behandlungsplätzen eine überschaubare Größe. Alle Patientinnen haben ein eigenes Zimmer. Die Behandlungsdauer erstreckt sich in der Regel auf mehrere Zeitblöcke von je zwei bis sechs Wochen (selten acht Wochen) im Intervall mit Wochen zur Erprobung des neu gelernten Bewältigungsverhaltens in der gewohnten häuslichen Umgebung.

Den Erfolg dieses Konzepts bestätigt eine Studie (Sachsse et al. 2006) mit einem 1-Jahres-Follow-up. Im Verhältnis zur Kontrollgruppe mit Standardbehandlung erbrachte das spezifische Behandlungsprogramm signifikante und stabile Verbesserungen, sowohl hinsichtlich traumaspezifischer Symptome (z. B. Dissoziation, Intrusionen, Vermeidung) als auch genereller psychiatrischer Symptome (z. B. Symptombelastung, Häufigkeit selbstverletzenden Verhaltens). Auch die Frequenz stationärer Behandlungen sank dramatisch. Derartige Spezial-Traumastationen bieten eine notwendige Ressource für PatientInnen, die im ambulanten Setting nicht adäquat traumatherapeutisch behandelt werden können. Leider gibt es immer noch zu wenig derartige Angebote, daher werden schwer traumatisierte Menschen häufig noch auf psychiatrischen Akutstationen behandelt.

5.6 Traumazentrierte kognitiv-behaviorale Therapie: Imagery Rescripting and Reprocessing Therapy (IRRT)

Mit einer traumazentrierten kognitiven Verhaltenstherapie soll das Erfahrungsgedächtnis neu geordnet werden. Favorisiert werden derzeit Programme, die eine Kombination von einerseits mehrfacher und lang anhaltender Konfrontation mit traumatischen Stimuli und Techniken des Angst-Managements nutzen (Rothbaum u. Foa 2000). »Dabei wird heute nicht mehr die Habituation an die traumatischen Erinnerungen und Emotionen als wirksames Agens angesehen, sondern die Möglichkeit, das Geschehen angemessen einzuordnen in die eigene Lebensgeschichte, unangemessene und dysfunktionale Überzeugungen und Einstellungen zu ändern und hilfreiche Sichtweisen zu finden. Ziel ist, dass der Patient sich an das Geschehen erinnern kann, ohne sehr starke

Belastungen zu empfinden und ohne die Erinnerungen bekämpfen zu müssen.« (Steil 2003, S. 138)

Mithilfe der Analyse der Lerngeschichte (Makroanalyse) der PatientInnen werden anhand von Trauma-Grafiken beispielsweise Mikroanalysen der schlimmsten Momente (Hotspots) der Traumatisierung erstellt, und daraufhin wird dann jeweils ein individueller Behandlungsplan entwickelt (Boos 2005, Zöllner et al. 2005).

IRRT ist ein kognitiv-behaviorales Therapieverfahren, das speziell für die Behandlung von Erwachsenen entwickelt wurde, die in der Kindheit körperliche oder sexuelle Traumatisierungen erlitten haben (Smucker et al. 1995). Die Konfrontation mit den traumatischen Erinnerungen erfolgt in sensu in Verbindung mit der gezielten Entwicklung von Bewältigungsimaginationen und zielt darauf, das indiviuelle situative Kompetenzniveau der PatientInnen zu verbessern. IRRT ist eine der schonendsten verhaltenstherapeutischen Expositionstechniken. Das Standard-Behandlungsprogramm (Vetter & Smucker 1997) sieht zehn Behandlungssitzungen und zwei Nachkontrollsitzungen vor mit einer Dauer von jeweils 90 Minuten bis zwei Stunden.

»Phasen der IRRT:
1. Identifikation von intrusiven Schlüsselerinnerungen
2. Konfrontation mit den intrusiven Schlüsselerinnerungen (Phase I)
3. Modifikation der katastrophisierenden Bedeutung der Erinnerungen mithilfe der Bewältigungsbilder (Phase II und III)
4. Kognitive Nachbearbeitung: Explizierung der in den Phasen I bis III gewonnenen Neubewertungen
5. Integration der neuen Sichtweisen durch Wiederholungen bzw. Kasettenmitschnitte

Traumatische Erfahrungen, die in intrusiven Erinnerungen, Flashbacks oder Albträumen wiedererinnert werden, werden dabei in den folgenden drei Phasen behandelt.

1. *Konfrontation in sensu:* Das gesamte traumatische Erlebnis wird aktiviert und wiedererlebt.
2. *Bewältigungsbilder dem Täter gegenüber:* Der Täter wird in der Imagination mit seiner Tat konfrontiert, und das traumatisierte Kind bzw. das traumatisierte Ich wird aus der traumatischen Szene befreit.

3. *Erwachsene-Kind-Bewältigungsbilder:* Das traumatisierte Kind bzw. das traumatisierte Ich wird in der Imagination liebevoll von der heutigen Erwachsenen umsorgt und beruhigt.« (Boos 2005, S. 146)

Die Aufgabe der TherapeutInnen besteht nicht darin, Bilder oder Lösungen zu suggerieren, sondern darin, diesen Umstrukturierungsprozess aktiv durch z. B. eine sokratische Fragehaltung zu unterstützen. Die Therapeutin fördert und ermutigt die PatientInnen dazu, die Erwachsenenrolle folgendermaßen auszugestalten:

1. »Den Täter zu ›konfrontieren‹;
2. Das Kind aus dem Missbrauch zu ›befreien‹, indem entweder der Täter vertrieben wird oder indem das Kind an einen sicheren Ort verbracht wird;
3. Das Kind ›liebevoll zu unterstützen.‹« (Vetter & Smucker 1997, S. 31)

Alle drei Phasen werden nacheinander in einer Sitzung durchgeführt. Dieses Vorgehen ermöglicht durch die Aktivierung von Stärke und Überlegenheit gegenüber dem Täter oder gegenüber der traumatischen Situation eine schonende Traumakonfrontation. Das traumatische Erlebnis soll hierbei im eigenen Rhythmus und mit individuellen Bewältigungsbildern von den PatientInnen verarbeitet und gewissermaßen »umgeschrieben« werden.

5.7 Der Körper als Ressource

Folgendes Gedicht einer 27-jährigen Frau, die ihr Leben seit mehr als sieben Jahren aufgrund einer neuromuskulären Erkrankung bewegungsunfähig im Bett verbringt, veranschaulicht, wie schöpferisch »Vertrauen« auch beschrieben werden kann, wenn die Körperwahrnehmung extrem eingeschränkt ist. Die junge Frau wird künstlich beatmet, kann nicht mehr sprechen, sie kann jedoch mit ihren Augen einen Computer bedienen und nutzt diesen Weg zur Kommunikation – und eben auch, um Gedichte zu schreiben.

Vertrauen

Ich liege in einem alten hölzernen Boot,
mitten auf dem Meer.
Die Ruder sind mir verloren gegangen.
Ich bin orientierungslos,
aber trotzdem zuversichtlich.

Ich habe alles, was ich brauche:
Die Sonne schenkt mir ihre Wärme.
Die wenigen Wolken versorgen mich
mit Regenwasser.
In der Nacht leuchten mir Mond und Sterne,
so dass ich mich nicht einsam fühle.

Wind und Wellen bestimmen meine Richtung –
sie entscheiden über mein weiteres Leben.

Nicole Marzusch

»Diese Krankheit hat mich schwach und zugleich stark gemacht. Durch sie habe ich Potenziale bzw. Fähigkeiten entdeckt, die ich nie in mir vermutet hätte, wie zum Beispiel das Gedichteschreiben. Und diese Krankheit hat mich zu einer Kämpferin gemacht, die ihr Leben trotz aller Einschränkungen liebt und die für ihre Träume und Ziele kämpft. So viele Menschen haben mich schon vor Jahren aufgegeben. ABER HALLO, ICH LEBE NOCH IMMER!!!« (Marzusch 2006, S. 11 f.)

»Den Körper zu spüren ist eine in der Gegenwart stattfindende Aktivität. Man kann sich zwar an eine Empfindung erinnern, doch selbst diese spürt man jetzt.« (Rothschild 2002, S. 158)

Durch das Erlernen von Körpergewahrsein können besonders traumatisierte Menschen das Gewahrsein der augenblicklichen Körperempfindungen nutzen, um sich gut im Hier-und-Jetzt-Erleben zu verankern (Eberhard-Kaechele 2006). Das aktuelle Körpergewahrsein kann auch genutzt werden, um die Erregungsgrade von Arousal bis zum Hyperarousal, z. B. während einer Traumakonfrontationssitzung, als Feedback zusätzlich zum subjektiven Belastungserleben (SUD-Skala, Subjective Units of Disturbance Scale) zu nutzen. »Durch regelmäßige Unterbrechungen, ›Abbremsen‹ und die Stärkung von Ressourcen lässt sich der

Erregungszustand auf ein erträgliches Maß verringern. Fortgesetzte Interventionen dieser Art während der gesamten Therapiesitzung ermöglichen es Klienten, mit geringerem Unbehagen an ihren schrecklichen Erinnerungen zu arbeiten.« (Rothschild 2002, S. 163) Durch das gezielte Absenken und Bremsen des Arousal-Niveaus kann die Traumabearbeitung auch eine unmittelbare Stärkung des Selbstkontrollerlebens und oftmals auch eine Sensibilisierung für die Identifizierung von Triggern ermöglichen. Dieses Pendeln zwischen beruhigenden Vorstellungen und traumatischem Material unterstützt die Reprozessierung des Vergangenen. »Der Begriff *somatische* Erinnerung (auch Körpererinnerung) wird gewöhnlich mit der Erinnerung an beängstigende traumatische Erlebnisse in Verbindung gebracht. Doch erinnert sich der Körper auch an positive Gefühle. Das Gewahrsein der eigenen Körperempfindungen kann als Super-Highway in die Vergangenheit fungieren, als Werkzeug, das Klienten hilft, nicht nur die Verbindung zu vergessenen Traumaerinnerungen, sondern auch zu vergessenen Ressourcen wiederherzustellen.« (Rothschild 2002, S. 173) Die Aktivierung von positiven Körpererinnerungen kann sehr gut während aller Therapiephasen für ein ressourcenfokussiertes Vorgehen genutzt werden.

5.8 Psychotherapie mit TRUST – Fallbeispiel: Lebertransplantation, Herr L., 51 J.

Das folgende Fallbeispiel veranschaulicht exemplarisch den eklektischen Therapieansatz einer Psychotherapie mit TRUST. Das phasenorientierte Vorgehen umfasste psychodynamische, traumatherapeutische, hypnotherapeutische und kognitiv-behaviorale Elemente, von denen einige hier dargestellt werden.

Angaben zur aktuellen Lebenssituation: Der 51-jährige Patient kommt auf Empfehlung der Psychotherapeutin seiner Ehefrau zur Therapie. Er befindet sich zu diesem Zeitpunkt in einer krisenhaft zugespitzten Lebenssituation aufgrund einer lebensnotwendigen Lebertransplantation. Vor etwa acht Jahren sei bei ihm eine Hepatitis B diagnostiziert worden, »seitdem ist es mit mir bergab gegangen«. Er habe 35 Jahre als Maschinenbauer hart gearbeitet und sei jetzt seit zwei Jahren aus gesundheitlichen Gründen berentet. Aufgrund der fortschreitenden Erkrankung sei dringend eine lebensrettende Lebertransplantation erforderlich, doch habe er solche Angst vor der Operation, dass er bisher keine Zustimmung dazu habe geben können.

Inzwischen sei sogar klar, dass seine Frau als Spenderin in Frage komme, was eine sehr seltene Option sei. Darüber freue er sich einerseits, da die Transplantation von lebenden Spendern erfolgversprechender sei, doch andererseits habe er sehr große Angst davor, seiner Frau könne durch die Teilentnahme ihrer Leber etwas zustoßen. Während der Aufklärungsgespräche für die Transplantation sei ihm jedoch gesagt worden, er müsse psychisch in der Lage sein, einer solchen Operation zuzustimmen. Erschwerend komme hinzu, dass seine Psychiaterin, die ihn seit Jahren betreue, in einem Gutachten hierzu folgende Angabe gemacht habe: »Aus psychiatrischer Sicht ist vom Vorschlag der Teil-Organtransplantation mittels Spende durch einen lebenden Familienangehörigen bei konflikthaft depressiver Verarbeitung seitens des Patienten dringend abzuraten!!« Jetzt wisse er nicht mehr ein noch aus, habe gehofft, seine Frau »als Joker« zu haben und doch eine Leber von einem anonymen Spender zu bekommen. Doch seine Ärzte meinten »so lange Zeit haben Sie nicht«. Hinzu komme, dass er in seiner Kindheit vielfache Traumatisierungen erlebt habe und es ihm zunehmend körperlich immer schlechter gehe. »Ich bin völlig durcheinander, ich bin außer mir, ich kann nicht mehr, ich hab' die Schnauze voll.«

Die Kindheit und Jugend des Patienten waren von extrem belastenden Bindungs- und Beziehungserfahrungen und Traumatisierungen geprägt. Er lebte die ersten drei Jahre bei den Großeltern und dann zwölf Jahre im Kinderheim. Dort habe er über Jahre schwere körperliche und sexuelle Misshandlungen durch einen Erzieher erlebt. Seine Versuche, sich darüber seiner Mutter anzuvertrauen, seien von ihr nicht ernst genommen worden. Diese mit vielerlei Deprivationserlebnissen durchzogenen Erfahrungen seiner Kindheit und Jugend haben zum einen zu hohen Leistungsansprüchen an sich selbst und zum anderen zu extremer Angst vor Verlassenwerden und zu Störungen seiner Möglichkeiten der Affektregulation als Erwachsener geführt. Bis zur Verschlechterung seines körperlichen Zustands konnte er die damit verbundenen, dysfunktionalen Interaktionsmuster durch hohe Wert- und Normerfüllungen, vor allem im Arbeitsbereich, kompensieren.

Die ersten drei Monate der Psychotherapie
Interventionsschwerpunkte: Aufbau eines tragfähigen Behandlungsbündnisses bei gleichzeitiger Bearbeitung der Angst vor der lebensnotwendigen Operation. Wir verabredeten zunächst, die Therapie an der aktuellen Lebenssituation der Gegenwart auszurichten in dem Wissen, dass er in seiner Vergangenheit viele Erfahrungen machen musste, die er bisher noch nicht verarbeiten konnte. Eine konkrete Auseinandersetzung damit vertagten wir auf die Zeit nach der Operation.

Folgende Techniken zur Stabilisierung, Krisenintervention und Ressourcenstärkung kamen zur Anwendung (vgl. Kap. 3 und 4):

- Lichtstromtechnik: angenehmes helloranges Licht strömt durch seinen Körper.
- Wohlfühlort/Situation: mit Ehefrau und Hund im Park oder am Meer spazieren gehen; Achtsamkeitsübungen: z. B. mit Hilfe der Übung »Atmen und Lächeln« und der 5-4-3-2-1-Technik.
- Baumübung: eine dicke Eiche vermittelt Kraft und Halt.
- Ressourceninstallation mithilfe von EMDR-RDI (vgl. Kap. 5.3.1): Es wurde erarbeitet, welche Eigenschaften hilfreich für die Durchführung und die Bewältigung der Operation sind: Entscheidungsfähigkeit, Hoffnung auf Erfolg, Durchhaltevermögen, gute Vorbereitung. Wann hat er sich in seinem Leben so gefühlt: Als Jugendlicher hatte er seine Heimat ohne finanzielle Absicherung verlassen und sich zugetraut, einen Neuanfang im fremden Land zu bewältigen. Wer verkörpert diese Eigenschaften sonst noch für ihn: Lance Armstrong, der trotz seiner Krebserkrankung erneut die Tour de France gewann. Die Metapher der Tour de France nutzten wir im Behandlungsverlauf öfter, um z. B. zu veranschaulichen, dass es auf dem langen Weg zum Erfolg viele Berge zu bewältigen gibt. Diese Bilder unterstützten den Patienten auf seinem langen Weg bis zur Lebertransplantation.

In der Anfangszeit der Therapie berichtet Herr L. oftmals von Albträumen, in denen er sehr viel Angst, Todesangst und Gewalt erlebte. Die extreme Angst vor der Operation wurde mit CIPBS bearbeitet: Er liegt im Bett, und ein Arzt beugt sich über ihn und operiert. Im weiteren Prozess taucht die Angst auf, der Körper könne die frisch transplantierte Leber wieder abstoßen (er malt, wie er auf der Intensivstation im Bett liegt und seine Frau ihm die Hand hält und ihn tröstet). Der Prozess endet mit einem Bild, das ihn und seine Frau auf dem Weg zum Gipfel eines Berges darstellt, dessen Hochplateau zum Greifen nah ist. Nach dieser Sitzung war Herr L. in der Lage, die erforderlichen Schritte zur Operation zu veranlassen.

Die Wochen vor und nach der Lebertransplantation
Er berichtet in einer anderen Sitzung von einem anderen Erlebnis, das ihn sehr verunsichert habe: »Ich sehe vor mir eine Packung Iglo-Spinat, ich sehe die Packung genau vor meinem inneren Auge, doch mir ist das Wort ›Spinat‹ nicht dazu eingefallen«, es sei sehr hilfreich gewesen, dass ich ihm schon zuvor erklärt hätte, dass infolge eines erhöhten Stressniveaus oftmals auch Gedächtnis- und Konzentrationsstörungen auftreten. Es habe ihm auch geholfen, bewusst an die guten Erfahrungen in seiner Kindheit zu denken statt nur an den Horror. Dabei seien ihm mehrere »Lichter« aufgegangen und er sei zufrieden gewesen. Er habe gedacht: »Jetzt brauche ich alle meine Kraft für die Operation.«

Drei Auszüge aus dem Tagebuch der Ehefrau:

Freitag, zwei Wochen vor der Operation, 22.00 Uhr
»Heute ging es A. noch schlechter. Er hat starke Schmerzen, zudem kommt noch ein Ekel vor dem Essen hinzu, er ist manchmal sehr gereizt (was ihm auch zusteht) und doch sehr schwach, aber trotzdem unglaublich tapfer.

Ich bin heute seelisch ziemlich am Ende, habe das Gefühl, ich kann nicht mehr.

A. hat jetzt noch Schmerzen in der Leistengegend. Besonders beim Laufen. Das kommt vom Bauchwasser, was noch mehr zugenommen hat. Hat die ganze Nacht so gut wie gar nicht geschlafen und dementsprechend schlapp fühlt er sich. Und wieder geht ein Tag des Hoffens zu Ende. Ich bin so verzweifelt und doch voller Hoffnung. Wenn es einen Gott gibt, dann wird alles gut werden, ich glaube fest daran. A. versucht zu schlafen. Ich bete für uns alle und ganz besonders für meinen geliebten Mann. Schicke in Gedanken einen Schutzengel aus, der über ihn wacht.

Gute Nacht, mein liebes Tagebuch.«

Sonntag, drei Tage später, 23.30 Uhr
»Heute ging es meinem lieben Mann etwas besser. Allerdings ist er sehr schwach. Gestern musste er noch zwei Blutkonserven bekommen. An meinem Entschluss hat sich nach wie vor nichts geändert. Wenn keine Spenderleber vor unserem OP-Termin kommt, muss er mich nehmen. Wir wollen doch zusammen alt werden und zusammen bleiben. Wir haben doch noch so viel vor. Ich bin ganz sicher, gemeinsam schaffen wir auch das.«

Mittwoch, der Tag der Operation, 3.30 Uhr
»Guten Morgen! Endlich! Unser Tag für ein neues Leben ist angebrochen.

Bitte, lieber Gott, beschütze uns – ganz besonders meinen geliebten A.

Ich liebe, ich glaube, ich vertraue. Ich bin dankbar und mutig.«

Bevor Herr L., fünf Wochen nach der erfolgten Lebertransplantation, gemeinsam mit seiner Ehefrau, die ihrem Mann einen Teil ihrer Leber gespendet hat, zur Reha fährt, kommt er noch einmal zu einer Therapiesitzung. Er berichtet von seiner Freude darüber, dass die Operation gut verlaufen sei. Diese Sitzung beendeten wir mit der Baumübung: Der Patient imaginiert seine Eiche und äußert: »Die Wurzeln sind schon größer geworden.«

Einige Aussagen des Patienten am Telefon während der Reha an der Ostsee:

»Ich habe mehr als die Hälfte des Berges erklommen.« »Meine Frau hat mir mein zweites Leben geschenkt.« »Wir müssen nach vorne schauen.« »Während der letzten 10 bis 14 Tage haben wir so gelacht, dass meine Frau sich beim Lachen die Narbe gehalten hat und ich die Narbe und die Drainage.« »Wir sind zusammen einmal durch die Hölle und dann zurück gegangen.« »Mein Gehirn hat das so aufgenommen, was ich in der Therapie bei Ihnen gelernt habe, ich habe das wie einen Film gespeichert: Bingo: Es gibt Rosen, die mir gefallen: weiße, rosa Rosen oder Spaziergänge am Meer oder mit unserem Hund, komisch, daraufhin konnte ich schlafen.«

Dieser Therapieverlauf zeigt sehr anschaulich, wie das ressourcenfokussierte und nicht explizit traumaaktivierende Vorgehen trotzdem dazu geführt hat, dass Herr L. erinnerungsverändernde Erfahrungen machen konnte, ohne unmittelbar an den Traumatisierungen der Vergangenheit gearbeitet zu haben. Dies zeigt sich auch in einem Rückgang seiner depressiven und seiner PTBS-Symptome, trotz anhaltender Belastung durch seine körperlichen Beschwerden: Vergleich der Werte zu vier Messzeitpunkten: am Anfang der Therapie, nach drei Monaten, nach 9 Monaten, nach 12 Monaten: BDI (Beck 1978): 35, 29, 18, 8 und die Werte der IES-R (Maercker & Schützwohl 1998): 67, 50, 41, 26.

6. Psychohygiene für PsychotherapeutInnen zum Schutz vor Sekundärtraumatisierung und Burnout

6.1 Gegenübertragungsreaktionen bewusst registrieren

»Trauma ist ansteckend. Der Therapeut wird in seiner Rolle als Zeuge einer Katastrophe oder eines abscheulichen Verbrechens von seinen Gefühlen oft geradezu überwältigt. Etwas weniger intensiv als der Patient lebt er dessen Gefühle von Angst, Wut und Verzweiflung ebenfalls durch. Dieses Phänomen ist als ›traumatische Gegenübertragung‹ oder als ›Traumatisierung aus zweiter Hand‹ (van der Kolk 1988) bekannt.« (Herman 1993, S. 193)

In der Arbeit mit traumatisierten PatientInnen sollte jede Therapeutin eigene Rituale für die Pflege der eigenen Psychohygiene entwickeln, um den vielfältig möglichen Gegenübertragungsreaktionen (z. B. der Retterin, Täterin, allgegenwärtigen Helferin) vorbeugend eine eigene strukturierte Selbst(für)sorge entgegenzusetzen. Zusätzlich kann z. B. auch CIPBS sehr gut zur Klärung oder als Weg in der Supervision genutzt werden.

6.2 Burnout und Sekundärtraumatisierung

Nicht müde werden

Nicht müde werden
sondern dem Wunder
leise
wie einem Vogel
die Hand hinhalten.

Hilde Domin
© *S. Fischer Verlag GmbH, Frankfurt a. M.*

Der Zustand des Burnout ist die Folge eines Prozesses, Sekundärtraumatisierung kann dagegen auch durch ein einzelnes Ereignis erfolgen. Oftmals besteht jedoch eine wechselseitige Aufschaukelung. »Burnout ist als ein Zustand körperlicher, seelischer und geistiger Erschöpfung zu verstehen, der sich über berufliche Belastungssituationen entwickelt und mit negativen Emotionen verbunden ist... Burnout ist kein Krankheitsbild, sondern ein Reaktionssyndrom, das mit den Arbeitsbedingungen und Organisationsstrukturen, den Aufgabenmerkmalen und Personalmerkmalen zusammenhängt.« (Dorst 2006, S. 200)

Etappen der Burn-out-Entwicklung (Fengler 1991, S. 109)
1. Freundlichkeit und Idealismus
2. Überforderung
3. Geringer werdende Freundlichkeit
4. Schuldgefühle darüber
5. Vermehrte Anstrengung
6. Erfolglosigkeit
7. Hilflosigkeit
8. Hoffnungslosigkeit (»Ein Fass ohne Boden«)
9. Erschöpfung, Abneigung gegen Klienten, Apathie, Aufbäumen, Wut
10. Burnout: Selbstbeschuldigung, Flucht, Zynismus, Sarkasmus, psychosomatische Reaktionen, Fehlzeiten, große Geldausgaben, Unfälle, Dienst nach Vorschrift, Selbstmord, Liebschaften, Scheidung, plötzliche raptusartige Kündigung, sozialer Abstieg, Aus-dem-Tritt-Kommen usw.

»Personen, die ausbrennen, weisen nicht nur ein Merkmal des Ausbrennens auf. Vielmehr treten oft mehrere Merkmale parallel auf.« (zitiert nach Dorst 2006, S. 200)

6.3 Kohärenzgefühl, Achtsamkeit und Flow erleben

Achtsamkeit und Flow erleben
Seligman (2003, S. 183 f.) beschreibt fünf Methoden, die von Fred B. Bryant und Joseph Veroff in Studien zum sog. Auskosten (savoring) ermittelt wurden. Berücksichtigt man diese Strategien kontinuierlich im

Alltag, dann können so Achtsamkeit und somit auch das Glücksempfinden in der Gegenwart gefördert werden:

1. Mitteilen: sich andere Menschen suchen und sich wechselseitig über wertvolle Momente austauschen
2. Erinnerungen bewahren: innere Momentaufnahmen, bildhafte Vorstellungen von angenehmen Erlebnissen sammeln
3. Sich selbst beglückwünschen: Stolz sein auf eigene Handlungen
4. Die Sinneswahrnehmung schärfen: möglichst viele Details in der Umgebung achtsam wahrnehmen
5. Absorbierung: sich ganz tief in eine Situation versenken, nichts denken, sich dem Fühlen überlassen und Muße pflegen

Ich empfehle diese Prinzipien ebenfalls PatientInnen, aber diese Empfehlungen sind auch hervorragend zur Burnout-Prophylaxe und zum Schutz vor sekundärer Traumatisierung geeignet. Man kann mithilfe von individuellen Ritualen die eigene Berufs- und Lebenszufriedenheit deutlich erhöhen. In vielen Seminaren und Workshops zur Burnout-Prophylaxe haben sich diese Prinzipien bewährt. Eva Koppenhöfer (2004) gibt in der »Kleinen Schule des Genießens« anhand eines gestuften Trainings der Sinne viele Anregungen dazu. In dem Buch »Zur Besinnung kommen« von Jon Kabat-Zinn (2006) werden sehr viele Wege der Achtsamkeit aufgezeigt, um (wieder) mit sich selbst und der Welt in Kontakt zu sein. »Achtsamkeit schafft Raum. In diesem Raum können sich Mut, Vertrauen und Ausdauer entfalten« (Wetzel 2002, S. 17).

Auch Seligman empfiehlt, möglichst regelmäßig die oben genannten Methoden anzuwenden. Zur bewussten Unterstützung schlägt er z. B. vor, Genusspausen und regelmäßig »schöne Tage« einzuplanen. Einen schönen Tag haben: »Reservieren Sie sich einen freien Tag in diesem Monat und tun Sie ausschließlich das, was Ihnen am liebsten ist. Verwöhnen Sie sich. Planen Sie schriftlich, was sie von Stunde zu Stunde tun werden. Wenden Sie möglichst viele der oben beschriebenen Methoden an. Lassen Sie den Alltagstrubel nicht dazwischenkommen. Führen Sie Ihren Plan durch.« (Seligman 2003, S. 186 f.)

Inzwischen gibt es vermehrt Studien, die belegen, wie wichtig spezifisches Bewältigungs- und Selbst(für)sorgeverhalten für TherapeutInnen ist, die traumatisierte Menschen behandeln (Stamm et al. 2002). Die regelmäßige Teilnahme an Aus- und Fortbildungsveranstaltungen kann hierbei neben dem Effekt der allgemeinen Wissenszunahme auch das Gefühl der Unterstützung durch berufliche Vernetzung erhöhen. Eine Studie von Kelly R. Chrestman zeigt, dass auch die Teilnahme an nicht-traumaspezifischen Fortbildungen mit einer Verringerung der berufsbedingten Angst- und Stresssymptome einherging. Weitere Faktoren, die zur Zunahme von Traumasymptomen zu führen schienen, waren ein höherer Anteil klinischer Aktivitäten im Verhältnis zu nicht klinischen Aktivitäten und eine größere Zahl von Traumatisierten in der Gesamtgruppe behandelter Klienten. Somit scheint ein Symptomanstieg sowohl mit der für klinische Arbeit aufgewendeten Zeit im allgemeinen als auch speziell mit dem Umfang der Arbeit mit Traumatisierten zusammenzuhängen.« (Chrestman, 2002, S. 63)

Flow beschreibt ein Lebensgefühl des völligen Einsseins mit dem Leben, was nicht bedeutet, dass es sich dabei nur um angenehme Erfahrungen handeln muss. Das Leben überrascht immer wieder, und begegnet man diesen »Überraschungen« mit Respekt, dann kann jeder Augenblick als Gelegenheit zum *Flow*, als Möglichkeit des vollkommenen Präsent-Seins genutzt werden. »Es ist niemals leicht, Kontrolle über das Leben zu gewinnen, und manchmal ist es sogar eindeutig schmerzhaft. Doch auf längere Sicht geben optimale Erfahrungen einem ein Gefühl von Kontrolle über sich selbst – vielleicht besser ein Gefühl, *teilzuhaben* an der Festlegung dessen, was den Sinn des Lebens ausmacht – und das ist dem, was wir gewöhnlich unter Glück verstehen, so nahe, wie man ihm jemals gelangen kann.« (Csikszentmihalyi 2004, S. 16) Flow, Resilienz und Kohärenzerleben können auch durch regelmäßige Achtsamkeitsübungen oder Meditationen unterstützt werden. »Man kann als Ausgangspunkt für die Meditation ein Stück Holz, eine Muschel, einen Baum, einen Fluss oder Blick eines Kindes wählen... Das berühmteste Beispiel ist sicher die ›Meditation über das Pippala-Blatt‹, ein Blatt von dem Baum, unter dem der Buddha die Erleuchtung erlangte.« (Cartier u. Cartier 2006, S. 26) Thich Nhat Hanh erzählt in seinem Buch *Siddhartha* davon, »auf welche Weise sich diese Meditation beim Buddha vollzog: ›Er lächelte und sah hinauf zu einem Pippala-Blatt, das sich gegen den blauen Himmel abhob und sich im Wind hin und her bewegte, als wolle es ihm ein Zeichen geben. Als er das Blatt eingehend betrachtete, sah er darin die Gegenwart der Sonne und der Wolken – ohne Sonne, ohne Licht und Wärme könnte dieses Blatt nicht existieren. Dieses ist, weil jenes ist, jenes ist, weil dieses ist. Auch die Gegenwart der Wolken erkannte er in dem Blatt – ohne Wolken gäbe es keinen Regen, und ohne Regen könnte das Blatt nicht sein. Er sah die Erde, die Zeit, den Raum und den Geist – alles war in diesem Blatt gegenwärtig. Seine Existenz war ein großes Wunder.‹« (Cartier u. Cartier 2006, S. 26 f.)

> Durch alle Wesen reicht der eine Raum:
> Weltinnenraum. Die Vögel fliegen still
> Durch uns hindurch. O, der ich wachsen will,
> ich seh hinaus, und in mir wächst der Baum
>
> *Rainer Maria Rilke*

6.4 Die therapeutische Arbeit als »Kunstwerk« oder: vom Glück, PsychotherapeutIn zu sein

Buddhistische Lehren zeigen, wie man sich u. a. mithilfe von Achtsamkeit für das Wunderbare des Lebens öffnen kann. »›Ihr könnt in jedem Augenblick eures Lebens glücklich sein. Glücklich beim Ausfegen oder Abwaschen, glücklich beim Lesen, Schreiben, Autofahren oder wenn ihr auf eurem Computer tippt … Vorausgesetzt, ihr seid euch jeden Augenblick dessen bewusst, was ihr tut.‹« (Cartier u. Cartier 2006, S. 143 f.) »Untersuchungen über *flow* haben immer wieder bewiesen, dass die Lebensqualität vorwiegend von zwei Faktoren abhängig ist: wie wir unsere Arbeit erfahren und wie unsere Beziehungen zu anderen Menschen aussehen.« (Csikszentmihalyi 2004, S. 217) Die Konfrontation mit schrecklichen Lebensereignissen, die unsere traumatisierten PatientInnen erlitten haben, ist oftmals so unvorstellbar grausam und ungerecht, dass es wirklich immer wieder eine große Herausforderung darstellt, eine angemessene Form der professionellen Distanzierung und Empathie zu entwickeln, um nicht von solchen Entsetzlichkeiten überflutet zu werden. Meine klinischen Erfahrungen im Umgang mit traumatisierten Menschen und vor allem mit Menschen, die an Krebs erkrankt sind, und auch der Umgang mit deren Angehörigen haben mich herausgefordert, eine (Lebens-)Haltung zu entwickeln, die ich am ehesten mit dem Begriff Authentizität veranschaulichen kann. Authentisch sein bedeutet für mich, mein therapeutisches Wissen individuell in jedem Moment im ständigen Fluss anzuwenden, präsent zu sein für das, was ist. Mir hilft dabei die Vorstellung, das therapeutische Arbeiten als eine Art »Kunstwerk« zu begreifen, das mit professionellen Strategien und Erfahrungswissen eine bestmögliche »neue Schöpfung« der gegebenen Lebenssituation hervorbringen hilft. Gesundheit und Heilung zu ermöglichen bedeutet für mich in diesem Sinne, Kohärenzerleben und Resilienz (wieder) hervorzubringen. Das Resilienz-Stressbewältigungsmodell (Kap. 1.5) bietet sich in diesem Kontext auch als Steuerungselement für die eigene Psychohygiene als Psychotherapeutin an.

Auch Künstler müssen, um kreativ zu bleiben, eine gewisse Leichtigkeit und Flow-Erleben in der Arbeit spüren. Um die Freude an der Arbeit zu erhalten, können folgende Prinzipien als Leitlinien angesehen werden, um das Glück, PsychotherapeutIn zu sein, zu spüren. Mit den Worten einer buddhistischen Sichtweise charakterisiert: »Glück ist etwas, das sich durch Pflege herausbildet. Wie eine Orange, ein Pfirsich oder eine Blume.« (Cartier u. Cartier 2006, S. 146) Das bedeutet auch, sich in Verantwortung für die eigene Selbst(für)sorge einzusetzen. Oder in ganz einfachen Worten ausgedrückt: von nix kommt nix!

Die Phänomenologie der Freude umfasst nach den Studien von Csikszentmihalyi acht Hauptkomponenten:

1. Erfahrungen werden eher positiv erlebt, wenn man sich einer Aufgabe gewachsen fühlt
2. die Fähigkeit zur Konzentration gehört dazu
3. die Aufgabe umfasst deutliche Ziele
4. es gibt unmittelbare Rückmeldungen
5. die Handlungen erfolgen mit Hingabe
6. das Ausführen der Tätigkeit vermittelt ein Gefühl der Kontrolle
7. die Sorgen um das Selbst verschwinden bei gleichzeitiger Stärkung des Selbstgefühls nach Flow-Erfahrungen
8. das Gefühl für Zeitabläufe ändert sich: Stunden vergehen wie Minuten.

Wenn diese Komponenten in der Ausübung der therapeutischen Arbeit in Balance sind, dann können Gefühle der Zufriedenheit und Resilienz entstehen oder spürbar werden, auch wenn es dabei um die therapeutische Begleitung bei der Verarbeitung schlimmster Lebenserfahrungen geht.

»Das Gute an schwierigen Erfahrungen ist, dass man das Gegenteil davon mehr schätzen lernt. Mir ist in den letzten Jahren Selbstfürsorge ein immer wichtigeres Thema und eine Herausforderung zu entsprechendem Handeln geworden. Mit Staunen stellte ich fest, wie viel Psychotherapeuten und Psychotherapeutinnen heutzutage darüber sprechen und wie wenig sie dann doch dafür – also für sich selbst – tun.« (Reddemann 2005, S. 564)

Ich hoffe, Sie können die Anregungen zum Thema als Bestätigung oder Ermutigung für eine gute Selbst(für)sorge erleben, und wenn nicht: es ist nie zu spät, eine glückliche Psychotherapeutin zu werden.

7. Statements für eine Psychotherapie mit TRUST

- Das Erleben von Trauma- und Krisensituationen kann das Vertrauen in die Welt und in die eigene Person tief erschüttern und zu einem Zusammenbruch der im Laufe des Lebens erworbenen Bewältigungskompetenzen führen. Psychotherapeutische Interventionen sollen die PatientInnen darin unterstützen, Erfahrungen zu machen, die sie in die Lage versetzen, das verloren gegangene Vertrauen wieder aufzubauen.
- Neue Ergebnisse der Hirnforschung bieten dabei hilfreiche Modelle und Hinweise für die Entwicklung und Beurteilung therapeutischer Interventionen an.
- Belastungssituationen, die als unentrinnbar und das individuelle Bewältigungspotenzial überschreitend erlebt werden, erzeugen einen Dauerstress, der zu tief greifenden Veränderungen der neuronalen Funktionen führen kann. Dadurch werden Verhalten, Erleben und körperliche Funktionen beeinträchtigt, und der Zugang zu vorher vorhandenen Kompetenzen, Ressourcen und positiven Erfahrungen und zu neuen Lösungsmöglichkeiten wird verhindert.
- Therapeutische Interventionen müssen entsprechend in beide Richtungen wirken: Sie müssen einerseits die »Verfügbarkeit« neuronal repräsentierter Bewältigungsmuster, positiver Erfahrungen, Ressourcen etc. durch gezielte Aktivierung stärken und andererseits das Gehirn vor der Überaktivierung der Angstsysteme durch den als unkontrollierbar erlebten Stress schützen und damit die »höheren« corticalen Strukturen wieder funktionsfähig machen. Dies gelingt nicht durch Einsicht und Introspektion, sondern durch intensive neue Erfahrungen, die die dysfunktionalen Verschaltungen hemmen und neue bahnen.
- Die in diesem Buch vorgestellten Interventionen und die damit verbundene therapeutische Haltung zielen darauf, derartige Erfahrungen zu ermöglichen. Auch die theoretischen Konzepte der Salu-

togenese, der Positiven Psychologie und der Resilienz sind sehr gut mit dem Konzept einer Psychotherapie mit TRUST vereinbar. Diese Konzepte basieren auf einem Menschenbild, das nicht die Pathologie in den Mittelpunkt stellt, sondern den Blick auf die individuellen Stärken und Heilungspotenziale lenkt.

- Besonders die »nicht sprachlichen«, auf der Bild-Imaginations- und Körperebene ansetzenden Zugänge sind hilfreich, die eher »kindlich« einfache, globale Konzepte aktivieren und Komplexität reduzieren. Weiterhin kann auf diesen Ebenen auch das »Unaussprechbare« eher kommunizierbar und bearbeitbar werden.
- Die beschriebenen stabilisierenden, ressourcenstärkenden und lösungsorientierten Interventionen sind dabei nicht auf die sogenannte »Stabilisierungsphase« der Therapie beschränkt, sondern auf ihnen liegt von der ersten Stunde an durchgehend der Schwerpunkt. Die Trauma-, Krisen- und Problemkonfrontation sollte möglichst kurz und schonend erfolgen mit dem Fokus auf Veränderung, unmittelbarer Entlastung und der Ermöglichung neuer Erfahrungen.
- Trauma- und Krisensituationen sind durch die Erfahrung von Hilflosigkeit und Ausgeliefertsein geprägt. Umso wichtiger ist es, in der Therapie ein Maximum an Selbstbestimmung, Akzeptanz und Wertschätzung zur Verfügung zu stellen und das therapeutische Vorgehen so transparent wie möglich zu machen.
- Psychotherapie mit TRUST bietet einen Bezugsrahmen für unterschiedliche Verfahren, um für die jeweilige individuelle Situation aktiv und kreativ Veränderung und Wachstum zu ermöglichen. Diese Interventionen sollten auch an die individuellen Alltagserfahrungen der PatientInnen anknüpfen. Entsprechend müssen TherapeutInnen auch die Neugierde haben, sich flexibel auf die Lebenswelten ihrer PatientInnen einzulassen.
- Dabei ist es entscheidend, dass auch die TherapeutInnen der »inneren Weisheit« der PatientInnen vertrauen und entsprechenden Raum anbieten, damit sich diese entfalten kann, auch wenn dies manchmal mit den eigenen Konzepten und Erwartungen nicht übereinstimmt.
- Erinnern, Weitergehen und Vertrauen.

TherapeutInnenbefragung zur Anwendung von CIPBS

Einleitung
Im August 2006 wurden PsychotherapeutInnen nach ihren Erfahrungen mit der Anwendung von CIPBS befragt. Ziel war es, u. a. einen Überblick über die häufigsten Indikationsbereiche, die nach Ansicht der TherapeutInnen Haupt-Wirkfaktoren sowie die Beurteilung der PatientInnen zu erhalten.

Methode
195 PsychotherapeutInnen, die CIPBS in den letzten drei Jahren in Kurz-Seminaren kennengelernt hatten und von denen Anschriften vorlagen, wurden angeschrieben und gebeten, einen Fragebogen zu den o. g. Fragestellungen auszufüllen. Insgesamt schickten 118 TherapeutInnen (60,6%) den Fragebogen zurück. Die ersten 90 Fragebögen, die in den ersten vier Wochen eingingen, wurden in die Auswertung einbezogen.

Ergebnisse
1. Berufliche Qualifikation der TherapeutInnen
Die größte Gruppe stellen mit 50% Psychologische PsychotherapeutInnen, gefolgt von 35,6% ärztlichen PsychotherapeutInnen, 8,9% Kinder- und Jugendlichen-PsychotherapeutInnen und 5,6% andere TherapeutInnen. Mit 89% sind die meisten in eigener Praxis niedergelassen. Dagegen sind nur wenige im stationären Bereich tätig: 4,5% in Rehabilitationskliniken, 3,5% in Akutkliniken bzw. Institutsambulanzen und nur 2% in Beratungsstellen.

69,9% haben eine tiefenpsychologische Ausbildung, 29,9% sind VerhaltenstherapeutInnen, 8,9% PsychoanalytikerInnen, 5,6% geben eine andere therapeutische Grundausbildung an (Mehrfachnennungen möglich).

Über 50% geben zusätzliche therapeutische Ausbildungen an. Am häufigsten genannt werden dabei mit jeweils 18% Gestalt- und Hypnotherapie, gefolgt von Gesprächspsychotherapie (17%), Systemischer Familientherapie (15%) und Katathym-Imaginativer Psychotherapie (13%).

Mit 82% hat die überwiegende Mehrheit eine traumatherapeutische Zusatzausbildung. Am häufigsten wird EMDR von 63% der Befragten genannt (17% machten keine Angaben), gefolgt von PITT mit 21% und »Reddemann & Sachsse« mit 17%, außerdem noch »Curriculum-Traumatherapie« (DeGPT) mit 7% und KIP-Traumatherapie mit 5%. Sonstige zusätzliche Ausbildungen bzw. Fortbildungen (Michaela Huber, E. Nijenhuis, Somatic Experiencing, TRIMB, Brainspotting etc.) werden zusammen von 28% der Befragten (ohne

Missings) angegeben (Mehrfachnennungen einbezogen). Über 80% der Traumatherapeutlnnen haben mindestens eine zweite traumatherapeutische Ausbildung.

Die durchschnittliche therapeutische Berufserfahrung liegt mit 16 Jahren (Range: 6 bis 34 Jahre) sehr hoch. Auch die traumatherapeutische Tätigkeit ist mit durchschnittlich 6 ½ Jahren angesichts dieser noch jungen Disziplin relativ hoch.

2. Anwendung von CIPBS, Indikationsbereiche

Die meisten befragten TherapeutInnen haben CIPBS vor ein bis zwei Jahren kennengelernt (40%), 37% vor über zwei Jahren und 23% vor weniger als einem Jahr. 6,7% haben CIPBS nicht angewandt, 30,3% mit ein bis fünf PatientInnen, je 22,5% mit sechs bis zehn und mit 11 bis 20 PatientInnen, 13,5% mit 21 bis 50 PatientInnen und 4,5% mit mehr als 50 PatientInnen. Je länger die Ausbildung zurücklag, umso größer war die Zahl der mit CIPBS behandelten PatientInnen (r .40; p < 0,01). Die meisten TherapeutInnen haben CIPBS bei Erwachsenen (50,7%) und jungen Erwachsenen (26%) angewandt, 9,6% bei Kindern und Jugendlichen, die restlichen ohne Altersbegrenzung.

Die meisten TherapeutInnen wenden CIPBS bei Entscheidungskonflikten, zur Krisenintervention und bei Angstsymptomatik an. Die nächstgrößeren Indi-

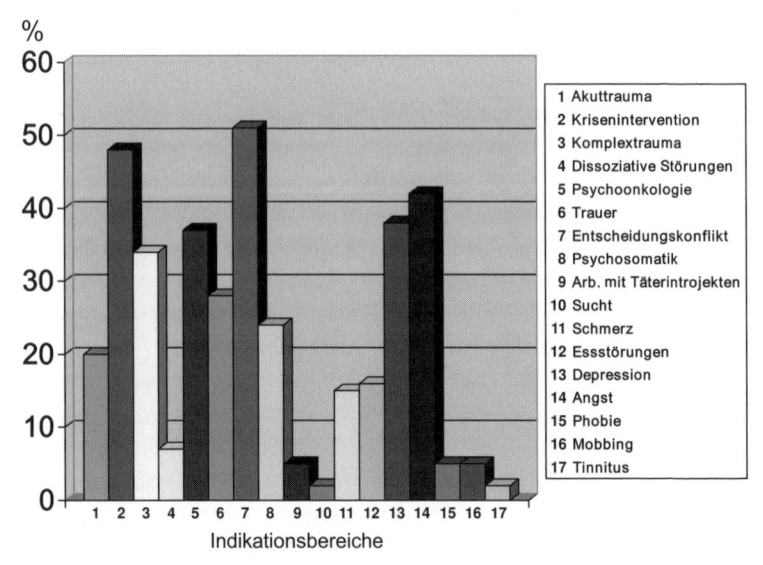

Abb.: Anwendungsbereiche von CIPBS

kationsbereiche sind Depression, Psychoonkologie und Komplextrauma. Es folgen Trauerprozesse, Psychosomatik und Akuttrauma. Mit einigem Abstand folgen dann Essstörungen, Schmerz und Dissoziative Störungen (vgl. Abb. 1). Möglicherweise ist die Reihenfolge auch durch die Themen der Selbsterfahrung der TherapeutInnen während des CIPBS-Kurses und durch die Auswahl der in den Kursen gezeigten Fallbeispiele beeinflusst.

Alle Antworten auf die Frage, wann die befragten TherapeutInnen CIPBS anderen therapeutischen Verfahren vorziehen, sind in Tabelle 1 aufgelistet:

Tabelle 1: Bevorzugung von CIPBS gegenüber anderen Verfahren

- wenn die Sprache nicht weiterführt
- wenn PatientInnen hohes, ungenutztes kreatives Potenzial haben
- bei Krebspatienten, bei einfacher Traumatisierung
- Akuttrauma, Krisenintervention, Sucht
- allgemein z. Auflösung/Erleichterung v. »Gefühlsblockaden«, für den Patienten nicht »erklärbare« starke Affekte; stark belastende Situationen oder Konflikte; Entscheidungskonflikte; Ressourcenstärkung
- am ehesten Akuttrauma, aber auch z. B. bei festgefahrenen therapeutischen Situationen
- Angst
- Angst + Depression, große Hilflosigkeit, Verzweiflung, sexueller Missbrauch, Onkologie, Traumata, überall dort, wo Reden oder Empathie nicht ausreicht
- Bearbeitung der häufig traumatisch empfundenen Diagnose bei onkologischen Patienten/Ressourcenaktivierung und -stärkung vor allem bei onkologischen PatientInnen
- bei Intellektualisierung als Abwehrmodus, oft bei Angstproblematik im Rahmen eines Ablösekonfliktes. »Ausweglosigkeit«. »Widerstand«. Oft als Ergänzung zu KIP
- bei komplex Traumatisierten schonendes Verfahren! Aber: immer vorher »Wohlfühlort« installieren! Sehr gute Ressourcenarbeit
- bei konkret benannten Konflikten / bei Angst und Phobie
- bei Menschen, die über Symbole leichter zu erreichen sind, konkret in der Therapie mit Frauen, deren Muttersprache nicht Deutsch ist
- bei PatientInnen, denen es Schwierigkeiten macht, sich dem klassischen EMDR-Verfahren »hinzugeben«. Ich überlasse dem Patienten die Regie über die Länge und Frequenz der bilateralen Stimulation der taktilen Reize
- bei psychoonkologischen PatientInnen: Diagnose oder Angst vor Wiedererkrankung
- bei psychosomatischen Erkrankungen kann CIPBS die schonende Aufdeckung des Grundkonflikts unterstützen, wenn es punktuell in die Therapie eingeflochten wird

- bei relativ akutem Geschehen
- bei sehr ängstlichen Patienten
- belastende akute Konflikte (nicht überflutend), Neubewertung belastender Erinnerungen, chronifizierte negative (entwertende, destabilisierende) Selbsteinschätzung; Ressourcenimplantation (effektiver als ausschließlich kognitiv od. imaginativ)
- blockierte Entscheidungsprozesse mit hoher Inkonsistenz / stärke Körperreaktionen ohne eindeutige traumatische Erinnerungen/Pat. mit rationalisierender Abwehr
- CIPBS und EMDR nicht an bestimmte Indikationen, sondern therapeutische Prozesse anknüpfen
- die Methode integriere ich in andere Therapiemethoden, Sandspiel, KIP
- eher als Ergänzung zu anderen Verfahren / wenn EMDR mir als zu »hart« und konfrontativ erscheint / als kreative »Ressource« im Methodenkoffer
- eher ein Weg, wenn andere Wege »too much« sind
- Eingangsphase oder abgeschlossene Diagnostik / niederfrequentes Behandlungs-Setting / zur fraktionierten Traumabearbeitung mit gleichzeitiger Ressourcenbildung
- eingrenzbare Thematik
- Entscheidungskonflikt (»innere Zerrissenheit«), unklare Gefühlslagen / um sanft mit EMDR in Kontakt zu kommen, besonders bei Jugendlichen
- Entscheidungskonflikte, Ängste, besondere Fragestellungen, Traumabearbeitung
- erst wenig Erfahrungen mit CIPBS
- eventuell bei Täterintrojekten
- extrem gute Erfahrung bei Kindern mit Schulangst oder anderen Ängsten. Arbeite zum Teil in Anwesenheit der Eltern und beziehe diese in die Prozesse mit ein: Traumabearbeitung/Krisenintervention
- festgefahrene Entscheidungsprozesse, unklare, vage traumatische Erlebnisse
- in affektiv aufgeladenen Situationen / bei erlebter Ratlosigkeit der PatientInnen / TherapeutIn / um sich bei stark rationalisierender Haltung eine andere Erlebens- und Kommunikationsebene zugänglich zu machen
- Intensivierung von Körperwahrnehmung / nonverbale bzw. imaginative Erarbeitung von Themen, z.B. Angst vor Gefühlsüberflutung
- intuitiv als eine Möglichkeit, schonende Herangehensweise
- je komplexer die Fragestellung oder umfassender das Problem; je weniger konkret vom Patienten zu benennen; lasse Patienten auch selbst entscheiden
- Kinder und Jugendliche mit Erfahrungen häuslicher Gewalt / Unfälle, Operationen oder medizinisch iatrogene Traumata, Gewalterfahrungen an Schulen unter Jugendlichen
- klar strukturierte Konflikte, Entscheidungsfindung, Suche nach alternativen Handlungsmustern

- Konflikte / Beziehungsaufarbeitungen / aktuelle Belastungen / neue Wege finden aus eigener Kraft
- bei körperlichen Erkrankungen und bei PatientInnen mit guter Symbolisierungsfähigkeit
- Krisensituation; depressiv eingeengte Wahrnehmung; Hoffnungslosigkeit nach schweren Schicksalsschlägen; Migrationsproblematik
- kurzfristige Behandlung, Krisenintervention, Diskrepanz zwischen Verbalisierung und Leidensfokus
- Kurzzeittherapie, »small trauma«
- meist in Verbindung mit KIP
- muss PatientInnen erst »umgewöhnen« u. CIPBS als schonende Traumabearbeitung, zur Ressourcenaktivierung und Aktivierung neuer Assoziationsketten einführen. Nicht angewandt, hatte nur kurzes Einführungsseminar
- nicht bei bestimmten Indikationen, aber bei bestimmten PatientInnen: a) PatientInnen, die Zugang zu bildhafter Symbolisierung und gestalterischem Ausdruck haben, b) wenn ein besonders schonendes Vorgehen angesagt erscheint
- noch nicht angewandt, habe Methode auf einer Tagung kennengelernt, bin an CIPBS-Fortbildung interessiert
- noch zu wenig Erfahrung. Bin eher vorsichtig, weil ich nicht weiß, wann sich ein Krankheitsbild ggf. verschlechtern könnte
- Psychoonkologie
- starke Verzweiflung, Probleme durch Problemfixierung, Entscheidungsnot, Angstzustand, Krise
- Störungen in der Introspektionsmöglichkeit
- suggestible Pat., die ich z. B. mit KIP allein nicht erreiche
- Trauma; wenn EMDR zu belastend ist
- Traumata, emotional hohe »Ladung« von Problemen, Situationen, Konflikten, Angstbewältigung, Belastungen, verbunden mit körperlichen Erkrankungen und Umgang mit Behinderungen
- vorsichtige Aktivierung von vor- und unbewusstem »Material« / konflikthaften Prozessen und Integration (bin selbst noch im »Experimentierstadium« mit dieser Methode)
- wende CIPBS nicht indikationsabhängig, sondern eher personabhängig an und abhängig von meiner Intuition
- weniger die Indikation entscheidet als PatientInnen selber: Stresslevel / Sympathie für Methode / Verbalisierungsmöglichkeit / Schweigegebote
- wenn es keine Sprache mehr zu geben scheint / wenn es irgendwie nicht weitergeht
- wenn es wichtig ist, dass die Klientin einen Zugang dazu findet, wie sie sich selbst weiterhelfen kann (Zugang zu den eigenen Ressourcen zu finden – auch relativ unabhängig von der Therapeutin)
- wenn immer wieder dieselben Muster auftauchen in kognitiven oder emotionalen Reaktionen

- wenn PatientIn das Gefühl hat, in einer »Sackgasse« zu stecken; keine Lösungen mit verbalen Techniken angeregt werden können
- wenn PatientIn Schwierigkeiten hat, Worte zu finden; wenn es für PatientIn wichtig ist (er/sie Schwierigkeiten hat, die Kontrolle aus der Hand zu geben), ganz selbstbestimmt zu arbeiten
- ziehe es z. B. EMDR vor, um der Patientin mehr Steuerbarkeit in der Geschwindigkeit des Prozesses zu überlassen / oder z. B. der Beobachtertechnik od. anderen sprachlichen Verfahren, um die nicht sprachliche Ebene mehr mit einzubeziehen. Danke fürs Weitergeben der Technik

3. Typische Kommentare von PatientInnen

In dem Fragebogen wurde auch nach typischen Kommentaren bzw. Äußerungen von PatientInnen als Reaktion auf die Arbeit mit CIPBS gefragt. Tabelle 2 enthält sämtliche Antworten:

Tabelle 2: Kommentare von PatientInnen

- »Ich kann nicht malen« – dann Staunen über die Ausdrucksstärke von »nur Strichmännchen«. Wohlwollen und Erleichterung
- anfangs Sorge, nicht malen zu können, dann Verwunderung über das hilfreiche Ergebnis des Prozesses
- Arbeit wird als eher hilfreich u. entlastend sowie klarifizierend erlebt; in einem Fall (leider dem ersten) keine Veränderung
- befremdlich/ungewöhnlich
- bei einer Pat. habe ich Abstand davon genommen, CIPBS anzuwenden: »Ich kann doch nicht malen, ich bin doch kein Kind«
- da ich überwiegend mit Kindern u. Jugendlichen arbeite, sehe ich den großen pos. Effekt besonders in dieser Altersgruppe
- das hat mir jetzt wirklich eine neue Sichtweise eröffnet (Entscheidungsprozess). Ich fühle mich sehr gekräftigt und gestärkt (Trauer). Ich habe mehr Rückgrat bekommen (Ehekonflikt)
- das ist ja schön, dass ich jetzt alle meine Ängste aufgemalt habe und bei Ihnen lassen kann, das gute Bild nehme ich mit
- das ist ja seltsam / das ging schnell und tut gut
- das ist ja wie Zauberei / ich bin total erleichtert
- das Thema ist nicht mehr (so) belastend / ich komme jetzt besser damit zurecht / Beobachtung: neue Handlungsfähigkeit, Kl. haben danach etwas Neues getan oder Entscheidungen getroffen
- die eine Patientin konnte das Angebot für sich nur schwer annehmen, deutlicher Widerstand
- eigentlich kann ich nicht malen / Ich hätte nicht gedacht, dass das was bringt

- entlastet, überrascht, angeregt
- erleichtert, den eigenen Gefühlen näher gekommen / gespürt. Überrascht, dass so was funktioniert
- Erstaunen
- Erstaunen darüber, wie sich das Thema im Bild widerspiegelt
- Erstaunen über die Wirkung/Veränderung! deutl. Entspannung/Entlastung
- Erstaunen über die auftretenden Effekte im Prozess / Bilder bleiben auch im Alltag präsent und bieten Unterstützung
- Erstaunen über die schnelle Wirksamkeit, tiefe (gewünschte) Gefühle werden erlebt, stark erweitertes Handlungsspektrum danach wird beschrieben.
- Erstaunen über Wirksamkeit
- Erstaunen über Vergessenes, das auftaucht / Erstaunen, wenn gemalte Lösungen wahr werden / Erleichterung bei der Ankunft beim »Lösungsbild«
- erstaunlich schnell, hätte ich nicht erwartet, muss ich noch oft dran denken
- erstaunlich, wie aus dem Dunkel Licht wird
- Erstaunen über eigene Problemlösungsfähigkeiten: Zuwachs an Kompetenzempfinden
- Erstaunen, dass rasch und schonend Affekte veränderbar sind
- es entlastet mich
- es ist einfacher, als ich dachte
- es sei weniger konfrontativ als EMDR
- fällt mir spontan nicht ein, werde darauf achten
- Gewinn der eigenen Symbolik, Erfahrung als Ressource, Entspannung, »erstaunlich«, »befreiend«
- hilft zur Distanzierung / Erstaunen über eigene Bilder, Prozesse / Freude über Kreativität und Entwicklung v. Lösungen
- Ich sehe wieder Licht am Ende des Tunnels / Die Übung hat lange angehalten
- Ich staune, dass so etwas möglich ist und dass es sofort spürbar Erleichterung bringt
- im Psychokardiologie-Bereich ist es nicht gut angekommen
- kann nicht malen, mir fällt nichts ein, fühle mich unter Druck
- kann nicht malen / starke Abreaktionen / hat Spaß gemacht und tut gut / was soll dieses Bildchen malen?
- PatientInnen fühlten sich deutlich entlastet; oft auch eine erste Ahnung davon, dass das Trauma doch überwunden werden kann. In einem Fall Affektbrücke zu einem noch älteren, belastenderen Trauma
- positive Art des Umgangs mit der Symptomatik, schonend und trotzdem effektiv
- sehr gute Erfahrung, geht einfach, selbst überrascht von Entwicklung der Bilder
- sehr prägend, da es mit Bildern zu tun hat
- sehr unterschiedlich, fast immer hilfreich zur Distanzierung
- so schnell, so einfach

- spontane Entlastung von Anspannungsgefühlen
- SUD selten bei 0/1, aber deutliche Erleichterung / Neue Betrachtungsmöglichkeit / »Handlungsorientierter« als KB
- typisch sind m.E. weniger die verbalen Kommentare, sondern die ruhige Stimmung auch nach Bearbeitung sehr belastender Situationen
- Überraschung
- Überraschung über die Intensität der Erfahrung / die Bilder bleiben lange präsent / hätten nicht mit diesem Weg der Auflösung der Belastung gerechnet / dankbar für Erleichterung
- Überraschung über »Leichtigkeit« u. Kreativität
- verblüffend/überraschend
- weniger anstrengend als befürchtet
- zuerst interessiert, dann Akzeptanz wie bei anderen Techniken
- zuerst vom Malen nicht so begeistert, aber dann doch erstaunt über die Klarheit der Ergebnisse

4. Wirkfaktoren von CIPBS

In dem Fragebogen wurde erfragt, was nach der Erfahrung der TherapeutInnen die wichtigsten Wirkfaktoren von CIPBS sein könnten (vgl. Abb.). Etwa 80% nannten die Ressourcenaktivierung und die Aktivierung neuer Assoziationsketten durch das nicht sprachliche Vorgehen. Jeweils über 50% erlebten die strukturierte Symbolisierung und Externalisierung der belastenden Lebenserfahrung und die schonende Traumabearbeitung als wichtige Wirkfaktoren. Etwa 40% gaben jeweils »Kontrolle von Angst und emotionaler Erregung«, »beschleunigte Informationsverarbeitung durch bilaterale Stimulierung«, »Symbolisierung als Weg, um zu kontrollierbaren Erfahrungen zu kommen« und »zusätzliche Distanzierung in der Bearbeitung von traumatischem Erleben durch die Verfremdung im Malprozess« an. Die wenigsten TherapeutInnen sahen Dekonditionierungsprozesse als wichtigen Wirkfaktor an. Dies kann auch mit dem relativ geringen Anteil von VerhaltenstherapeutInnen zusammenhängen.

Wegen der Mehrfachnennungen ist es schwer, Zusammenhänge zwischen einzelnen Indikationsbereichen und den vermuteten Wirkfaktoren festzustellen. Es scheint aber Zusammenhänge zu geben, beispielsweise zwischen Akuttrauma und relativ häufigerer Angabe von »strukturierter Symbolisierung und Externalisierung der belastenden Lebenserfahrung« sowie »Kontrolle von Angst und emotionaler Erregung«. Bei der Arbeit mit onkologischen PatientInnen scheint dagegen die beschleunigte Informationsverarbeitung eine größere Rolle zu spielen und auch die »Symbolisierung als Weg, um zu kontrollierbaren Erfahrungen zu kommen« sowie die »zusätzliche Distanzierung in der Bearbeitung von traumatischem Erleben durch die Verfremdung im Malprozess«.

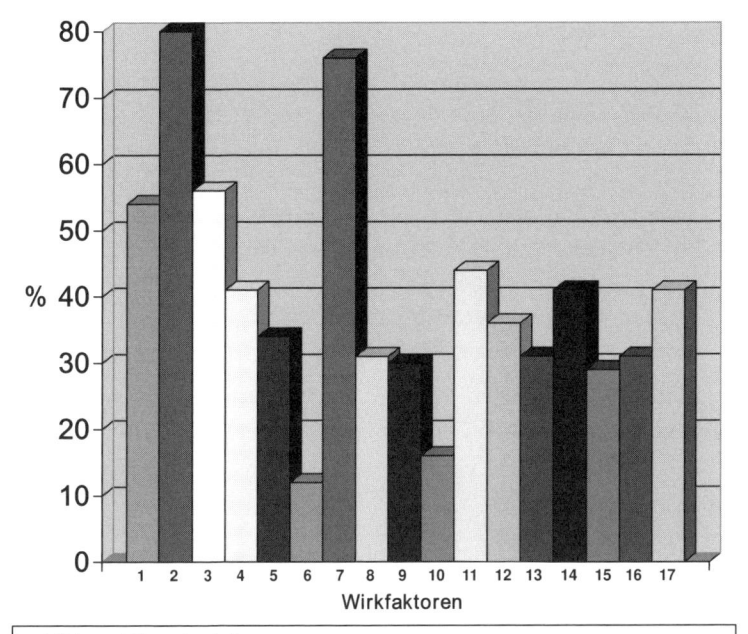

1 Schonende Traumabearbeitung

2 Ressourcenaktivierung

3 strukturierte Symbolisierung und Externalisierung der belastenden Erfahrung

4 beschleunigte Informationsverarbeitung durch bilaterale Stimulierung

5 Modifikation und Transformation der Erlebnisinhalte

6 Dekonditionierungsprozesse

7 Aktivierung neuer Assoziationsketten

8 Möglichkeit der fraktionierten Trauma- und Konfliktbearbeitung

9 Erinnerungsverändernde Kraft von Symbolen und Metaphern

10 schrittweise Integration der traumatischen Erfahrungen in das Selbstbild

11 Kontrolle von Angst und emotionaler Erregung

12 Erleichterung der Affektregulierung und damit verbundener Zuwachs von Affekttoleranz

13 kognitive Umstrukturierung durch stimulierende Wirkung der Bilder

14 Symbolisierung als Weg, um zu kontrollierbaren Erfahrungen zu kommen

15 unmittelbarer Zuwachs an Handlungskompetenz

16 Kreation eines sichtbaren »dritten Raumes« zwischen Therap. und Pat.

17 zusätzliche Distanzierung in der Bearbeitung von traumatischem Erleben durch die Verfremdung im Malprozess

Abb.: Wirkfaktoren von CIPBS

Zusammenfassung:
Insgesamt ergab die Auswertung der Befragung, dass

- die TherapeutInnen, die CIPBS anwenden, sehr erfahrene PsychotherapeutInnen mit überdurchschnittlicher traumatherapeutischer Kompetenz sind,
- sie überwiegend in eigener Praxis niedergelassen und mehrheitlich tiefenpsychologisch orientiert sind und mit Erwachsenen arbeiten,
- sie CIPBS umso häufiger anwenden, je länger sie es kennen,
- sie CIPBS am häufigsten bei Entscheidungskonflikten, zur Krisenintervention und bei Angstsymptomatik anwenden, gefolgt von depressiver Symptomatik, Psychoonkologie und Komplextrauma, Trauerprozessen, Psychosomatik und Akuttrauma

Die Situationen, in denen die TherapeutInnen CIPBS anderen Methoden oder Techniken vorziehen, sind vielfältig. Am häufigsten wurden Situationen genannt, in denen

- eine »schonende«, ressourcenorientierte Traumakonfrontation gewünscht wird,
- nichtsprachliche Verfahren angebracht sind,
- Situationen als ausweglos empfunden werden,
- Angst vor emotionaler Überflutung besteht,
- PatientInnen möglichst viel Kontrolle über den Prozess benötigen.

Die berichteten Kommentare von PatientInnen zeigen ebenfalls ein typisches Muster: Am häufigsten werden nach teilweise anfänglich noch geäußerter Skepsis (»ich kann nicht malen«) Überraschung und Erstaunen über das Ergebnis, rasche Entlastung und nachhaltige Wirkung berichtet.

Als wichtigste Wirkfaktoren nannten die TherapeutInnen die Ressourcenaktivierung sowie die Aktivierung neuer Assoziationsketten durch das nicht sprachliche Vorgehen. Auch die Symbolisierung und Externalisierung der belastenden Erfahrung durch den strukturierten Malprozess und die dadurch schonende Form der Traumabearbeitung sahen über die Hälfte der Befragten als wichtige Wirkfaktoren an. Die zusätzliche Distanzierung in der Bearbeitung von traumatischem Erleben durch die Verfremdung im Malprozess erhöht nach ihrer Meinung die Kontrolle von Angst und emotionaler Erregung. Sie sehen die Symbolisierung als einen hilfreichen Weg an, um zu kontrollierbaren Erfahrungen zu kommen.

Danke

An erster Stelle bedanke ich mich bei den PatientInnen, die ich im Laufe von mehr als 20 Jahren in meiner Praxis erleben konnte. Ihr wiedererlangtes Vertrauen in sich selbst und in die in diesem Buch geschilderten Prozesse ermutigen mich immer wieder, neue Schritte zu wagen. Diese vielen »einzigartigen« Augenblicke haben es ermöglicht, Psychotherapie mit TRUST zu formulieren und schätzen zu lernen.

Christine Treml hat mir durch ihre kompetente, ruhige, stets zielorientierte Haltung immer vermittelt, dass das Buch entstehen soll und wird: vielen Dank für Ihr Vertrauen!

Ich bedanke mich sehr für das Engagement der KollegInnen, die mir Fallbeispiele und Erfahrungen aus ihrer Praxis zur Veröffentlichung zur Verfügung gestellt haben: Angelika Parsow, Annegret Müller-Bleckmann, Britta Boden-Wahle, Britta Menne, Caroline Heinle, Cornelia Götz-Kühne, Doris Bianchi, Elisabeth Lohmann, Gabriele Nolte-Wicht, Gabriele Thiemann, Gabriele Unseld, Hildegard Schmitt, Irena Kellner, Irmgard Künzl-Daldorf, Jutta Hermanns, Karl H. Seipel, Marialfonsa Fontana Sartorio, Michael Unger, Ralf Thiede, Sylvia Engler, Ulrich Göbel, Vera Scheidel.

Meine »Top Ten«: Hanscarl Leuner, Viktor Frankl, Ulrich Sachsse, Verena Kast, Ingrid Riedel, Francine Shapiro, Luise Reddemann, Laurel Parnell, Gerald Hüther, Maggie Phillips: Ihre Haltung und das persönliche Erleben ihrer professionellen Positionen haben meine therapeutische Identität sehr geprägt – von ihnen habe ich viel gelernt, fühle mich inspiriert und ermutigt durch sie. Dafür möchte ich mich an dieser Stelle herzlich bedanken. Ganz besonderen Dank an Luise Reddemann für ihre wertvollen, klaren und beherzten Hinweise in der Phase der Fertigstellung des Buches, die mir und dem Buch sehr gutgetan haben.

Special thanks to Louise Bourgeois, the great female contemporary artist, who I appreciate since many years. She gave me permission to reproduce two of her works in this book. I am also very thankful to Wendy Williams, the director of the Louise Bourgeois Studio, New York for her kind support.

Ich möchte mich auch bei Gerd Kleinert und Sabine Dilling für ihre sorgfältige Arbeit bei der grafischen Umsetzung der Bilder bedanken.

Die Rückmeldungen und Fragehaltungen der KollegInnen, u. a. aus den Weiterbildungskursen und den Supervisionsgruppen, aus dem Arbeitskreis Frauengesundheit (AKF), haben ebenfalls dazu beigetragen, meine Positionen zu klären – dafür vielen Dank! Danken möchte ich allen, die mich unterstützt haben, besonders auch meinem FreundInnenkreis für die treue Wegbegleitung.

Und ganz besonders bedanke ich mich herzlich bei Margarete Isermann. Ohne ihre kontinuierliche fachliche und liebevoll wertschätzende Unterstützung wäre dieses Buch vielleicht gar nicht entstanden. Ermutigt durch sie, konnte ich immer wieder fröhlich aufwachen und fühlte mich (immer öfter), wie es Ringelnatz in seinem Gedicht beschreibt:

Morgenwonne

Ich bin so knallvergnügt erwacht.
Ich klatsche meine Hüften.
Das Wasser lockt. Die Seife lacht.
Es dürstet mich nach Lüften.

Ein schmuckes Laken macht einen Knicks
Und gratuliert mir zum Baden.
Zwei schwarze Schuhe in blankem Wichs
betiteln mich »Euer Gnaden«.

Aus meiner tiefsten Seele zieht
mit Nasenflügelbeben
ein ungeheurer Appetit
nach Frühstück und nach Leben.

Joachim Ringelnatz

Nachwort
Ulrich Sachsse

CIPBS und **TRUST** sind zweifellos eklektisch. Christa Diegelmann hat Elemente der Therapien unterschiedlicher Schulen und Provenienzen zusammengeführt. Was meint Wikipedia zum Eklektizismus?

»**Eklektizismus** (von griech. *eklektós*: »ausgewählt«) ist ein Begriff, der in der Kunst, in der Architektur, in der Philosophie und in den übrigen Geisteswissenschaften verwendet wird.

Mit dem Terminus wird eine künstlerische Ausdrucksweise belegt, die sich bereits entwickelter und abgeschlossener Kunstleistungen bedient. Der Eklektizismus ist kennzeichnend für die Stilepochen der europäischen Kunst seit Beginn des Klassizismus. Man kann fast den gesamten Historismus als eklektizistisch bezeichnen.

Im Hinblick auf die jeweilige künstlerische Qualität ist zwischen Imitation und eigener Weiterentwicklung zu unterscheiden. Der Begriff ist dann mit einer negativen Konnotation versehen, wenn der Künstler anstelle einer eigenen Kreation unschöpferisch Elemente aus anderen Werken auswählt und zu einem neuen Werk zusammenfügt.

In den Geisteswissenschaften charakterisiert der Begriff die Methode, aus Versatzstücken unterschiedlicher Systeme, Theorien oder Weltanschauungen eine neue Einheit zu bilden. Auch hier wird der Terminus in der Regel pejorativ verwandt.«

Aha. Alles einfach zusammengeklaubt, zusammengeklickt, aneinandergereiht und mit einigen Begriffen verziert, um es als eigene Leistung anzubieten.

Warum wirkt dieses Buch dann ganz anders? Warum wirkt es geschlossen, stimmig, kohärent?

Weil möglicherweise Eklektizismus in einem bestimmten Sinne natürlich ist, nämlich im Sinne von: Das Beste auswählen, zusammenführen und so neue Einheiten schaffen, einen Entwicklungsschritt weiter kommen. Genetiker behaupten, wir hätten 50% unserer Gene mit dem Regenwurm gemeinsam, und vom Schimpansen unterscheiden uns gar nur 1 bis 2% unserer Gene. Unser Gehirn nutzt auch die Strukturen und Module, die schon für das Wildschwein hilfreich waren, und manchmal haben wir selbst ja genau diesen Eindruck. Unsere Gene, unser Gehirn, unsere Natur: alles eklektisch.

Insofern wirkt dieses Buch natürlich und stimmig. Und Christa Diegelmann ist mit ihrem Eklektizismus sogar in guter Gesellschaft. Wikipedia fährt nämlich fort:

»Der Begriff ist bereits in der Antike, etwa zur Zeitenwende, geprägt worden. Damals existierten verschiedene Philosophenschulen nebeneinander, und es gab Denker und Politiker, die als Eklektiker bezeichnet wurden, weil sie Elemente der unterschiedlichen Positionen miteinander verbanden. Der berühmteste Vertreter dieser Richtung war Cicero.«

Text- und Bildnachweis

S. 22: Eva Strittmatter: »Gegen Gewohnheit«. Aus: Sämtliche Gedichte © Aufbau Verlagsgruppe GmbH, Berlin, 1006; (erstmals erschienen 1980 in: Eva Strittmatter: *Zwiegespräche, Gedichte,* im Aufbau-Verlag, Berlin und Weimar; Aufbau ist eine Marke der Aufbau Verlagsgruppe GmbH)

S. 67 f.: Hermann Hesse: »Stufen«. Aus. Hermann Hesse, Sämtliche Werke, Bd. 10: Gedichte. © Suhrkamp Verlag, Frankfurt a. M. 2002

S. 67: Louise Bourgeois: »Untitled«, 1946, Ink on Paper 11 × 8,3/4; 27,9 × 22,2 cm. Courtesy Galerie Karsten Greve, Köln. Photo: Christopher Burke

S. 135: Rose Ausländer: »Papier II« (Papier ist Papier). Aus: Dies., Ich höre das Herz des Oleanders. Gedichte 1977–1979. © S. Fischer Verlag GmbH, Frankfurt a. M. 1987

S. 156: Jorge Luis Borges: »Augenblicke«. Aus: Ders., Gesammelte Werke, Bd. 4. Der Essays vierter Teil. Borges, mündlich. Sieben Nächte. Neun danteske Essays. Persönliche Bibliothek. Herausgegeben von Gisbert Haefs und Fritz Arnold. Aus dem Spanischen von Gisbert Haefs. © Carl Hanser, Verlag, München

S. 179: Hilde Domin: »Linguistik«. Aus: Dies., Gesammelte Gedichte. © S. Fischer Verlag GmbH, Frankfurt a. M. 1984

S. 183: Susan Kiguli: »Antilopenmond«. © Alexander Verlag, Berlin

S. 222: Hilde Domin: »Nicht müde werden«. Aus: Dies., Gesammelte Gedichte. © S. Fischer Verlag GmbH, Frankfurt a. M.

Wir danken für die Genehmigung des Abdrucks.

Literatur

Agaibi, C. E., Wilson, J. P. (2005): Trauma, PTSD and resilience: a review of the literature. *Trauma Violence Abuse*, Jul 6 (3), S. 195–216

Anderson, L. (2006): Ich habe einen Traum. *DIE ZEIT*, 10. 8. 2006, Nr. 33, S. 58

Ausländer, R. (1991): Treffpunkt der Winde. Gedichte. Frankfurt, Fischer

Bauer, J. (2002): Das Gedächtnis des Körpers. Frankfurt, Eichborn

Beaulieu, D. (2005): Impact-Techniken für die Psychotherapie. Heidelberg, Carl Auer

Beck, A. T., Steer, R. A., Hautzinger, M. (1994): Beck-Depressions-Inventar (BDI). Testhandbuch. Huber, Göttingen

Beck, C. J. (1998): Zen im Alltag. München, Knaur

Benedetti, G. (2006): Symbol, Trauma, Psychose. Göttingen, Vandenhoeck & Ruprecht

Berking, M. (2006): TEK-Training Emotionaler Kompetenzen. Online-Präsentation. Abfrage: 10.10.2006. http://www.psy.unibe.ch/kpp/etek/TEK.html

Bleich, A., Gelkopf, M., Melamed, Y., Solomon, Z. (2006): Mental health and resiliency following 44 months of terrorism: a survey of an Israeli national representative sample. BMC Med, Aug 27, S. 4–21

Boos, A. (2005): Kognitive Verhaltenstherapie nach chronischer Traumatisierung. Göttingen, Hogrefe

Bourgeois, L. (2001) in: Bernadac, M.-L., Obrist, H.-U. (Hrsg.): Louise Bourgeois. Deconstruction of the Father. Reconstruction of the Father. Schriften und Interviews 1923–2000. Zürich, Ammann

Bourgeois, L. (2006) in: Kellein, T. La famille: Kunsthalle Bielefeld. Köln, König

Bowlby, J. (1975): Bindung. München, Kindler

Bowlby, J. (1995): Elternbindung und Persönlichkeitsentwicklung. Therapeutische Aspekte der Bindungstherapie. Heidelberg, Dexter

Bradley, R., Greene, J., Russ, E., Dutra, L., Western, D. (2005): A Multidemensional Meta-Analysis of Pschotherapy for PTSD. In: *Am J Pschiatry* 162, 214–227

Braun, B. G. (1988): The BASK model of Dissociation: Clinical applications. *Dissociation* 1 (1), S. 4–23

Brisch, K. H. (2003): Bindungsstörungen und Trauma. In: Brisch, K. H., Hellbrügge, T. (Hrsg.): Bindung und Trauma. Stuttgart, Klett-Cotta

Cartier, J.-P., Cartier, R. (2006): Thich Nhat Hanh über das Wesen des Glücks. Frankfurt am Main, S. Fischer

Chrestman, K. R. (2002): Sekundäre Trauma-Exposition und Selbstberichte von Therapeuten über ihre Belastung. In: Stamm, A. H. (Hrsg.): Sekundäre Traumastörungen. Paderborn, Junfermann, S. 60–65

Chopich, E., Paul, M. (1999): Aussöhnung mit dem inneren Kind. Berlin, Ullstein
Ciompi, L. (1982): Affektlogik. Über die Struktur der Psyche und ihre Entwicklung. Stuttgart, Klett-Cotta
Connor, K. M. (2006): Assessment of resilience in the aftermath of trauma. *J Clin Psychiatry* 2006, 67 Suppl 2, S. 46–49
Connor, K. M., Zhang, W. (2006): Resilience: determinants, measurement, and treatment responsiveness. *CNS Spectr.* Oct 11 (10 Suppl 12), S. 5–12
Csikszentmihalyi, M. (2004): Flow. Das Geheimnis des Glücks. Sonderausgabe. Stuttgart, Klett-Cotta
Damasio, A. R. (2005): Der Spinoza-Effekt. Wie Gefühle unser Leben bestimmen. Berlin, List
Danner, D., Snowdon, D., Friesen, W. (2001): Positive emotions in early life and longevity: Findings from the nun study. *Journal of Personality and Social Psychology*, 80, S. 804–813
Diegelmann, C., Isermann, M., Kaiser, W., Priebe, S. (2002): EMDR and Breast Cancer. EMDRIA Conference, San Diego, California, June 20–23, 2002
Diegelmann, C., Isermann, M. (2003): Trauma Exposure and Crisis Intervention with CIPBS. VIII European Conference on Traumatic Stress, Berlin, Germany, May 22–25, 2003
Diegelmann, C. (2006a): Ressourcenorientierte psychoonkologische Psychotherapie. In: Ditz, S., Diegelmann, C., Isermann, M. (Hrsg.) (2006): Psychoonkologie – Schwerpunkt Brustkrebs. Stuttgart, Kohlhammer, S. 187–197
Diegelmann, C. (2006b): Krisenintervention und Traumaexposition mit CIPBS (Conflict Imagination, Painting and Bilaterial Stimulation). In: Ditz, S., Diegelmann, C., Isermann, M. (Hrsg.): Psychoonkologie – Schwerpunkt Brustkrebs. Stuttgart, Kohlhammer, S. 264–286
Diegelmann, C. (2006c): Ressourcenorientierte imaginative und kreative Techniken in der Psychoonkologie. In: Ditz, S., Diegelmann, C., Isermann, M. (Hrsg.): Psychoonkologie – Schwerpunkt Brustkrebs. Stuttgart, Kohlhammer, S. 289–304
Dolan, Y. M. (1991): Resolving sexual abuse. New York, Norton
Domin, H. (1984) in: Gollwitzer, G.: Botschaft der Bäume. gestern – heute – morgen? Köln, Dumont
Domin, H. (1987): Gesammelte Gedichte. Frankfurt, Fischer
Dorst, B. (2006): Burn-out-Prophylaxe und die Sorge um sich selbst. In: Ditz, S., Diegelmann, C., Isermann, M. (Hrsg.) (2006): Psychoonkologie – Schwerpunkt Brustkrebs. Stuttgart, Kohlhammer, S. 198–205
Draaisma, D. (2006): Warum das Leben schneller vergeht, wenn man älter wird. Von den Rätseln unserer Erinnerung. München, Piper

Eberhard-Kaechele, M. (2006): Wie das Kaninchen vor der Schlange. Körper- und Bewegungsinterventionen bei traumatisierten Menschen. In: Wöller, W. (2006): Trauma und Persönlichkeitsstörungen. Psychodynamisch-integrative Therapie. Stuttgart, Schattauer, S. 483–502

Ebner, F., Rost, C. (2006): EMDR und Ressourcen. In: Lamprecht, F. (Hrsg.) (2006): Praxisbuch EMDR, Modifizierungen für spezielle Anwendungsgebiete. Stuttgart, Klett-Cotta, S. 195–222

Ehlers, A. (1999): Posttraumatische Belastungsstörung. Göttingen, Hogrefe

Ehlers, A., Clark, D. M. (2000): A cognitive model of posttraumatic stress disorder. Behaviour Research and Therapy 38, S. 319–345

Ehlers, A., Clark, D. M., Hackmann, A., McManus, F., Fennell, M. (2005): Cognitive Therapy for PTSD: Development and evaluation. Behaviour, Research and Therapy 43, S. 413–431

Engl, V., Ladik, A. (Hrsg.) (2001): Embodying Well-Being oder Wie man sich trotz allem wohl fühlen kann. Julie Henderson. Bielefeld, AJZ Druck & Verlag

Erikson, E. H. (2001): Identität und Lebenszyklus. Drei Aufsätze. Frankfurt am Main, Suhrkamp

Fine, C. G. (2004): Zielorientiertes Integrationsmodell – ein kognitives Therapiemodell für die Behandlung der dissoziativen Identitätsstörung und ihr verwandter Störungen. In: Reddemann, L., Hofmann, A., Gast, U. (Hrsg.) (2004): Psychotherapie der dissoziativen Störungen. Stuttgart, Thieme, S. 100–123

Fischer, G., Riedesser, P. (1998): Lehrbuch der Psychotraumatologie. München, Reinhardt

Fischer, G. (2000): Mehrdimensionale Psychodynamische Traumatherapie MPTT. Manual zur Behandlung psychotraumatischer Störungen. Heidelberg, Asanger

Flatten, G., Gast, U., Hofmann, A., Liebermann, P., Reddemann, L., Siol, T., Wöller, W., Petzold, E. R. (2004): Posttraumatische Belastungsstörung – Leitlinie und Quellentext. 2. Aufl. Stuttgart, Schattauer

Frankl, V. E. (1992): Die Sinnfrage in der Psychotherapie. 4. Aufl. München, Piper

Fraser, G. A. (2003): Fraser's »Dissociative Table Technique« revisited, revised: a strategy for working with ego states in dissociative disorders and ego-state-therapy. *J Trauma & Dissociation*; 4:5–28

Fredrickson, B. L., Losada, M. F. (2005): Positive affect and the complex dynamics of human flourishing. Am Psychol. Oct. 60 (7), S. 678–686

Freud, S. (1914): Erinnern, Wiederholen und Durcharbeiten. GW 10. Frankfurt am Main, Fischer

Grawe, K. (2004): Neuropsychotherapie. Göttingen, Hogrefe

Henzler, C., Riedel, I. (2003): Malen um zu überleben. Ein kreativer Weg durch die Trauer. Stuttgart, Kreuz

Herbert, S. (2005): Überleben Glücksache. Was Sie als Krebspatient in unserem Gesundheitswesen erwartet. Frankfurt am Main, Scherz

Herman, J. (1993): Die Narben der Gewalt. München, Kindler

Hesse, H. (2000): Jedem Anfang wohnt ein Zauber inne. Lebensstufen. Berlin, Suhrkamp

Hofmann, A. (2006): EMDR. Therapie psychotraumatischer Belastungssyndrome. 3. überarb. Auflage. Stuttgart, Thieme

Hofmann, A., Sack, M. (2006): EMDR in der Behandlung von Patienten mit chronisch komplexer PTBS und schweren dissoziativen Störungen. In: Lamprecht, F. (Hrsg.): Praxisbuch EMDR. Modifizierungen für spezielle Anwendungsgebiete. Stuttgart, Klett-Cotta

Huber, M. (2003): Trauma und die Folgen. Trauma und Traumabehandlung, Teil 1. Paderborn, Junfermann

Huber, M. (2004): Wege der Traumabehandlung. Trauma und Traumabehandlung, Teil 2. 2. Aufl. Paderborn, Junfermann

Hüther, G. (1999): Biologie der Angst – Wie aus Streß Gefühle werden. 3. Aufl. Göttingen, Vandenhoeck & Ruprecht

Hüther, G. (2001): Die neurobiologischen Auswirkungen von Angst und Streß und die Verarbeitung traumatischer Erinnerungen. In: Streeck-Fischer, A., Sachsse, U., Özkan, I. (Hrsg.) (2001): Körper Seele Trauma. Biologie, Klinik und Praxis. Göttingen, Vandenhoeck & Ruprecht, S. 94–114

Hüther, G. (2004): Die Macht der inneren Bilder. Göttingen, Vandenhoeck & Ruprecht

Hüther, G. (2006): Wie Embodiment neurobiologisch erklärt werden kann. In: Storch, M., Cantieni, B., Hüther, G., Tschacher, W.: Embodiment. Die Wechselwirkung von Körper und Psyche verstehen und nutzen. Bern, Huber, S. 73–97

Isermann, M. (2006a): Brustkrebs als Psychotrauma. In: Ditz, S., Diegelmann, C., Isermann, M.: Psychoonkologie – Schwerpunkt Brustkrebs. Stuttgart, Kohlhammer, S. 110–115

Isermann, M. (2006b): Traumatherapeutische Methoden in der Psychoonkologie. In: Ditz, S., Diegelmann, C., Isermann, M.: Psychoonkologie – Schwerpunkt Brustkrebs. Stuttgart, Kohlhammer, S. 255–263

Isermann, M., Diegelmann, C. (2005): Traumaspezifische Gesprächsführung. In: Neises, M., Ditz, S., Spranz-Fogasy, T. (Hrsg.): Patientenorientiert reden – Beiträge zur psychosomatischen Grundkompetenz in der Frauenheilkunde. Stuttgart. Wissenschaftliche Verlagsgesellschaft, S. 211–223

Kabat-Zinn, J. (1998): Im Alltag Ruhe finden. Freiburg im Breisgau, Herder spektrum

Kabat-Zinn, J. (2006): Zur Besinnung kommen. Freiamt im Schwarzwald, Arbor

Kast, V. (1997): Freude, Inspiration, Hoffnung. München, DTV

Kast, V. (2000): Lebenskrisen werden Lebenschancen. Wendepunkte des Lebens aktiv gestalten. Freiburg, Herder

Kast, V. (2003): Imagination als Raum der Freiheit. Dialog zwischen Ich und Unbewusstem. 4. Aufl. München, DTV

Kast, V. (2006): Die Lebensfreude einladen. Freiburg, Herder

Keyes, C. L. M., Haidt, J. (2002): Flourishing. Positive Psychology and the life well-lived. Hillsdale, United Book Press

Kiguli, S. (2002) in: Ripken, Peter, Tadjo, Veronique (Hrsg): Antilopenmond. Liebesgedichte aus Afrika (S. 111). Wuppertal, Peter Hammer Verlag

Klessmann, E., Eibach, H. (1993): Wo die Seele wohnt. Bern, Huber

Koppenhöfer, E. (2004): Kleine Schule des Genießens. Ein verhaltenstherapeutisch orientierter Behandlungsansatz zum Aufbau positiven Erlebens und Handelns. Lengerich, Pabst

Korn, D. L., Leeds, A. M. (2002): Preliminary evidence of efficacy for EMDR resource development and installation in the stabilization phase of treatment of complex posttraumatic stress disorder. *J Clin Psychol.* 58 (12), S. 1465–1487

Lamprecht, F. (Hrsg.) (2006): Praxisbuch EMDR, Modifizierungen für spezielle Anwendungsgebiete. Stuttgart, Klett-Cotta

Leuner, H. (1982): Katathymes Bilderleben. Grundstufe. Einführung in die Psychotherapie mit der Tagtraumtechnik. Thieme, Stuttgart

Leuner, H. (1985): Lehrbuch der Katathymen Imaginativen Psychotherapie. Bern, Huber

Levine, P. (1998): Trauma-Heilung. Das Erwachen des Tigers. Essen, Synthesis

Leppert, K. (2002): Die Resilienzskala. In: Brähler, E., Schumacher, J., Strauss, B. (Hrsg.): Psychodiagnostische Verfahren in der Psychotherapie. Göttingen, Hogrefe

Linehan, M. (1996a): Dialektisch-Behaviorale Therapie der Borderline-Persönlichkeitsstörung. München, CIP-Medien

Linehan, M. (1996b): Trainingsmanual zur Dialektisch-Behavioralen Therapie der Borderline-Persönlichkeitsstörung. München, CIP-Medien

Loers, V., Witzmann, P. (Hrsg.) (1993): Joseph Beuys. documenta-Arbeit. Stuttgart, Edition Cantz

Lücke, S. (2001): Kunst- und Gestaltungstherapie im Prozess der Traumaheilung. In: Reddemann, L.: Zur Behandlung von Traumafolgen mit ressourcenorientierten Verfahren. Stuttgart, Pfeiffer/Klett-Cotta, S. 125–158

Maercker, A., Schützwohl, M. (1998): Erfassung von psychischen Belastungsfolgen: Die Impact of Event Skala – revidierte Version (IES-R). *Diagnostica* 44 (3), S. 130–141

Maercker, A., Ehlert, U. (Hrsg.) (2001): Psychotraumatologie. Jahrbuch der Medizinischen Psychologie. Göttingen, Hogrefe

Manfield, P. (Hrsg.) (2000): Innovative EMDR-Ansätze. Die Anwendungsfelder von EMDR. Paderborn, Junfermann

Marlock, G., Weiss, H. (Hrsg.) (2006): Handbuch der Körperpsychotherapie. Stuttgart, Schattauer

Marzusch, N. (2006): Sehnsucht nach Leben – ein freier Geist in einem kranken Körper. www.sehnsucht-nach-leben.de.vu, Beyernaumburg, Marzusch

Mehnert, A. (2005): Akute und Posttraumatische Belastungsstörungen bei Patientinnen mit Brustkrebs. Prävalenz und Risikofaktoren. Münster, Lit

Miller, A. (2006): Bilder meines Lebens. Frankfurt am Main, Suhrkamp

Nijenhuis, E., van der Hart, O., Steele, K. (2004): Strukturelle Dissoziation der Persönlichkeitsstruktur, traumatischer Ursprung, phobische Residuen. In: Reddemann, L., Hofmann, A., Gast, U. (Hrsg.): Psychotherapie der dissoziativen Störungen. Stuttgart, Thieme, S. 47–69

Nicosia, G. (1995): Eye movement desensitization and reprocessing is not hypnosis. *Dissociation* 9 (1), S. 69

Ogden, P., Minton, K. (2006): Sensomotorische Verarbeitung und die Behandlung posttraumatischer Störungen. In: Marlock, G., Weiss, H. (Hrsg.) (2006): Handbuch der Körperpsychotherapie. Stuttgart, Schattauer, S. 776–782

O'hanlan, K. A. (2006): Health policy considerations for our sexual minority patients. *Obstet Gynecol*, Mar 107 (3), S. 709–714

Ong, A. D., Bergeman, C. S., Bisconti, T. L., Wallace, K. A. (2006): Psychological resilience, positive emotions, and successful adaptation to stress in later life. *J Pers Soc Psychol.*, Oct 91 (4), S. 730–749

Panksepp, J. (1998): Affective Neuroscience: The Foundation of Human and Animal Emotions. New York, Oxford University Press

Parnell, L. (1999): EMDR – der Weg aus dem Trauma: Über die Heilung von Traumata und emotionalen Verletzungen. Paderborn, Junfermann

Parnell, L. (2003): EMDR – Therapie mit Erwachsenen. Kindheitstrauma überwinden. Stuttgart, Pfeiffer bei Klett-Cotta

Parnell, L. (2005): EMDR. Klinischer Workshop für Fortgeschrittene und Auffrischungskurs. Unveröffentlichtes Seminarmanuskript

Parnell, L. (2006): A Therapist's Guide to EMDR. Tools and Techniques for Successful Treatment. New York, Norton

Perry, B. D. (1999): The memory of states: How the brain stores and retrieves traumatic experience. In: Goodwin, J., Attias, R. (Hrsg.): Splintered Reflections: Images of the Body in Trauma. New York: Basic Books, S. 9–38

Peseschkian, N. (2002): Wenn du willst, was du noch nie gehabt hast, dann tu, was du noch nie getan hast. Freiburg im Breisgau, Herder Spektrum

Phillips, M., Frederick, C. (2003): Handbuch der Hypnotherapie bei posttraumatischen und dissoziativen Störungen. Heidelberg, Carl Auer

Phillips, M. (2006): Somatic Ego States as Strategic Entry Points to Trauma resources. Workshop-Manuskript, The Cape of Good Hope Congress, Milton H. Erickson Institut of South Africa & Second World Congress on Ego State Therapy, 28.–1.3.2006, Cape Town, Südafrika

Rauch, S. L., van der Kolk, B. A., Fisler, R. E. A., Nathaniel, M., Orr, S. P., Savage, C. R., etal. (1996): A symptom provocation study of posttraumatic stress disorder using positron emission tomography and script-driven imagery. *Archives of General Psychiatry* 53, S. 380–387

Reddemann, L. (1998): Psychotherapie auf der inneren Bühne. *PTT* 2/98, S. 88–96

Reddemann, L. (2001): Imagination als heilsame Kraft. Zur Behandlung von Traumafolgen mit ressourcenorientierten Verfahren. Stuttgart, Pfeiffer/Klett-Cotta

Reddemann, L. (2003): Imagination als heilsame Kraft. Hör-CD mit Übungen zur Aktivierung von Selbstheilungskräften. Stuttgart, Pfeiffer/Klett-Cotta

Reddemann, L. (2004): Psychodynamisch Imaginative Traumatherapie. PITT – Das Manual. Stuttgart, Pfeiffer/Klett-Cotta

Reddemann, L. (2004b): Eine Reise von 1000 Meilen beginnt mit dem ersten Schritt. Seelische Kräfte entwickeln und fördern. Freiburg, Basel, Wien, Herder Spektrum

Reddemann, L. (2004c): Psychodynamisch imaginative Traumatherapie bei dissoziativer Identitätsstörung und DDNOS. In: Reddemann, L., Hofmann, A., Gast, U. (Hrsg.): Psychotherapie der dissoziativen Störungen. Stuttgart, Thieme, S. 124–130

Reddemann, L., Hofmann, A., Gast, U. (2004): Psychotherapie der dissoziativen Störungen. Stuttgart, Thieme

Reddemann, L. (2005): Selbstfürsorge. In: Kernberg, O. F., Dulz, B., Eckert, J. (Hrsg.): WIR: Psychotherapeuten über sich und ihren »unmöglichen Beruf«. Stuttgart, Schattauer, S. 563–568

Riedel, I. (1988): Bilder. In Therapie, Kunst und Religion. Stuttgart, Kreuz

Riedel, I. (1992): Maltherapie. Stuttgart, Kreuz

Riedel, I. (2004): Geschmack am Leben finden. Eine Entdeckungsreise mit allen Sinnen. Freiburg, Herder

Rilke, R. M. (1984) in: Gollwitzer, G.: Botschaft der Bäume. gestern – heute – morgen? Köln, Dumont

Ringelnatz, J. (1997) in: Sämtliche Gedichte. Zürich, Diogenes

Röhrig, B., Schleußner, C., Brix, C., Strauß, B. (2006): Die Resilienzskala RS): Ein statistischer Vergleich der Kurz- und Langform anhand einer onkologischen Patientenstichprobe. *Psychother Psych Med* 56, S. 285–290

Roth, G. (2006): Roths Ebenen der Psyche. In: Lindner, M.: Sigmund Freud: Ich bin kein Denker, sondern Abenteurer. *GEO* 05/Mai 2006, S. 156–157

Rothbaum, B. O., Foa, E. B. (2000): Kognitiv-behaviorale Therapie der posttraumatischen Belastungsstörung. In: van der Kolk, B. A., McFarlane, A. C., Weisaeth, L. (Hrsg.) (2000): Traumatic Stress: Grundlagen und Behandlungsansätze. Theorie, Praxis und Forschung zu posttraumatischem Streß sowie Traumatherapie. Paderborn, Junfermann, S. 341–357

Rothschild, B. (2002): Der Körper erinnert sich. Die Psychophysiologie des Traumas und der Traumabehandlung. Essen, Synthesis

Rudolf, G., Schulte, D. (2006): Gutachten zur wissenschaftlichen Anerkennung der EMDR-Methode (Eye-Movement-Desensitization and Reprocessing) zur Behandlung der Posttraumatischen Belastungsstörung. *Deutsches Ärzteblatt, PP*, Heft 10, Oktober 2006, S. 476–478

Sachsse, U. (1998): Die Bildschirmtechnik. In: Traumazentrierte Psychotherapie II, *PTT* 2/98, S. 77–84

Sachsse, U. (2003): Distress-Systeme des Menschen. In Persönlichkeitsstörungen PTT 1/03. Stuttgart, Schattauer

Sachsse, U. (2003a): Stationäre Therapie traumatisierter Patientinnen und Patienten. In: Seidler, G. H., Laszig, P., Micka, R., Nolting, B. V. (Hrsg.) (2003): Aktuelle Entwicklungen in der Psychotraumatologie. Theorie, Krankheitsbilder, Therapie. Gießen, Psychosozial Verlag, S. 179–200

Sachsse, U. (2004): Traumazentrierte Psychotherapie als angewandte Psychoanalyse. In: Staats, H., Kreische, R., Reich, G. (Hrsg.): Innere Welt und Beziehungsgestaltung. Göttinger Beiträge zu Anwendungen der Psychoanalyse. Göttingen, Vandenhoeck & Ruprecht, S. 97–116

Sachsse, U. (2004): Traumazentrierte Psychotherapie. Stuttgart, New York, Schattauer

Sachsse, U., Vogel, C., Leichsenring, F. (2006): Results of psychodynamically oriented trauma-focused inpatient treatment for women with complex posttraumatic stress disorder (PTSD) and borderline personality disorder (BPD). *Bulletin of the Menninger Clinic* 70 (2), S. 125–144

Sack, M., Lamprecht, F. (1998): Forschungsaspekte zum »Sense of Coherence«. In: Schüffel, W., Brucks, U., Johnen, R., Köllner, V., Lamprecht, F., Schnyder, U. (Hrsg.): Handbuch der Salutogenese. Konzept und Praxis. Wiesbaden, Ullstein, S. 325–336

Sack, M., Lempa, W., Lamprecht, F. (2003): Psychophysiologische Regulation bei Patienten mit PTSD: Veränderungen nach EMDR-Behandlung. *Z Psychotraumatol Psychol Med*, 1, S. 47–57

Sack, M., Lempa, W., Gromes, B. (2005): Traumaexposition »light« – nur wünschenswert oder schon machbar? In Persönlichkeitsstörungen PTT. 1/05, S. 45–50. Stuttgart, Schattauer

Sack, M. (2006): Ressourcenorientierte Behandlung traumatisierter Patienten. Unveröffentl. Vortrag auf der 8. Jahrestagung der Deutschsprachigen Gesellschaft für Psychotraumatologie (DeGPT), 11.–14. Mai 2006, Hannover

Satir, V. (2005): Selbstwert und Kommunikation. Familientherapie für Berater und zur Selbsthilfe. 17. Aufl. Stuttgart, Pfeiffer bei Klett-Cotta

Schmidt, G. (2005): Einführung in die hypnosystemische Therapie und Beratung. Heidelberg, Carl-Auer-Systeme

Schmitt, A. (2000): Posttraumatische Belastungsstörung bei Krebserkrankungen – Diagnostik und Epidemiologie. *Z psychosom Med* 46, S. 35–56

Schore, A. N. (2003): Affect Dysregulation and Disorders of the Self. New York, Norton

Schubbe, O. (Hrsg.) (2004): Traumatherapie mit EMDR. Ein Handbuch für die Ausbildung. Göttingen, Vandenhoeck & Ruprecht

Schüffel, W., Brucks, U., Johnen, R., Köllner, V., Lamprecht, F., Schnyder, U. (Hrsg.) (1998): Handbuch der Salutogenese. Konzept und Praxis. Wiesbaden, Ullstein

Schumacher, J., Leppert, K., Gunzelmann, T. et al. (2005): Die Resilienzskala – Ein Fragebogen zur Erfassung der psychischen Widerstandsfähigkeit als Personmerkmal. *Z Klin Psychol Psychiatr Psychother* 53, S. 16–39

Seidler, G. H. (2006): Verletzte Seelen. Gießen, Psychosozial Verlag

Seidler, G. H., Laszig, P., Micka, R., Nolting, B. V. (Hrsg.) (2003): Aktuelle Entwicklungen in der Psychotraumatologie. Theorie, Krankheitsbilder, Therapie. Gießen, Psychosozial Verlag

Seligman, M. E. P. (2001): Positive Psychologie. Wie können wir uns von plus zwei auf plus fünf verbessern. *Psychologie heute* 6, S. 62–63

Seligman, M. E. P. (2003): Der Glücks-Faktor. Warum Optimisten länger leben. Bergisch Gladbach, Ehrenwirth

Servan-Schreiber, D. (2004): Die neue Medizin der Emotionen. München, Kunstmann

Shapiro, F. (1995, 2. Aufl.: 2001): EMDR: Eye movement desensitization and reprocessing: Basic principles, protocols and procedures. 2. Aufl. New York, Guilford Press

Shapiro, F. (1998): EMDR – Grundlagen und Praxis: Handbuch zur Behandlung traumatisierter Menschen. Paderborn, Junfermann

Shapiro, F., Silk Forrest, M. (1998): EMDR in Aktion. Die neue Kurzzeittherapie in der Praxis. Paderborn, Junfermann

Shapiro, F. (Hrsg.) (2003): EMDR als integrativer psychotherapeutischer Ansatz. Paderborn, Junfermann

Siegel, D. J. (1999): The Developing Brain. New York, Guilford

Siegel, D. J. (2003): Die Entwicklung des Geistes und die Auflösung von Traumata: Einige Ideen über Informationsverarbeitung und eine interpersonelle Neurobiologie der Psychotherapie. In: Shapiro, F. (Hrsg.) (2003): EMDR als integrativer psychotherapeutischer Ansatz. Paderborn, Junfermann, S. 113–154

Siegel, D. J. (2006): Wie wir werden, die wir sind. Paderborn, Junfermann

Smucker, M. R., Dancu, C., Foa, E. B., Niederee, J. L. (1995): Imagery Rescripting: A new treatment for survivors of childhood sexual abuse suffering from post-traumatic stress. *Journal of Cognitive Psychotherapy: An International Quarterly* 9 (1), S. 3–17

Spitzer, M. (2005): Nervensachen. Stuttgart, Suhrkamp

Spitzer, M. (2006): Gott-Gen und Großmutterneuron. Geschichten von Gehirnforschung und Gesellschaft. Stuttgart, Schattauer

Stamm, B. H. (Hrsg.) (2002): Sekundäre Traumastörungen. Paderborn, Junfermann

Steil, R. (2006): Posttraumatische Belastungsstörung – Diagnostik, Epidemiologie und kognitiv-behaviorale Therapie. In: Remmel, A., Kernberg, O. F., Vollmoeller, W., Strauß, B. (Hrsg.) (2006): Handbuch Körper und Persönlichkeit. Entwicklungspsychologie, Neurobiologie und Therapie von Persönlichkeitsstörungen. Stuttgart, Schattauer, S. 378–400

Steiner, B., Krippner, K. (2006): Psychotraumatherapie. Tiefenpsychologisch-imaginative Behandlung von traumatisierten Patienten. Stuttgart, Schattauer

Stickgold, R. (2002): EMDR: A putative neurobiological mechanism of action. *Journal of Clinical Psychology* 58, S. 61–75

Strauß, J.-W. (2006): EMDR in der Behandlung chronischer Schmerzsyndrome. In: Lamprecht, F. (Hrsg.): Praxisbuch EMDR. Modifizierungen für spezielle Anwendungsgebiete. Stuttgart, Klett-Cotta, S. 28–67

Streeck-Fischer, A., Sachsse, U., Özkan, I. (Hrsg.) (2001): Körper Seele Trauma. Biologie, Klinik und Praxis. Göttingen, Vandenhoeck & Ruprecht

Strittmater, E. (1999): Zwiegespräch. Gedichte. Berlin, Aufbau Verlag

Tausch-Flammer, D., Bickel, L. (2000): Jeder Tag ist kostbar. Endlichkeit erfahren – intensiver leben. Freiburg, Herder spektrum

Tedeschi, R. G. (1999): Violence transformed: posttraumatic growth in survivors and their societies. *Aggression and Violent Behavior* 4 (3) S. 319–341

van der Kolk, B. A. (1988): The Trauma Spectrum. The Interaction of Biological and Social Events in the Genesis of the Trauma Response. In: *Journal of Traumatic Stress* 1, S. 273–290

van der Kolk, B. A., McFarlane, A. & C., Weisaeth, L. (Hrsg.) (2000): Traumatic Stress: Grundlagen und Behandlungsansatze. Theorie, Praxis und Forschung zu posttraumatischem Streß sowie Traumatherapie. Paderborn, Junfermann

van der Kolk, B. A. (2003): Jenseits der Redekur: Somatisches Erleben und subkortikale Prägungen bei der Traumabehandlung. In: Shapiro, F. (Hrsg.): EMDR als integrativer psychotherapeutischer Ansatz. Paderborn, Junfermann, S. 83–112

Van Etten, M. L., Taylor, S. (1998): Comparative efficacy of treatments for post-traumatic stress disorder: a metaanalysis. *J. Clinical Psychology and Psychotherapy* 5, S. 126–144

Vetter, S., Smucker, M. R. (1997): Imagery Rescripting: Therapiemanual zur Behandlung von posttraumatischen Belastungsstörungen (PTSD) nach sexuellem Missbrauch. Zürich, Vetter

Watkins, J. G. (1971): The affect bridge: A hypnoanalytic technique. *Int. J. Clin Exp Hypn* 19, S. 21–27

Watkins, J. G. (2001): Adventures in Human Understanding. Exploring the Self. Carmarthen (Wales), Crown House Publishing

Watkins, J. G., Watkins, H. H. (2003): Ego-States – Theorie und Therapie. Ein Handbuch. Heidelberg, Carl-Auer-Systeme

Watkins, J. G. (2005): Emotional Resonance. The Story of World-Acclaimed Psychotherapist Helen Watkins. Boulder, Sentient Publications

Werner, E. E., Smith, R. S. (1992): Overcoming the odds. High risk children from birth to adulthood. Ithaca, Cornell Univ. Pr.

Wetzel, S. (2002): Leichter leben. Praktische Meditationen zum Umgang mit Gefühlen. Berlin, Theseus

Wilke, E. (1990): Das katathyme Bilderleben in der psychosomatischen Medizin. Bern, Huber

Wöller, W. (2006): Trauma und Persönlichkeitsstörungen. Psychodynamisch-integrative Therapie. Stuttgart, Schattauer

Yehuda, R. (2001): Die Neuroendokrinologie bei Posttraumatischer Belastungsstörung im Licht neuer neuroanatomischer Befunde. In: Streeck-Fischer, A., Sachsse, U., Özkan, I. (Hrsg.) (2001): Körper Seele Trauma. Biologie, Klinik und Praxis. Göttingen, Vandenhoeck & Ruprecht, S. 43–71

Yehuda, R., Flory, J. D., Southwick, S., Charney, D. S. (2006): Developing an agenda for translational studies of resilience and vulnerability following trauma exposure. *Ann N Y Acad Sci*, Jul; 1071, S. 379–396

Yerkes, R. M., Dodson, J. D. (1908): The relation of strength of stimulus to rapidity of habit-formation. *Journal of Comparative Neurology and Psychology* 18, S. 459–482

Young, J. E., Klosko, H. S., Weishaar, M. E. (2005): Schematherapie. Paderborn, Junfermann

Zöllner, T., Karl, A., Maercker, A., Hickling, E. J., Blanchard, E. B. (2005): Manual zur Kognitiven Verhaltenstherapie von Posttraumatischen Belastungsstörungen bei Verkehrsunfallopfern. Lengerich, Pabst

Zoellner, T., Maercker, A. (2006): Posttraumatic growth and psychotherapy. In: Calhoun, L., Tedeschi, R. (Hrsg.): Handbook of posttraumatic growth: research and practice. New York, Erlbaum, S. 334–354